I0123914

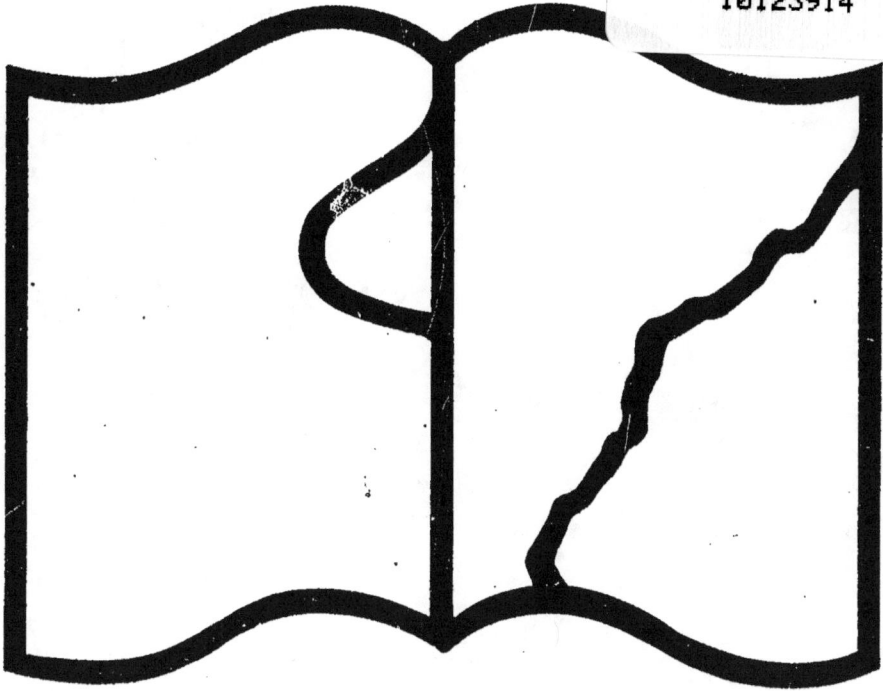

Texte détérioré — reliure défectueuse

NF Z 43-120-11

Symbole applicable
pour tout,ou partie
des documents microfilmés

BIBLIOTHÈQUE
DE PHILOSOPHIE CONTEMPORAINE

LE DIVIN

EXPÉRIENCES ET HYPOTHÈSES

ÉTUDES PSYCHOLOGIQUES

PAR

MARCEL HÉBERT

Professeur à l'Institut des Hautes Études
(Université nouvelle de Bruxelles.)

PARIS
FÉLIX ALCAN, ÉDITEUR
LIBRAIRIES FÉLIX ALCAN ET GUILLAUMIN RÉUNIES
108, BOULEVARD SAINT-GERMAIN, 108
—
1907

LE DIVIN

EXPÉRIENCES ET HYPOTHÈSES

8° R

21217

LIBRAIRIE FÉLIX ALCAN

DU MÊME AUTEUR

L'Évolution de la foi catholique. 1 vol. in-8º de la *Bibliothèque de Philosophie contemporaine* . . . . **5 fr.**

LE DIVIN

EXPÉRIENCES ET HYPOTHÈSES

———

ÉTUDES PSYCHOLOGIQUES

PAR

MARCEL HÉBERT

Professeur à l'Institut des Hautes-Études.
(Université nouvelle de Bruxelles.)

———

PARIS

FÉLIX ALCAN, ÉDITEUR

LIBRAIRIES FÉLIX ALCAN ET GUILLAUMIN RÉUNIES

108, BOULEVARD SAINT-GERMAIN, 108

—

1907

Tous droits de traduction et de reproduction réservés

LE DIVIN

INTRODUCTION

Les circonstances m'ont amené à traiter de la foi catholique avant d'avoir parlé de la foi religieuse en général. J'en avais fait moi-même la remarque [1] et promis de combler cette lacune. Voici l'étude annoncée.

Ceux qui se plaindront de ne pas trouver, dès la préface, une définition du divin ou de la religion auraient été les premiers, si j'en eusse risqué une, à me reprocher ce procédé *a priori*.

En fait, de même qu'il existe *des* sciences, *des* méthodes scientifiques diverses, *des* vérités et *des* beautés d'ordres très différents, il existe *des* types de religions fort distincts. Ce n'est qu'après maintes comparaisons et analyses que nous pourrons peut-être y entrevoir une seule et même attitude de l'esprit, une même finalité, qui explique le même nom donné à des réalisations si diverses.

Hier encore, on semblait n'admettre qu'un seul type possible de pensée : « L'homme ne pense pas

---

1. *L'Évolution de la foi catholique*, p. 8, note 1 ; p. 47, note 1.

sans image. » On le conteste aujourd'hui [1]. Il existe plusieurs manières de penser — pourquoi pas alors plusieurs manières de penser le divin, plusieurs types religieux ?

Quelqu'un dit devant moi : Il fait froid.

1° Ou bien j'éprouve, sans rien autre, un malaise, un tressaillement de froid ;

2° Ou bien se présente à mon esprit une image : la campagne couverte de neige, la rivière gelée, la contraction (d'une manière générale) du mercure dans les thermomètres, le bonhomme Hiver, etc. ;

3° Ou bien enfin, ni sensation, ni représentation, une tendance à l'action : prendre mes patins et profiter de l'occasion pour goûter, sur de la vraie glace, transparente et souple, un plaisir devenu rare ; me préserver du froid : mettre une bûche au foyer, revêtir un manteau plus épais.

Et dans les trois cas, j'ai conscience d'*avoir compris* [2].

Dans la pratique, *ces divers modes coexistent et s'enchevêtrent* : c'est donc un simple schéma que j'établis en affirmant que l'on peut

---

1. Cfr. *Revue philosophique*, janvier 1886, article de M. Paulhan : *Le langage intérieur et la pensée.* — Ribot, *l'Evolution des idées générales* (F. Alcan, 1897): et plus loin ch. vii, p. 124.

2. Pour simplifier, je ne parle pas ici des images diverses que suppose la parole elle-même : Cfr. *Le langage* par le Dr Eugène-Bernard Leroy (Paris, F. Alcan, 1905). Lorsque *j'ai compris*, j'éprouve aussi un sentiment particulier, une de ces émotions spéciales qui accompagnent tout le fonctionnement de notre intelligence et que M. Ribot a appelées *sentiments intellectuels.* Je n'insiste pas non plus sur ce point, fort important cependant, car il permet d'expliquer (cfr. ci-après p. 49) les illusions de fausse intelligence comme le Dr Leroy a expliqué celles de fausse reconnaissance.

penser
- par sensation (affective), émotions.
- par représentations
  - non personnifiées
    - concrètes ;
    - abstraites ;
  - personnifiées ;
- par tendance à l'action.

Il en serait de même s'il s'agissait de choses morales. On entend parler de *justice* ; ou bien 1° on éprouvera l'émotion spéciale qui accompagne habituellement l'accomplissement d'un acte juste ; ou bien 2° on se rappellera la révolution française, la révolution russe, Aristide, Socrate, Dikê assise auprès du trône de Jupiter, ou l'idée abstraite de justice : « *neminem laede* ; *cuique suum* », ou (par association d'idées) quelque représentation symbolique : balance, etc. ; ou enfin 3° on se sentira porté à payer ses dettes, à aider ceux qui préparent une plus rationnelle organisation du travail, une équitable répartition des bénéfices, etc.

Je me rappelle avoir été vivement surpris lorsque faisant jadis, pour mon propre compte, une petite « Enquête sur les idées générales », à l'interrogation : Que vous représentez-vous lorsque je prononce le mot : *justice* ou le mot *religion ?* je recevais comme réponse : « Rien ; le son du mot ; le mot écrit. » Le mot était *compris* pourtant, et pas seulement entendu ou vu. C'est qu'il l'était, non par représentation imagée, mais par sentiment ou par tendance à l'action. Il n'est donc pas *qu'un seul* procédé de pensée, mais pour le moins, trois grands types généraux selon que *prédomine* l'émotivité, l'intellectualité, ou la tendance à l'action.

C'est précisément ce que nous constaterons en matière religieuse. Les manifestations varient selon que, dans la conscience religieuse, *prédomine*[1] l'élément *émotif*, l'élément *intellectuel* ou l'élément *actif*. Telle sera donc la division de cette étude que je compléterai par quelques renseignements historiques. Je n'ai en aucune manière la prétention de *tout* dire sur un pareil sujet[2]. Persuadé depuis longtemps que « le progrès de la science pose en des termes nouveaux le problème de Dieu »[3], je résume ce que je crois pouvoir et devoir énoncer après une vie entière consacrée à cette étude, heureux de contribuer, si peu que ce soit, à préciser ces « termes », à détruire quelques équivoques et malentendus.

Que naïvement ou insidieusement on ne vienne pas demander au psychologue de créer ou d'annoncer les formes religieuses de l'avenir.

Les créer? L'expérience a montré l'inanité des religions « naturelles », « rationnelles », artificiellement construites par un intellectuel dans son cabinet de travail.

Les prédire? Un analyste serait difficilement pro-

---

1. Prière de bien lire ce mot : *prédomine*. Rien d'exclusif. Simple procédé de classification suffisamment fondé au point de vue psychologique.

2. On me reprochera peut-être trop de citations. Beaucoup sont des documents, presque toutes des « témoignages » : le raisonnement, ainsi, n'est jamais séparé de la réalité psychologique vivante.

3. Abbé Loisy, *Autour d'un petit livre* (Picard, 1903), p. xxv.

phète. Tout ce que l'on peut affirmer, c'est que le milieu se charge de plus en plus de données positives dues aux méthodes scientifiques de la pensée réfléchie. Les anciennes constructions de l'activité psychique (*la même*, mais sous ses formes instinctives) contiennent-elles quelque élément *essentiel* contradictoire à ces faits ? Elles sont dès lors condamnées à disparaître ou à végéter sans influence sur la marche en avant de l'Humanité. D'autres, moins spécialisées et organisées pourront s'adapter peut-être, ou de nouvelles créations s'épanouir dans une atmosphère débarrassée de tant de brouillards et d miasmes.

Ceux qui seraient tentés de taxer d'impiété l'œuvre de critique et d'analyse qui s'opère en ce moment feront bien de se souvenir que les premiers chrétiens eux-mêmes furent appelés *athées* par les conservateurs intransigeants des cultes traditionnels.

PREMIÈRE PARTIE

LA CROYANCE AU DIVIN
SES FORMES MULTIPLES

A. — PRÉDOMINANCE DE L'ÉLÉMENT ÉMOTIF

CHAPITRE PREMIER

EXPÉRIENCES ET HYPOTHÈSES DES MYSTIQUES.
RUYSBROECK : SON PRÉTENDU PANTHÉISME

I

Quelques remarques d'abord sur le sens du mot *mysticisme* [1].

On définit habituellement le mysticisme une « doctrine philosophique, religieuse, plaçant la perfection dans une sorte de contemplation et d'extase qui élève l'homme, dès cette vie, à une union mystérieuse avec Dieu ».

Parfois la pensée ne s'arrête pas à ces états relativement rares ; on appelle mysticisme toute forme de l'union avec Dieu, de la piété. C'est le sens large.

Souvent même, par analogie, on désigne ainsi toute croyance à « l'*au-delà* », à ce qui dépasse le *phéno-*

---

1. L'étymologie usuelle est *muô*, fermer la bouche, les yeux ; l'initié du premier degré, le *mustés* doit garder le secret, mais il n'a pas encore contemplé, comme l'*epoptés*, les objets sacrés. Ellen Harrisson (*Prolegomena to the study of greek religion;* Cambridge, University Press, 1903 ; p. 153) fait remarquer que cette condition de ne pas avoir vu n'est pas toujours remplie : dans les mystères orphiques, est *mustés* celui qui a mangé de la chair divine du Taureau ; en Crète, les mystères sont ouverts à tous, ne sont pas mystérieux. Mystère se rattacherait plutôt à *musos* (souillure, forfait) et serait avant tout un rite de purification, sanctification.

mène sensible, ou le mécanisme du raisonnement rigoureusement *logique*. A ce compte, le métaphysicien qui croit à la substance invisible, intangible, est un mystique ; l'artiste qui aspire à réaliser un idéal surhumain de beauté, le socialiste qui proclame l'obligation d'une justice et d'un altruisme que l'observation scientifique ne constate point comme *étant*, mais que la voix de la conscience prophétise et impère comme *devant être*, sont des mystiques.

C'est en ce sens que Maeterlinck prend le mot dans sa préface à l'*Ornement des noces spirituelles* de Ruysbroeck, lorsqu'il écrit : « S'il est vrai que tout homme est un Shakespeare dans ses songes, il faudrait se demander si tout homme, dans sa vie, n'est pas un mystique informulé, mille fois plus transcendantal que tous ceux qui se sont circonscrits par la parole. Quelle est l'action de l'homme dont le dernier mobile n'est pas mystique ? Et l'œil de l'amant ou de la mère, par exemple, n'est-il pas mille fois plus abstrus, plus impénétrable et plus mystique que ce livre, pauvre et explicable, après tout, comme tous les livres, qui ne sont jamais que des mystères morts, dont l'horizon ne se renouvelle plus ?... »

Voilà mysticisme devenu synonyme de toute vie psychologique, morale, profonde ; est-ce à tort ou à raison ? Nous essayerons de le déterminer plus tard.

Commençons par étudier de plus près un mystique chrétien — en prenant le terme dans son acception rigoureuse. Nous choisissons le grand

mystique brabançon, Jean Ruysbroeck que ses contemporains avaient surnommé « l'admirable » ; mais
en cherchant à pénétrer dans sa conscience, c'est
dans la conscience de tous les autres que nous péné-
trerons, car M. Ribot le remarque très justement :
« Malgré les différences de sexe, de race, de religion,
de culture, de temps et de lieu, leurs écrits et leurs
récits offrent un remarquable caractère d'unifor-
mité[1] ».

II

Jehan de Ruysbroeck (ou Ruusbroec), c'est-à-dire
né à Ruysbroeck, petit village entre Hal et Bruxelles,
vit le jour en 1274. Longtemps vicaire à Sainte
Gudule, il vécut très pieusement en communauté
avec deux chanoines Hinckaert et Franco de Cou-
denberg, ce dernier « homme instruit, maître ès-
arts », ce qui contribue à faire comprendre[2] comment
Ruysbroeck, malgré des études classiques som-
maires, put montrer dans ses écrits une si précise
connaissance des termes et subtilités philosophiques
et théologiques. Cela, sans préjudice de tous les
livres : Bible, écrits du pseudo-Denys l'Aréopagite
et autres, qu'il fut à même de lire et méditer ensuite.
Bientôt, impatientés du « papotage des chapelains,
du va-et-vient des fidèles et surtout de la voix rude,
tubale et fausse d'un certain chantre nommé Gode-

1. *La logique des sentiments* (F. Alcan, 1905), p. 169.
2. Jehan se joignit à eux dès l'âge de seize ans ; il put donc travailler
encore sept ou huit ans avant son ordination sacerdotale.

froi Kerreken », ils se décidèrent « à choisir un endroit écarté où, loin des bruits de la foule, il fût possible de prier convenablement le Seigneur, d'examiner scrupuleusement sa conscience et de songer à son perfectionnement moral. Franco, par son crédit auprès du duc Jean III, obtint facilement l'ermitage discret et recueilli de Groenendael (Vauxvert) » [1]. Jehan avait alors 60 ans accomplis ; il mourut à 88 ans (1381).

A l'introduction du « *Livre des XII béguines* » auquel nous renvoyons ci-dessous, on a joint une intéressante notice écrite par Henri Van der Bogaerde (du Verger) quarante ans après la mort de l'illustre prieur, d'après une autre biographie contemporaine de Ruysbrock [2].

Ses compatriotes l'ont appelé Ruysbrock l'*Admirable*. Ils eussent pu l'appeler Ruysbroeck l'*Orthodoxe*. On ne saurait prendre plus de soin qu'il ne le fit pour éviter le panthéisme et le quiétisme. Sans doute, si l'on isole telle expression, telle phrase, on arrive (Gerson commit cette involontaire injustice) à transformer Ruysbroeck en panthéiste ; en réalité Ruysbroeck multiplie jusqu'à en être un peu fatigant,

---

1. *Le livre des XII béguines.* Introd. de l'abbé Cuylits, p. 29. Bruxelles, Scheuppen (Tirage à part de la Revue *Durandal*).

2. *Ibidem*, p. 25, 33. — Ses œuvres, écrites en flamand, ont été traduites en latin par le chartreux Surius (mort à Cologne en 1578) ; en français, Maeterlinck a donné *L'ornement des noces spirituelles*, l'abbé Cuylits le *Livre des XII béguines* (ou : *de Vera contemplatione*) ; la plupart des écrits de Ruysbroeck ont été édités avec grand soin, il y a quelques années, par une société de bibliophiles flamands, *De Maetschappij der Vlaemsche Bibliophilen*.

les protestations à ce sujet, revenant sans cesse sur la distinction *substantielle* entre le Créateur et la créature [1].

Ce n'est pas que Ruysbroeck semble attacher grande importance aux termes. Il répète souvent que ces choses de l'amour « ne peuvent se dire, ni s'écrire. Ceux-là seuls qui aiment du sublime amour, peuvent le sentir » [2]. Non, les mots ne peuvent rendre ce « sentir suressentiel » [3] ; les sens nous obligent à nous servir « d'extérieures et grossières similitudes, mais en réalité, au dedans, tout cela n'est qu'un Bien infini et sans modes » [4].

Les termes qu'il emploie sont ceux dont usent habituellement les mystiques. « Goûter Dieu », le « toucher et être touché par lui » [5] reviennent souvent, et ces fortes expressions : « expérimenter Dieu » [6], « expérimenter la vie éternelle [7] ». « C'est justice, dit-il, que, en l'amour, je me réjouisse en

---

1. Par exemple : *Livre des XII béguines*. ch. v et xv ; *Speculum æternæ salutis*, ch. xvii, xxii, xxiv, xxv : « Je veux que le lecteur sache bien que partout où je dis que nous sommes un avec Dieu, il faut comprendre cela en amour, non en nature ou essence. Si donc notre essence et celle de Dieu peuvent être *unies*, elles ne peuvent être *un* ; *uniri possunt, unum effici non possunt* »; *Samuel*. ch. viii; xii, etc. etc.... Contre les quiétistes de son époque, Cfr. *Samuel*, ch. iv, xiv ; *De ornatu spiritulium nuptiarum* L. II. ch. xlvi, lxxiv, lxxv, lxxvi, *De septem custodiis*, ch. xiv. etc, etc..

2. *De septem custodiis*, ch. cxvii.

3. *Speculum æternæ salutis*, ch. xxv.

4. *De ornatu spiritual. nuptiarum*, L. II. ch. xxxvii.

5. *De calculo*, x ; *De ornatu spir. nupt.*, I, ch. i; II. ch. liii, liv ; *Speculum æternæ salutis* ch. xix : « Sentimus nos tangere et tangi, amaro et amari ». etc...

6. *Samuel*, ch. viii.

7. *De calculo*, ch. x.

dehors (au delà) du temps. Car je me suis reconnu comme au-dessus du temps, éternel, et cela cause une joie pas banale à mon cœur. Je dépasse tout ! Mon essence est si riche que rien ne me peut accaparer ! Là où de toute éternité j'ai vécu selon l'Idée, éternellement je vivrai... »[1]

Mais comment Ruysbroeck arrive-t-il à côtoyer ainsi le panthéisme sans se briser contre l'écueil qui lui inspire tant de crainte ?

C'est grâce à la théorie de l' « exemplarisme divin ». Toute créature possède, au-dessus de son essence, ce qu'il nomme, après les Alexandrins, une « suressence », savoir l'éternelle idée que Dieu a de cette créature. C'est « selon cette Idée », « dans notre archétype éternel qui est la sagesse de Dieu », que nous avons vécu de toute éternité, c'est « selon nos Idées que nous sommes incréés »[2], « c'est dans l'exemplaire de la divine Sagesse que nous avons une certaine vie éternelle et que se joignent la vie incréée et la vie créée »[3].

Si Ruysbroeck en fût resté là, il n'eût pas dépassé le niveau de la philosophie scolastique à laquelle ces pensées étaient familières. Aussi bien, rassuré par cette théorie qui lui garantit, grâce à une « distinction », l'orthodoxie, ira-t-il plus loin et, s'ap-

---

1. 1ª *Cantio piissima.* Hello donne une traduction de ce cantique dans ses morceaux choisis de R. (Perrin, 1902).

2. *De septem amoris gradibus*, ch. XIV. — *Livre des XII béguines*, ch. IX.

3. *Speculum salutis*, ch. XVI.

puyant sur une autre distinction admise par l'Église
entre les personnes divines et la substance divine, il
osera distinguer « Dieu » de la « Divinité ». La Divinité, la substance, nous est, en un certain sens, « commune »[1] avec les personnes divines. Personnes
divines et personnes humaines, c'est dans cet abîme
silencieux « que jamais n'émeuvent ni Dieu, ni les
créatures », qui est au-dessus de toute différenciation
de personnes », que nous plongeons et que, à des
degrés différents et de manière différente, nous pui-
sons l'être et la vie. Mais qu'est-ce que cet abîme
et qu'est-ce qui le remplit ? Ici l'on peut répéter ce
que M. Boutroux dit à propos de Bœhme, le cordon-
nier-philosophe allemand du xviie siècle : « Il faut
pardonner au théosophe de nous renseigner impar-
faitement si, croyant nous parler de Dieu, il nous
parle de nous-mêmes et nous en parle avec sagacité »[2].

Comme tous les mystiques, Ruysbroeck possède,
hyperesthésié, le sentiment de l'infini, du parfait.
Mais il ne l'analyse pas, ne le considère pas, comme
fait le métaphysicien, à l'état de forme pure, abstraite.
Il l'emplit de sa propre vie et parce que, à l'état
d'extase, sa vie à lui est tout émotionnelle, n'est plus
qu'amour et bonheur, il compose d'amour et de
bonheur infini[3] cet insondable océan d'où tirent

---

1. *Livre des XII béguines*, ch. xiv, xv ; Cfr. *De septem amoris gradibus*, ch. xiv ; *De ornatu spirit. nupt.*, ch. xxxix.

2. *Études d'hist. de philosophie*, p. 253. — « Les extases... qui ne sont
au fond que le commencement de la découverte complète de notre
être. » Mœterlinck. Préface des *Noces sp*.

3. *Livre des XII béguines*, ch. xiv.

être et vie les personnes divines aussi bien que les personnes humaines et toutes les créatures.

En réalité donc, il ne nous apprend rien sur Dieu. Il n'en *sait* pas plus que nous, mais il *sent* tout autrement que nous. Aussi en quels termes de feu il s'exprime : Dieu, c'est l'amour, amour « vorace [1] » qui jamais ne se tait, qui éternellement crie : « Aimez, aimez l'amour, l'éternel amour [2] ! » « Et toutes les puissances de l'âme répondent : « Aimons cet amour sans limites qui nous a aimés de toute éternité ! [3]. » Et lorsque, par l'extase, nous avons dépassé les procédés intellectuels, avec leurs modes et distinctions, que nous sommes, par conséquent, en dehors de la connaissance proprement dite, dans la « nescience, ignorance et ténèbre » [4], c'est l'amour qui règne en maître [5] ; nous devenons alors, personnes divines et personnes humaines, « un seul et inextinguible incendie d'amour [6] », « une seule flamme, un seul globe de feu [7] ».

Oui, mais l'*unité* n'est que dans la métaphore ; « *uniri* possunt, *unum* effici non possunt. » Il faut toujours penser à cette réserve. Ruysbroeck n'est donc point panthéiste.

---

1. *Speculum salutis*, ch. xvi.
2. *De septem amoris gradibus*, ch. xiv. *De calculo*, ch. x. *Livre des XII béguines*, ch. xiii.
3. *Livre des XII béguines*, ch. xiii.
4. *De calculo*, ch. x.
5. *De ornatu sp. nupt.*, II, ch. liii.
6. *De septem amoris gradibus*, ch. xiv.
7. *De septem custodiis*, II, ch. xlii.

CHAPITRE II

RUYSBROECK (*suite*). — LES DÉLICES MYSTIQUES

Avant d'en arriver au degré suprême de l'union extatique [1], l'âme éprouve une série de phénomènes qui sont peut-être — et à tort — ce qui frappe le plus dans les récits des mystiques : ces ineffables jouissances, ces délices incomparables dont ils sentent leurs âmes inondées, qui font crier au miracle les uns et les autres au scandale. Interprétations passionnées. Mais constatons les faits.

Voici les chapitres xvii, xviii et xix du 2° livre des *Noces spirituelles* de Ruysbroeck, bien caractéristiques :

« De cette douceur (qui accompagne la venue du Christ dans le cœur aimant) naît la volupté du cœur et de toutes les forces corporelles, en sorte que l'homme s'imagine qu'il est enlacé intérieurement dans les replis divins de l'amour. Cette volupté et cette consolation sont plus grandes et plus voluptueuses pour le corps et pour l'âme que toutes les voluptés accordées par la terre, alors même que l'homme pourrait en jouir entièrement. En cette volupté Dieu s'immerge dans le cœur au moyen de ses dons avec une telle profusion de délectations, de

---

1. Dont nous parlerons au chapitre suivant.

consolations et de joies, que le cœur déborde intérieurement. Et cela fait remarquer à l'homme combien sont malheureux ceux qui habitent hors de
l'amour. Cette volupté liquéfie le cœur au point que
l'homme ne peut se contenir, tant est grande la plénitude de la joie intérieure. »

« De ces voluptés naît l'ivresse spirituelle. L'ivresse
spirituelle se produit lorsque l'homme éprouve plus
de délectations et de délices que son cœur ou son
désir n'en peuvent désirer ou contenir. Elle fait
chanter aux uns les louanges de Dieu à cause de la
surabondance de joie, et elle fait pleurer aux autres
les grandes larmes de la plénitude de cœur. Elle
impatiente l'un dans tous ses membres, de sorte
qu'il court, qu'il saute et qu'il trépigne ; elle excite
l'autre jusqu'à le faire gesticuler et applaudir. L'un
clame à haute voix et manifeste la plénitude qu'il
éprouve au dedans ; l'autre doit se taire et se liqué-
fier de délices en tous ses sens. Par moment il lui
semble que l'univers entier éprouve ce qu'il éprouve,
d'autres fois, il s'imagine que nul ne goûte ce qui
lui est arrivé. Souvent il lui semble que jamais plus
il ne pourra perdre ni ne perdra cette plénitude, et
d'autres fois il s'étonne que tous les hommes ne
deviennent pas spirituels et divins ; par moment il
s'imagine que Dieu est tout à lui seul, et n'est à nul
autre autant qu'à lui, d'autres fois il se demande
avec étonnement ce que sont ces délices, d'où elles
émanent, et ce qui lui est arrivé. C'est la vie la plus

voluptueuse au point de vue des sens corporels que l'homme puisse obtenir sur la terre. [1] »

Mais autre chose est le *fait*, autre chose l'*interprétation* du fait. Les mystiques sont également sincères en affirmant l'expérience qu'ils font de ces délices et en les regardant comme un miracle réalisé par l'action divine; toutefois pour que cette interprétation s'imposât, il faudrait que l'action divine fût la *seule* cause possible de ces phénomènes.

Or ce qui met en défiance, ce sont les termes dont se servent les mystiques lorsqu'ils parlent de ces délices. Termes évidemment empruntés à l'amour physique [2]. Mais il ne s'agit pas seulement des *termes*; les mystiques se rendent parfaitement compte que leurs émotions ne sont point uniquement *spirituelles* et que le corps en a sa large part. Nous venons de le voir dans les paroles de Ruysbroeck. Lorsque sainte Térèse raconte sa transverbération, elle nous dit que le très beau petit ange, porteur de cette lance d'or dont la pointe en fer se terminait par du feu, « de temps en temps l'enfonçait jusqu'aux entrailles; en la retirant il semblait les lui emporter avec ce dard et la laissait embrasée d'amour de Dieu... Ce n'est pas une souffrance corporelle, mais toute spirituelle, *quoique le corps ne laisse pas d'y participer, et même grandement* » [3].

1. Traduct. Mæterlinck (Bruxelles, Lacomblez); p. 95, 96, 97.
2. Cfr. Saint François de Sales, *Traité de l'amour de Dieu*, VII, I.
3. *Vie*, ch. XXIX.

C'est en se fondant sur cette participation du corps aux délices et souffrances mystiques que Leuba range les mystiques parmi les érotomanes. Mais il ne s'agit nullement pour lui de la « manie érotique ». Les mystiques ont une possession d'eux-mêmes, une énergie de volonté, celle, par exemple, dont fit preuve sainte Térèse dans la fondation et l'administration de ses dix-sept couvents, qui ne permet pas de les traiter de fous, d'aliénés. Leuba entend par érotomanie « la capacité de satisfaire le besoin d'amour sans l'intervention de l'acte normal » et, bien entendu, avec la complète incons-cience de l'intervention des centres sexuels. Il s'ap-puie sur ces deux points : 1° l'organisme sexuel peut, dans une certaine mesure, entrer en activité et donner lieu à lui seul, ou conjointement à d'au-tres activités physiologiques, à une jouissance intense sans que le sujet se rende compte de son origine ; 2° Des perceptions ou des images n'ayant absolument rien de lascif peuvent parfaitement bien éveiller les organes de la génération. « On peut même dire, d'après lui, que « toute émotion tendre et toute jouissance tendent, en vertu des relations existant entre les diverses parties du système ner-veux, à éveiller les centres sexuels. [1] »

« On s'est servi de cette relation entre l'amour

---

1. La thèse de Leuba est renfermée dans les numéros de la *Revue phi-losophique* de juillet 1902 et novembre 1902 ; la réponse de Montmo-rand dans le n° d'octobre 1903.

divin et l'amour sexuel pour flétrir les mystiques, continue Leuba. On a eu tort. Quant à nous, même ici, nous sommes enclin, non pas à les approuver, mais bien à les admirer. Ce sont des âmes maladives, si vous voulez, mais audacieuses, puisqu'elles prétendent s'affranchir de ce à quoi la nature semble tenir le plus, et nobles quoique mal équilibrées, puisqu'elles ne veulent point du tout tremper dans les ignominies grandes ou petites où la chair nous entraîne presque tous. Car ce n'est évidemment pas par simple caprice qu'ils se refusent la volupté naturelle, mais c'est parce qu'en la recherchant on se trouve si aisément et si souvent en contradiction avec la loi morale [1]. »

En face de cette interprétation nous avons celle de M. de Montmorand qui mitige seulement celle de Leuba. Il cite même des cas où l'intervention des centres sexuels est absolument indubitable. Mais on peut les considérer comme des cas particuliers analogues aux excitations sexuelles que causent en certaines organisations l'audition de telle musique, la vue de telle statue, etc.

Très souvent aussi, remarque-t-il, l'érotisme n'est que verbal ; les expressions sont suggérées par le *Cantique des cantiques* et les mystiques sont tous les premiers à les trouver « étranges » ou « grossières [2] ».

---

1. *Rev. phil.*, nov. 1902, p. 166.
2. Saint Jean de la Croix. — Sainte Térèse. Cfr. *Rev. phil.* d'octobre 1903, p. 391.

Mais cela ne répond point aux cas cités plus haut (transverbération de sainte Térèse) auxquels le corps, comme elle le disait elle-même, « participe grandement ».

Montmorand accepte d'ailleurs la thèse de Leuba avec quelques restrictions. « Sa définition de l'érotomanie, dit-il, est trop large et trop peu précise pour rester caractéristique. S'il était vrai qu'en vertu des relations existant entre les différentes parties du système nerveux, toute émotion tendre éveillât les centres sexuels, s'il était vrai que l'organisme sexuel eût sa part dans les plus chastes épanchements de l'amour maternel ou de l'amour filial, et jusque dans les joies que nous donnent la nature et l'art, la qualification d'érotomanes ne devrait pas être réservée aux mystiques : elle s'appliquerait à tous les hommes par cela seul qu'ils ont un corps. J'ajoute que, pour rester humaine et ne pas échapper à la loi commune, qui mêle, à ce que prétend M. Leuba, l'organisme sexuel à toutes nos jouissances, les jouissances mystiques ne m'en apparaîtraient ni moins hautes ni moins pures. Ces jouissances, d'ailleurs — M. Leuba semble l'oublier — ne sont, dans la vie des mystiques toute d'abnégation, de sacrifice, qu'un épisode transitoire et préliminaire. Elles font bientôt place à des « aridités », à des « sécheresses », à des souffrances physiques et morales « intolérables » (sainte Térèse), indéfiniment prolongées et tout à fait incompatibles, au moins dans la plupart des cas, avec les émotions sensuelles. »

«... J'inclinerais même à penser que, chez quelques-uns d'entre eux, fort rares, il est vrai, l'organisme sexuel n'a jamais fonctionné. On remarque, parmi les individus anormaux, un groupe spécial, celui des *cérébraux antérieurs, ou psychiques* — ainsi l'a baptisé Magnan[1]. Chez les *cérébraux antérieurs*, dit-il, la moelle n'agit point, l'instinct de la génération est aboli. Le *cérébral antérieur* « reste cantonné en pleine région frontale, dans le domaine de l'idéation... Il n'a pour son idole que de chastes et respectueux hommages... C'est l'amour *sans désirs vénériens, en dehors de toute préoccupation charnelle.* » Il en est, parmi les mystiques, ou plus généralement parmi les saints — un Louis de Gonzague, par exemple, peut-être même une sainte Térèse dont le cas reste douteux — qui répondent à cette description »[2].

C'est avec raison que Montmorand insiste sur le caractère « transitoire et préliminaire » des jouissances mystiques; elles ne conviennent qu'aux débuts de la vie spirituelle, à ce que Ruysbroeck appelle poétiquement « le mois de mai de la vie intérieure[3] ».

---

1. *Leçons cliniques sur les maladies mentales.* T. I, p. 327. — T. II, p. 52.

2. P. 393.

3. *Orn. des noces spirituelles*, L. III, ch. xx. — C'est « le plus infime degré de la vie contemplative. » *XII Béguines*, ch. x.

Mais Leuba est moins absolu que ne le prétend cet auteur : « Comme on pourrait conclure, dit-il, des pages précédentes, que nous assignons une origine sexuelle à toutes les jouissances mystiques ici désignées par le terme : organiques, il faut que nous complétions notre pensée. Il est bien entendu que les jouissances calmes et paisibles sont pour le moment hors de cause. Il s'agit seulement de ces plaisirs souvent intenses qui sont dans une dépendance évidente et plus directe du corps, et nous disons qu'ils ne se rattachent pas *tous* à la vie sexuelle. Nous sommes ici sur un terrain mal connu, car la physiologie du plaisir est encore dans le vague [1]. »

À ces paroles, M. Ribot fait écho : « Je pense que la psychologie des auteurs qui réduisent tout à un érotisme dévié est beaucoup trop simpliste et nullement applicable à tous les cas [2].

Quelles que soient les lacunes et insuffisances actuelles des observations scientifiques, les faits ne manquent point qui, permettant d'assigner aux délices mystiques des causes naturelles, rendent l'explication surnaturelle (du moins dans le sens de *miraculeuse*) pour le moins gratuite.

Leuba [3] raconte une expérience personnelle où des extensions musculaires — et elles existent tou-

1. P. 467.
2. *Logique des sentiments*, p. 175.
3. P. 467.

jours ou presque toujours dans l'extase — lui causèrent une vive volupté.

Les *Archives de psychologie*[1] citent le cas d'un jeune garçon sujet à des visions que personne ne songeait à considérer comme surnaturelles. « C'est, dit ce jeune homme, le plus merveilleux tableau qu'il soit possible de contempler et je reste très souvent en extase devant lui *dans un état indescriptible d'agrément.* »

Tout le monde sait que l'on obtient artificiellement, au moyen du haschich, par exemple, les plus délicieuses extases. Mais sans recourir à un excitant spécial, le système nerveux peut se trouver dans un état tel qu'il détermine à lui seul cet état de bonheur infini. C'est le cas des paralytiques généraux. « Le malade, dit Ach. Foville (*Dict. de médecine* de Jaccoud), voit tout en beau et se sent heureux sans savoir pourquoi. Puis il proclame sa joie et son bonheur. Tout ce qui concerne sa personne est parfait ; il parle avec complaisance de sa santé, de sa force physique, de sa beauté ; il admire et fait admirer aux autres ses bras, ses jambes, son torse... Tous les sens du paralytique peuvent être surexcités à la fois et éprouver des jouissances inouïes. Il croit entendre des concerts divins, voir des spectacles enchanteurs, manger et boire des choses exquises, être entouré de parfums les plus suaves. »

1. Juin 1902, p. 373.

Voici de quels termes « se sert perpétuellement » une extatique stigmatisée « Madeleine » étudiée par le Dr Pierre Janet :

« J'ai ressenti comme une joie intérieure qui s'est répandue jusque dans tout mon corps... l'air que je respire, la vue du ciel, le chant des oiseaux, tout m'a causé des jouissances inexprimables; j'ai vu des beautés inaccoutumées; en marchant je me suis sentie soutenue et j'ai éprouvé dans l'air une véritable volupté. Vraiment la jouissance de l'homme est bien relative; en sortant de mon sommeil, il m'est arrivé de trouver au pain et à l'eau une saveur délicieuse que celle des mets les plus recherchés ne peut procurer... J'ai des jouissances que, en dehors de Dieu, il est impossible de connaître. La terre devient pour moi le vestibule du ciel, mon cœur jouit à l'avance de la félicité qui lui est réservée... je voudrais communiquer ma joie... mes impressions sont trop violentes et j'ai de la peine à comprimer mes transports de bonheur... J'étais loin de penser que les odeurs fussent aussi délicieuses, je ne trouve pas de mots pour exprimer le bonheur que j'ai ressenti en respirant les odeurs de la salle... j'ai une jouissance sur la bouche et sur les lèvres qui me rassasie, je ne sens plus la faiblesse ni le besoin; la douceur et l'enivrement sont continuels... »

« Ce sentiment de béatitude au cours de certains états anormaux, observe le Dr Janet, est loin de nous être tout à fait inconnu. Je me souviens d'une

malade qui était autrefois dans le service de Charcot :
elle était franchement hystérique et avait des attaques graves de contractures généralisées, tous les
muscles de la vie volontaire étaient immobilisés par
la contracture et elle restait indéfiniment dans cet
état de raideur, si on ne défaisait pas ces contractures par un massage approprié. Toutes les fois que
l'on mobilisait ainsi ses membres et qu'on la réveil-
lait de cette torpeur, elle gémissait et se fâchait contre nous en disant qu'on la retirait de force d'un état
absolument délicieux où elle aurait voulu rester indéfiniment. Depuis, j'ai observé le fait à plusieurs
reprises dans des attaques de catalepsie hystérique.
Ce sentiment de béatitude a également été décrit
d'une manière très intéressante dans certains éva-
nouissements profonds et même dans les instants
qui précèdent la mort[1]. Mais ils sont plutôt exceptionnels dans ces divers états, tandis qu'ils sont la
règle dans l'extase et que l'on peut les considérer
comme tout à fait caractéristiques de cet état[2]. »

Nous n'avons en aucune manière la prétention
d'assimiler les extatiques à telle ou telle catégorie
de malades. Notre argumentation ne porte que sur
un point : du seul caractère ineffable, inexprimable,
débordant, des délices intérieures, *on n'est en aucune
manière autorisé à conclure à une causalité miraculeuse.*

---

1. Egger : Le moi des mourants, *Revue philosophique*, 1896, p. 28.
2. Dr P. Janet : Une extatique. *Bullet. de l'Instit. psychologique international*, 1901, p. 230.

Si la physiologie, d'une part, nous permet de conjecturer l'origine des délices mystiques, de l'autre, la psychologie cherche à expliquer ce qui se passe dans l'esprit du mystique ; elle fait de l'imagination mystique un cas de l' « imagination créatrice *affective* » qui rassemble des états affectifs, émotionnels comme l'imagination créatrice ordinaire rassemble des sensations et fragments de sensations : lignes, couleurs, sons, etc., pour créer des combinaisons et constructions nouvelles. M. Ribot cite d'abord l'imagination du musicien[1] — puis, plus assujettie aux limitations que lui impose la forme matérielle, celle des « symbolistes » en art — enfin, celle des mystiques dans l'invention de leur « roman d'amour ». Mais dans ce dernier cas, « la matière affective est monocorde : l'amour, toujours l'amour et le même espèce d'amour : élans et dépressions, périodes d'ardeur ou de sécheresse avec leurs variables degrés : en dehors, il n'y a guère de ressources possibles. Quelle différence avec la position du compositeur génial et vibrant qui a sous sa main tout le clavier des émotions humaines avec leurs nuances infinies ! »

L'expérience prouve, néanmoins, qu'il est une intime analogie entre le musicien et le mystique cherchant à déclancher en eux tous les ressorts de la vie émotionnelle, à en déchaîner les torrents, à s'enivrer de ces délices intérieures jusqu'au plus

1. Ribot, *Logique des sentiments* (F. Alcan), ch. IV.

complet oubli d'eux-mêmes et du monde. « Ivre d'a-
mour, saint François, racontent ses premiers compagnons, sentait bouillonner en lui la très douce mélodie
de l'esprit et ce souffle du divin chuchotement que
percevait son oreille éclatait enfin en paroles françaises. Il ramassait parfois deux morceaux de bois
et, s'en servant comme d'un violon, il chantait en
français (provençal) en l'honneur du seigneur
Jésus[1]. »

« J'avais de la musique plein l'âme, plein le cœur,
plein la tête ; et encore, une musique morale bien
autrement belle que celle qui se peut formuler par
des sons », disait un mystique moderne[2]. Et Ruysbroeck : « Contempler intellectuellement, s'incliner
amoureusement, ce sont là deux pipeaux célestes qui
chantent sans besoin de notes et de ton et auxquels
l'Esprit saint donne le vent[3]. »

Ce n'est, dira-t-on, que reculer la difficulté. La
psychologie moderne explique tout dans l'imagination créatrice *sauf l'activité créatrice elle-même*.
Comme si l'on expliquait tout dans une usine, sauf
la production même de la vapeur ou de l'électricité.

Sans doute, mais les sciences ont et auront toujours pour limite la *donnée* même dont elles partent.

1. *Speculum perfectionis*. Edition de P. Sabatier (Fischbacher).
ch. 93, p. 185.

2. Gay, le futur auteur de la « *Vie et vertus chrétiennes* ». Cité par
Laberthonnière : *Un mystique au XIX⁰ siècle*, p. 3.

3. *XII Béguines*, ch. xiv.

L'important, c'est qu'elles nous fassent comprendre que le phénomène considéré peut rentrer dans la sphère des phénomènes qu'elles expliquent.

Mais en quoi le rêve mystique, le roman mystique nous semble-t-il d'ordre supérieur au roman d'amour terrestre ?

C'est que la soif de volupté spirituelle ne représente *que l'un des aspects de la conscience mystique.* « Cette tendance — remarquons que c'est Leuba qui parle — ne ferait pas à elle seule un mystique chrétien. Elle donnerait de simples jouisseurs, de ces amateurs de sensualité diffuse qui ont pris l'habitude de se servir d'images religieuses, de Dieu, de Jésus-Christ, de la Vierge, pour la satisfaction de leur passion. Pour composer cette étrange, extravagante, mais héroïque figure qui s'appelle un mystique chrétien, il faut ajouter l'hyperesthésie de la conscience morale. C'est ce second trait toujours présent qui lui donne droit à une place à part dans l'histoire de la formation de la conscience morale[1]. »

Et plus loin :

Les mystiques « ne sont pas des hédonistes. On nous accusera sans doute de faire du paradoxe. Comment, nous dira-t-on, ces gens si avides de jouissance, si sensuels dans leur amour platonique, ne seraient pas guidés par le plaisir, ne le recherche-

---

1. P. 14 de la *Rev. Phil.* de juillet 1902. — L' « ornement » des « noces spirituelles », c'est précisément la perfection morale que doit revêtir le mystique.

raient pas par-dessus tout? A ceci nous répondons
que si l'amour de la jouissance organique contribue
puissamment à en faire des dévots de l'extase, il n'est
presque pour rien dans la lutte qu'ils livrent aux
tendances inférieures. Il faut tenir séparés ces *deux*
aspects du mysticisme chrétien, au risque de faire
le chaos au lieu de la lumière[1]. »

« La carrière des mystiques chrétiens n'est qu'un
long effort pour se rendre normalement dignes de
leur Seigneur... L'association de ces *deux* caractéristiques : *amour* et *sainteté*, dans la conception du
Dieu que les mystiques adorent, amène un résultat
assez curieux. L'amour — même la volupté — devient l'auxiliaire de la sainteté, et la sainteté celui
de l'amour, car puisque Dieu est l'un et l'autre, on
ne peut pas le rechercher et ne trouver que l'un de
ces deux trésors. S'il est possible au mystique d'appeler ses transports charnels des élans divins, c'est
précisément à cause du lien étroit qui relie l'amour
à la sainteté dans la personne divine. La jouissance
charnelle se trouve sanctifiée par ce contact, et la
sainteté est revêtue des attraits de l'amour. Voilà
une belle illustration de la suprématie des tendances
sur l'intelligence. Toutes les phases de la vie mystique contribuent donc à cette même fin : la quiétude, la jouissance amoureuse, aussi bien que les
communications directes par les sens, deviennent,
chez ces passionnés de perfection morale, autant de

1. P. 25.

moyens de fortifier les tendances divines aux dépens des autres[1]. »

C'est ce que Leuba appelle « la tendance à l'universalisation de la volonté ». Car, pour lui, « passer de la volonté propre à la volonté divine signifie passer de la volonté particulière à la volonté collective. Agir non pas comme individu, mais comme représentant de l'humanité tout entière, voilà leur précepte » (p. 29). Et la valeur sociale de cette tendance est incontestable, puisque « *universalisation de l'action* signifie *socialisation* ». Aussi Leuba ne craint-il pas de conclure :

« Chez le mystique chrétien cette grande tendance est déjà fortement établie, et elle est encore favorisée par une disposition psycho-physiologique plus ou moins spéciale. La fluidité de son système nerveux se trouve être un avantage, puisqu'elle rend plus facile l'établissement de nouvelles relations entre les éléments nerveux, en sorte que certains désirs et impulsions qui autrefois entraînaient toujours l'action en viennent à perdre leur efficacité. L'individu est ainsi reconstruit sous l'influence de la disposition à la réaction universalisée ; il arrive, ou du moins peut arriver, à être entièrement délivré des désirs de l'homme naturel, et de plus, les aspirations, impotentes autrefois devant les impulsions brutales de l'homme primitif, ont maintenant à leur service le mécanisme puissant de l'action impérative et

1. P. 475. 476.

même de l'action instinctive. On peut se demander
si un individu ainsi transformé n'appartient pas à
une nouvelle variété de l'espèce humaine. Dans
tous les cas, il faut l'admettre franchement, il y a
entre un Tauler et l'homme ordinaire une distance
considérable, et cela dans la direction indiquée par
les efforts persistants de l'humanité[1]. »

Il s'ensuit donc que les mystiques, grâce à cet
état anormal d'hypertrophie sentimentale, nous permettent d'observer la nature humaine comme am-
plifiée par un immense microscope. Car dans ces
passionnés d'amour, mais passionnés surtout de
perfection morale, nous apercevons plus facilement
l'irréductible complexité de cette nature, la *dualité*
d'aspects sous lesquels on doit toujours considérer
l'aspiration de son activité : bonheur, perfectionnement.

Mais il ne nous semble pas — nous aurons occasion d'y revenir — que la moralité puisse s'expliquer toute par les seules exigences sociales, comme
« volonté collective ». Surtout, nous ne saurions
admettre l'équation entre « Dieu-sainteté » et « l'ensemble des principes altruistes ». L'idée de Dieu
inclut cet ensemble, mais le dépasse infiniment. Ce
n'est pas seulement le « *Dieu-sainteté* », c'est le
Dieu « plénitude », le *Dieu perfection* qui ravit un
Ruysbroeck. Que Dieu soit innommable, il le répète
maintes fois, fidèle en cela à la doctrine du pseudo-

1. Page 35 ; Cfr. p. 32 la réponse aux objections.

Denys, mais il reconnaît qu'on peut se servir des termes « béatitude, amour, puissance, sagesse, vérité, bonté », à condition de les prendre « sub una eademque et *quidem infinita divinae naturae ratione* »[1], à condition d'envisager ces qualités *sous l'aspect du parfait*. Et lorsque sainte Térèse fait le vœu d'accomplir toujours ce qui lui paraîtra le plus *parfait*, c'est un point de vue pratique qu'elle adopte, mais l'angle visuel mental est le même, c'est toujours le sentiment de *perfection* qui intervient.

1. *De orn. sp. nupt.*, I. chap. xxv.

CHAPITRE III

RUYSBROECK (*suite et fin*). — DE LA CONTEMPLATION

La période de délices sensibles n'est, comme le dit Ruysbroeck [1], que « le plus infime degré de la vie contemplative ». Vient ensuite la contemplation proprement dite, l'*extase*.

Nous n'avons pas à parler de l'extase au point de vue *physiologique*. Attendons que les physiologistes eux-mêmes [2] voient clair dans la complexité de ces phénomènes : « L'extase n'est ni une maladie spéciale, ni un symptôme déterminé, ni un syndrome. C'est à un groupe tout à fait artificiel et confus de faits disparates que les théologiens ont donné le nom d'extase. Il y a probablement de tout là dedans, pêle-mêle, mais principalement : des faits de catalepsie ; des faits de somnambulisme ; des faits d'obsession ; des faits de rêve ou d'états hallucinatoires ; des faits d' « émotions sublimes » ; des faits de confusion mentale, etc., etc. Ai-je besoin d'ajouter que ces divers états dépendent de processus psychologiques extrêmement différents? Les auteurs qui les ont réunis sous une étiquette commune se sont lais-

1. *XII Béguines*, ch. x.

2. Le Dr Pierre Janet nous promet un ouvrage sur les extatiques. Cfr. déjà *Les obsessions et la psychasthénie*, p. 382, 660. (Paris, F. Alcan.)

sés grossièrement abuser par des ressemblances purement extérieures [1]. »

Bornons-nous donc à étudier au point de vue psychologique les extases religieuses des mystiques chrétiens et voyons si la réalité justifie leur prétention — exempte de tout orgueil, d'ailleurs — d'expérimenter le Divin, de le « voir », de le « toucher », d'en connaître l'*essence* d'une manière tout autrement profonde que par les facultés intellectuelles discursives.

Que les mystiques soient de subtils psychologues, d'excellents observateurs du monde intérieur, il faudrait ne pas avoir lu dix lignes de leurs écrits pour en douter un instant. Mais leur « introspection ». comme disait déjà Ruysbroeck, dépasse-t-elle vraiment en profondeur et en renseignements l'introspection philosophique ordinaire?

Certains philosophes — et des meilleurs — le concèdent : « Le mystique, dit M. Boutroux, croit que, par l'effort de sa réflexion, il peut pénétrer toujours plus avant dans son être intérieur. Il voudrait parvenir à en toucher le fond... Sous le conscient, il y a l'inconscient: fonds véritable de notre être, et de plus en plus accessible à une conscience qui, méthodiquement et avec une intensité croissante, recherche les dernières raisons de nos pensées et les plus secrets mobiles de nos actions. » Et plus loin : l' « amour idéal est le fond de l'être et le fond de nous-mêmes.

---

1. Dr Eugène-Bernard Leroy. Lettre personnelle.

Nous ne sommes donc pas, malgré les apparences, étrangers les uns aux autres. « Insensé, disait Victor Hugo, qui crois que je ne suis pas toi! »... Cette doctrine d'une communauté originaire des âmes, d'un principe de vie un, infini et parfait, où nous pouvons nous réunir, nous retrouver et atteindre chacun à notre plus complet développement, non aux dépens des autres êtres, mais grâce à leur développement même, principe que l'Humanité appelle Dieu, cette doctrine nous apparaît comme le terme où aboutissent toutes les expériences et toutes les réflexions des mystiques [1]. »

Il y a, dans ces lignes, quatre affirmations que l'on aurait grand tort de confondre ou de laisser passer sans réserves :

1° Sous le conscient, existe l'inconscient : fonds véritable de notre être, il est de plus en plus accessible à une introspection méthodiquement conduite. — C'est la pure vérité.

2° L'inconscient se manifeste au mystique (chrétien) sous la forme de l'amour. — Nous l'avons déjà dit et allons y insister ci-après.

3° L'amour est donc le fond de nous-mêmes et de l'être.

Nous passons ici de la constatation, de l'expérience proprement dite, à l'induction hypothétique.

Il s'en faut, en effet, que l'inconscient se manifeste

<hr />

1. Conférence à l'Institut psychologique international, le 7 février 1902. — Extrait de la *Revue bleue* du 15 mars 1902.

à *toute* introspection sous forme d'amour. C'est la forme optimiste, si l'on peut dire. Mais il y a la forme pessimiste des bouddhistes et de Schopenhauer. L'inconscient s'y manifeste sous forme d'une volonté de vivre égoïste, luttant âprement, douloureusement pour l'existence. Il s'ensuit que l'amour et la joie des mystiques chrétiens, comme l'effort pénible de Schopenhauer — ce dernier en est convenu[1] — représentent des phénomènes plus profonds, mais toujours des *phénomènes* et non pas l'*essence* de nous-mêmes et de l'être.

4° Cet amour est l'amour idéal, l'universel principe de vie, un, infini, parfait. — C'est là une sorte de monisme, idéaliste et tendre. D'après ce qui vient d'être dit, il ne saurait toutefois être appelé *fait* d'expérience, mais l'une des inductions hypothétiques possibles au sujet du premier Principe.

Nous nous garderions bien de transformer M. Boutroux en moniste malgré lui. Notre intention est seulement de montrer que l'interprétation théiste ou l'interprétation moniste du Dieu-amour, sont deux hypothèses, légitimes toutes deux, mais non des *faits* d'expérience.

Nous dirons la même chose relativement aux affirmations des mystiques. Qu'ils voient l'amour, le bonheur, la moralité, la vie, *sous la forme de l'idéal, du parfait*, nous l'avons déjà constaté. C'est là un

---

1. *Suppléments* au *Monde comme volonté et représentation*. T. III, ch. XVIII, p. 10.

fait psychologique incontestable. Ce qui n'est plus fait, expérience, répétons-le, mais interprétation, c'est la théorie panthéiste ou théiste, celle d'Eckardt[1] ou celle de Ruysbroeck, issues toutes deux pourtant d'un même mysticisme chrétien.

Quand le mystique formule ces théories, il n'est plus en état d'extase, il est redescendu sur le terrain de la pensée discursive, il est redevenu philosophe.

Que se passe-t-il donc, au juste, au fond de sa conscience, pendant la crise même de contemplation extatique ? Les noms dont se servent les mystiques pour désigner les phases principales de la crise varient[2], mais ces phénomènes psychologiques suivent une même loi, d'après laquelle le champ de la conscience se rétrécit toujours davantage jusqu'à l'inconscience plus ou moins complète.

1. Dominicain, né en 1260, probablement à Strasbourg. Après sa mort, fut condamné en 1329 par Jean XXII. Voir dans l'*Enchiridion* de Denziger n° LXVI, 28 propositions condamnées. Cfr. *Essai sur le mysticisme spéculatif en Allemagne au XIV siècle* par Delacroix (Alcan). Chap. VI et suiv.

2. Dans les ch. X à XV (inclus) du *Livre des XII béguines*, Ruysbroeck divise ainsi la vie contemplative : *a*) jubilation, — *b*) coruscation, — *c*) spéculation et contemplation, — *d*) exercice transcendant de l'amour. Le *b*) semble n'être que le point de vue objectif de l'illumination surnaturelle, *c*) le résultat subjectif de cette illumination. Il est double : d'abord l'âme se sert encore des données, des images de la foi. Ruysbroeck nomme cette phase spéculation, sans doute parce que l'Apôtre I. Cor. XIII, 12, dit que maintenant, par la foi, nous voyons « par un miroir » (« per speculum » miroir de métal poli des Anciens, où les images étaient fort imparfaites). Puis vient la contemplation proprement dite, ou vision sans images. Enfin, l'exercice transcendant de l'amour. — Sainte Térèse distingue : oraison de quiétude, union, ravissement ; saint François de Sales : contemplation, recueillement amoureux, liquéfaction de l'âme en Dieu. — Cfr. la 2e partie de l'*Essai sur les fondements de la connaissance mystique*, par Récejac (Alcan, 1897).

C'est déjà un grand progrès pour le mystique que d'avoir rejeté toutes les images terrestres et de ne plus avoir dans l'esprit que des images religieuses. Mais cette multiplicité[1] d'images divines lui pèse: il en diminue le plus possible le nombre. A mesure que leur nombre décroît, elles s'imposent de plus en plus et deviennent des « visions », d'une certitude inébranlable : par exemple sainte Térèse ne verra plus que les mains ou le visage du Christ, ou seulement un diamant d'une transparence souverainement limpide. La vie psychique passe ainsi de l'état *polyidéique* à l'état *monoïdéique*. Cette *monoïdée* peut être, comme dans les exemples précités, tirée des représentations sensibles. Elle peut être aussi d'ordre moins matériel. C'est ce que Ruysbroeck appelle voir Dieu « dans des images intellectuelles » telles que les idées de puissance, sagesse, vérité, bonté, etc. De cet ordre était sans doute l'extase philosophique d'un Plotin qui parvint deux ou trois fois dans sa vie, disait-il, à contempler Dieu sous le mode de l'*unité*. Il semble que, pour Ruysbroeck, le type du monoï-déisme soit cette vision « intermédiaire » entre la vision par images multiples et la vision de l'essence pure, dont il parle à la fin du chapitre xii, où « l'œil simple, avec un regard simple dans la divine lumière, voit Dieu *dans un simple mode* » ; ce simple mode, ne

---

1. Qui distingue précisément la simple *méditation* de la *contempla-tion*. Les mystiques parlent sans cesse de ce vide à opérer en soi et du passage de la multiplicité à l'unité.

serait-ce pas Dieu considéré en tant que lumière de l'esprit?

Après la période *représentative* vient la période *affective*[1]. Ici encore la multiplicité précède l'unité. Des inclinations, des sentiments s'agitent seuls dans la conscience. L'image, l'idée, ont disparu, les émotions concomitantes subsistent. C'est ce que Murisier[2] a très bien fait ressortir. Il représente cette vie émotionnelle intense comme une religion vivante, une religion vivante et « sans dogme, et non seulement sans dogme, mais sans aucune représentation *consciente*, sans aucune de ces images symboliques dont les dogmes ne sont en dernière analyse qu'une traduction abstraite à l'usage d'un petit nombre d'initiés. Et ce qu'il y a de remarquable chez ces extatiques, ce qui les distingue assez profondément des contemplatifs philosophes[3] qui ont également réussi « à faire évanouir l'intelligence », c'est le caractère tout particulier, la qualité propre de l'émotion persistante. Au lieu d'un vague sentiment de béatitude, ils éprouvent autant que jamais le sentiment de dépendance, d'identification au modèle divin qu'ils

1. Ou *a-idéique*. — « L'esprit défaille, dit Ruysbrock, mais la force amative veut néanmoins avancer, et la jouissance réside plus dans la saveur de l'émotion que dans la compréhension. » *Noces sp.*, L. II, ch. I.II.

2. *Les maladies du sentiment religieux* (F. Alcan), p. 63.

3. Et à plus forte raison des extatiques d'ordre purement physique. Taine (2ᵉ volume *Lettres*, p. 232) raconte que Flaubert allait à Constantinople voir tous les jours les derviches tourneurs ; un d'eux avait une tête admirable, extatique. Il finit par le connaître, l'invite à prendre le café, lui fait boire de l'eau de-vie. L'autre boit comme un trou. Interrogé sur les pensées qu'il a quand il tourne, il répond qu'il ne pense à rien, qu'il songe simplement à l'eau-de-vie qu'il boira. »

ont perdu de vue, mais qu'ils continuent à imiter...
L'âme sent en elle des dispositions et des inclinations
qui lui semblent à la fois siennes et non siennes,
qu'elle rapporte après coup, au sortir de l'extase (car
elle en garde le souvenir[1]), à Dieu, à Jésus-Christ.
Elle a l'impression que « Christ vit en elle », elle
trouve imprimés au plus profond d'elle-même ses
états de pauvreté, d'humilité, de soumission. »

C'est la *tendance vers la perfection morale*, dont
nous avons parlé dans le paragraphe précédent, qui
prédomine alors. Mais il nous semble que l'on n'a
pas fait jusqu'à présent une place suffisante, dans
l'analyse de cette phase, aux « *sentiments intellectuels* »
dont parle M. Ribot au chapitre XI de sa *Psychologie
des sentiments*. Il n'est pas une phase de l'exercice
de nos facultés représentatives qui ne soit doublée
d'émotions correspondantes, de telle sorte que les
psychologues qui ont voulu tenter la classification
de ces émotions, en désignent un nombre variant de
15 à 60 ; Ribot en cite 32. On conçoit dès lors que les
sentiments *moraux* d'imitation du modèle divin ne
soient pas les seuls qui remplissent la conscience du
mystique. Il a toujours un désir ardent de voir, de
connaître Dieu[2]. Lors donc que les images intellec-

---

1. C'est un des points par lesquels l'extatique diffère de l'hystérique
proprement dit.

2. « L'âme contemplative clame : Seigneur, montrez-nous votre face !...
Alors se dilate l'œil intellectuel ;.. il voudrait connaître à fond et expérimenter ce qu'est Dieu », etc., *XII Béguines*, ch. XII. — « La raison
fouille toujours à nouveau afin de suivre ce rayon de miel jusqu'en sa
source. » *Noces spir.* L. II, ch. LII.

tuelles ou autres auront disparu, alors que se sera évanouie l'idée même d'une communication intime avec
la Divinité, l'*émotion* intense qui l'accompagnait
(sentiment *intellectuel*) pourra, détachée de cette
idée, subsister isolée en tant qu'émotion, se développer, s'exalter, envahir de plus en plus la conscience et y régner conjointement avec l'amour. Au
réveil, le mystique se rappellera cette émotion
incomparable et n'ayant rien à y joindre — et pour
cause — il se la justifiera par la croyance à une contemplation « sans mode, sans manière, sans mesure »,
où l'âme voit « sans savoir quoi ». « C'est au-dessus
de tout, ajoute Ruysbroeck, et ce n'est ni ceci, ni
cela.[1] »

Mais chez le mystique chrétien plus amoureux
qu'intellectuel, vient le moment où le *sentiment intellectuel* lui-même s'évanouit, et où se réalise le véritable état monosentimental : l'amour *seul* remplis-
sant le champ de la conscience[2] :

« Le quatrième mode d'aimer est un état de vide,

---

1. *XII Béguines*, ch. viii.
2. On pourrait donc établir le schéma suivant :

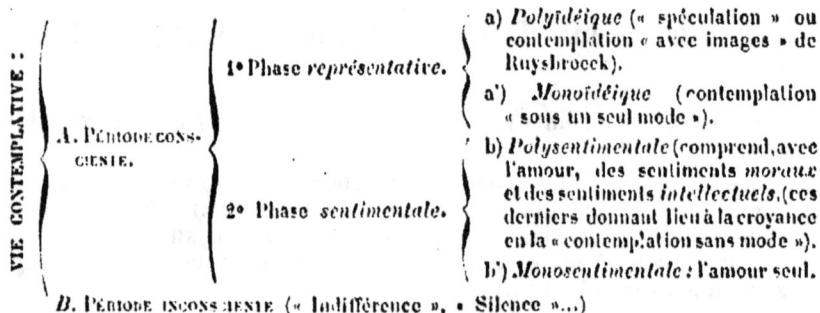

VIE CONTEMPLATIVE :

A. PÉRIODE CONS-
CIENTE.

1° Phase *représentative*.
- a) *Polyidéique* (« spéculation » ou contemplation « avec images » de Ruysbroeck).
- a') *Monoïdéique* (contemplation « sous un seul mode »).

2° Phase *sentimentale*.
- b) *Polysentimentale* (comprend, avec l'amour, des sentiments *moraux* et des sentiments *intellectuels*, (ces derniers donnant lieu à la croyance en la « contemplation sans mode »).
- b') *Monosentimentale* : l'amour seul.

B. PÉRIODE INCONSCIENTE (« Indifférence », « Silence »...)

où l'on est uni à Dieu par un amour nu, et dans une lumière divine, libre et vide de toute pratique amoureuse, par delà les œuvres et les exercices de la piété ; simple et pur amour, qui consume et anéantit en lui-même l'âme humaine, de telle sorte que l'on ne songe plus ni à soi-même, ni à Dieu, ni à quelque chose de créé. Rien qu'aimer[1] ! »

« Toute l'occupation de l'âme est un amour général, dira M⁰ Guyon, sans motif ni raison d'aimer. Demandez-lui ce qu'elle a fait à l'oraison et durant le jour : elle vous dira qu'elle aime. Mais quel motif, quelle raison avez-vous d'aimer ? Elle n'en sait rien. Tout ce qu'elle sait est qu'elle aime[2]. »

Surviennent alors des phénomènes relatifs à la sensibilité organique : sentiments de suppression de la pesanteur du corps (S⁰ Térèse), sentiment de son gonflement (Mme Guyon), tous phénomènes qui sont aussi les effets connus de l'action physiologique du hachisch. Et enfin la suppression de toute conscience, l' « état d'indifférence », vient marquer le terme de cette évolution régressive de la vie psychique[3].

C'est précisément ce « rien », cet « abîme », qu'au retour de la conscience, le mystique, d'après Leuba, va diviniser : « Comment donc, dit-il, a-t-on pu

1. *XII Béguines*, ch. xiv. Cfr. *Noces spirit.* L. II, ch. liv.
2. *Les torrents spirituels*, p. 169. Cfr. Murisier, *op. cit.*, p. 64.
3. C'est le sommeil entre les bras de la divine présence, de saint François de Sales, l' « espèce d'évanouissement » de sainte Térèse; le « silence caligineux » de Ruysbroek (dernier chapitre des *Noces spirituelles*. Cfr. aussi ch. xiv des *XII Béguines*).

aller jusqu'à identifier à Dieu l'inconscience pure et
simple, par quelle magie a-t-on attribué à l'incons-
cience parfaite assez de réalité pour la diviniser ?
L'âme qu'ils décrivent comme toute nue, toute vide,
sans distinction aucune, ne leur semble pourtant
pas être le néant. C'est pour eux quelque chose de
plus et de mieux et voici pourquoi. Quand la conscience une fois de retour se met à penser au moment
antérieur et sent un vide, ce vide, ce rien, en devenant ainsi un objet de la pensée, prend existence
et devient le rien qui cependant est. Il possède dès
lors une sorte d'existence, celle que la conscience
donne à tous ses objets. Seulement, et voici l'erreur
de nos auteurs, ce *rien pensé* n'est aucunement la
même chose que le rien d'auparavant qui n'était pas
pensé [1]. »

C'est trop subtil ; un vrai « rien » resterait une
forme vide et abstraite. Or si, comme Leuba le dit
lui-même plus loin, le mystique s'empresse [2] de remplir cette forme avec quelques-uns des éléments :
amour, paix, repos béatifiant, c'est qu'ils lui servent à revêtir non pas le « rien », mais cette « *plénitude* [3] » dont le mystique a fait l'expérience tout
d'abord et qu'il n'a pas oubliée. Et voilà pourquoi
Ruysbroeck distingue de l'extase vraiment surnaturelle et divine l'extase naturelle où l'âme « se vide

---

1. P. 481 de la *Rev. phil.* de nov. 1902.
2. Et cela, aussi bien le bouddhiste, à propos du nirvanâ, que le chrétien pour l'essence divine.
3. *Noces spirituelles*, L. II, ch. XIX, LXXI.

d'images et d'œuvres », mais sans se remplir de
Dieu [1].

Maintenant donc nous pouvons et devons poser
la question : si le mystique n'apprend rien et ne
peut rien nous apprendre dans ces dernières phases
de plus en plus appauvries de l'extase, en est-il de
même des premières périodes de la contemplation ?

Que ces périodes soient riches en admirables cris
du cœur, en ardentes effusions, qui se traduisent
ensuite par de belles images, personne n'en discon-
vient. Mais le mystique a-t-il réalisé vraiment quelque
acquisition au point de vue de la connaissance, ce
que l'on doit attendre de toute « expérience » ?

Nous ne trouvons guère dans Ruysbroeck, comme
résultat de son expérience mystique, que des métaphores. Deux surtout méritent de retenir quelques
instants l'attention : l'âme unie à Dieu, dit-il, c'est
le fer uni au feu ; il n'y a pas confusion de substance,
bien qu'il y ait union sans intermédiaire [2]. Cette comparaison fait bien comprendre comment Ruysbroeck
évitait le panthéisme. En est-il de même de la comparaison suivante : notre suressence, l'essence divine,
c'est le « centre éternel où toutes les lignes commen-
cent et se terminent, où elles perdent leur nom et
leur distinction, ne faisant qu'un avec son point
central et devenues, pour ainsi dire, ce point lui-

---

1. *Noces spirituelles*, L. II, ch. LXXIV et suivants.
2. *Samuel*, ch. VIII.

même, de telle sorte qu'elles demeurent pourtant en elles-mêmes des lignes venant au centre [1] ». On voit combien habilement le panthéisme est esquivé ; à quoi servirait-il d'ergoter et d'exiger d'une image une précision mathématique ? Nous pourrions, en effet, argumenter en nous fondant sur l'unité et l'identité du point central et en conclure à l'unité de substance que suppose le monisme. Ce serait logique, mathématique du moins, mais on ne saurait appliquer la logique, la méthode mathématique aux images. Il y a là *deux* interprétations et nous n'avons aucun droit d'attribuer à Ruysbroeck la seconde puisqu'il l'aurait impitoyablement rejetée.

Ruysbroeck n'a pas l'air, d'ailleurs, de se faire, à ce sujet, la moindre illusion. S'il s'agit de la première phase de la contemplation (spéculation), il nous dit que l'intelligence « perçoit clairement et sans erreur tout ce que jamais elle a entendu dire de Dieu et que la foi enseigne » [2]. Il ajoute, il est vrai : « et même toute vérité qu'il désire percevoir », mais il n'en cite pas une seule. Tout ce qu'il cite est une redite du catéchisme.

1. *De septem custodiis*, ch. xix.
2. *XII Béguines*, ch. xii. — Infidèles, hérétiques ont d'ailleurs la même prétention. L'Église catholique sait si bien tout ce que ces visions peuvent contenir d'illusoire et de faux, que lorsqu'elle canonise une extatique, elle défend souvent d'imprimer les comptes rendus d'extases et ne présente ces visions que comme « pieusement croyables » (Benoît XIV, *de Canonizatione Sanctorum*, III, 53, 15 ; II, 32, 11). — De même que les tables tournantes sont, dit-on, antipapistes chez les protestants, sainte Catherine de Sienne (1377) appartenant au tiers ordre des Dominicains qui, au moyen âge, n'admettaient pas l'Immaculée Conception de Marie, entendait la Vierge lui affirmer qu'elle n'avait pas été conçue sans le péché originel.

A plus forte raison pour la seconde phase. « Ténèbre, nudité, néant » c'est tout ce que peut dire [1] et répéter Ruysbroeck. « On n'en sait pas plus le dernier jour que le premier [2]. »

Et la meilleure preuve que Ruysbroeck, en dehors des émotions vives qu'il a ressenties, n'a rien appris et n'a rien à nous apprendre, c'est qu'il cherche à s'expliquer cette incapacité par la subtile distinction entre Dieu et la Divinité, entre Dieu « travaillant » dans la trinité de ses personnes et Dieu se « reposant » dans l'unité de son essence — entre ce que l'on pourrait nommer la divinité à l'état dynamique et la divinité à l'état statique. Par une légère contradiction dont nous avons parlé ci-dessus, Ruysbroeck, objectivant son propre état d'âme, appellera cette essence divine « quiète béatitude », mais il finira toujours par être obligé de la nommer « sauvage ténèbre », « incognoscible nescience, » — c'est-à-dire, encore une fois, d'avouer qu'*il n'en a rien appris et ne peut rien nous en apprendre.*

D'où vient donc, dira-t-on, l'illusion des mystiques d'avoir reçu des révélations nouvelles, de nous transmettre de nouveaux secrets divins ?

Avant que les sentiments ou émotions intellectuels dont nous parlions tout à l'heure aient été suffisamment étudiés, avant que la loi d'association des idées ait été appliquée à ces émotions *intellectuelles* (émo-

---

1. *Noces spirituelles*, ch. LXXI du Livre II.
2. Ch. LII.

tions qui accompagnent le doute, la certitude, la
recherche ou la découverte de la vérité, émotion
du nouveau, émotion *du reconnu*[1], etc.), avant que
l'on ait bien compris que ces émotions peuvent surgir subitement dans l'esprit de même que celles
d'appréhension, de peur, de gaieté, etc., et s'associer à telle ou telle représentation qui occupe alors
le champ de la conscience, ce phénomène eût été
difficile à expliquer. Aujourd'hui, nous comprenons
que l'émotion « du nouveau », que le mystique a
surexcitée en lui par cette conviction que Dieu va
entrer en communication avec son esprit et lui révéler ses secrets, puisse persister ; le mystique l'associe
ou la laisse inconsciemment s'associer à ses souvenirs qui lui apparaissent dès lors comme vérités
nouvelles lui ayant été révélées, enseignées par
Dieu.

Ajoutons à cela l'hypothèse si vraisemblable proposée par le Dr Pierre Janet. Il cite comme exemple
le cas de cette extatique qu'il a soignée et étudiée à
fond à la Salpêtrière[2]. Elle ressent d'incomparables
joies pendant ses méditations ; la joie est poussée
à l'extrême, les mystères semblent tangibles, clairs
et certains. « Je comprends, dit-elle, parce que je
le vois, je le touche, le dogme de la sainte Trinité

---

1. Cfr. la *Psychologie des sentiments* de Ribot (F. Alcan) et la thèse du
Dr E. Bernard-Leroy sur *l'Illusion de fausse reconnaissance* (F. Alcan).

2. *Une extatique.* Conférence faite à l'Institut psychologique international le 25 mai 1901, par le Dr Pierre Janet, p. 234. — *Les obsessions
et la psychasthénie*, du même, pp. 380, 660 (F. Alcan).

et de l'Immaculée Conception... Dieu est comme un
divin soleil qui apparaît aux yeux de mon âme... J'ai
vu des splendeurs impossibles à rendre... tout un
abîme de lumière plus éblouissant que le soleil, plus
étincelant que tous les diamants; les innombrables
feux qui s'en échappaient changeaient sans cesse et
paraissaient toujours plus beaux. Une voix me disait
que Dieu me faisait entrevoir quelque chose de sa
gloire et des splendeurs du ciel. »

Or, d'après Janet, la position des extatiques est
« intermédiaire » entre ces deux névroses : le délire
du scrupule[1] et l'hystérie. Ils ne sont pas amnésiques,
comme les hystériques, mais ils connaissent tous
les « phases de la sécheresse, de l'abandon de Dieu ».
Ce sont des psychasthéniques. Ils n'ont pas la force
de s'adapter normalement au réel : ils s'y adaptent
artificiellement. Leur énergie psychique ne possédant pas une tension suffisante pour faire les synthèses mentales souvent compliquées qu'exige la vie
réelle : vie de famille, vie de société, ils simplifient
et leurs vies et leurs synthèses mentales. Ils arrivent de la sorte à pouvoir conduire au moins certaines
idées à la perfection psychologique qui procure la
certitude et permet la décision volontaire. Ils ob-
tiennent ce résultat par la méthode de monoïdéisme
qui est celle de l'extatique (nous l'avons résumée
ci-dessus). Comme elle leur procure une cessation
d'hésitations et d'angoisses, une paix incomparable

---

1. Exemple ci-après, p. 162.

en même temps qu'une direction, un élan puissant
vers le bien, Dieu seul, diront-ils, peut nous donner
cette joie et cette force que nous n'avons point par
nous-mêmes ! Et, du même coup, les images, visions,
souvenirs de leur extase, seront *divins* à leurs
yeux.

Cette solution est bien tentante. Attendons l'ouvrage annoncé par le Dr Janet, où il fera sans doute
de nécessaires précisions et distinctions[1]. Déjà nous
voyons que la théorie de Murisier qui semblait ne
faire de l'extase qu'une maladie du sentiment religieux *sous sa forme individuelle*, dans laquelle l'idée
religieuse détermine une évolution régressive de la
personnalité, n'est pas complètement exacte. L'extase
nous apparaît plutôt comme un procédé spécial à
certaines natures passionnées, tendres et timides,
pour se procurer une auto-suggestion plus puissante
et efficace que celle des procédés religieux habituels.
Bien loin d'être égoïstement une *fin* en soi, l'extase
n'est qu'un *moyen* d'augmenter leurs tendances
altruistes, sociales, de décupler leur énergie[2].

Il est facile de le constater chez Ruysbroek. Les orne-
ments des noces spirituelles sont, en grande partie,
des vertus *sociales*. Et dans le dernier chapitre de
XII Béguines, il ne sépare point la vie active de la

---

1. Peut-être pourra-t-on déterminer alors les cas où c'est la maladie qui
cause le mysticisme et ceux où le mysticisme cause la maladie, ce
dont Ruysbroek se rendait compte. Cfr. *Noces spirituelles*. L. II, ch. xxiii.

2. Leuba l'a bien compris. Cfr. p. 34 et 35 de la *Revue philosophique*,
juillet 1902.

vie contemplative. Il les veut unies et alternantes.
Le mystique doit imiter Dieu qui est, à la fois, en
repos et actif. Nous devons toujours faire effort et
demeurer constamment dans nos œuvres des assoiffés
et des affamés. Rassasiés et débordants en Dieu,
au-dessus de nous-mêmes, nous devons en nous-
mêmes rester affamés, en tant que« vivant en autrui
et aimant les préceptes de la vertu ». « Dieu, dit-il
encore, exige de nous la jouissance et l'action, de
telle sorte que l'action n'empêche pas la jouissance
et que la jouissance n'empêche pas l'action, mais
qu'elles se renforcent réciproquement... Ainsi
l'homme est juste, et il va vers Dieu par l'amour
intérieur dans l'éternel travail et il va en Dieu par
l'inclination jouissante en l'éternel repos. Et il demeure en Dieu et il sort cependant vers toutes les
créatures, dans l'amour commun, dans les vertus et
dans les œuvres[1]. »

Les exagérations maladives, les aberrations patho-
logiques, les excentricités regrettables, ne doivent
pas nous faire oublier ces constatations dont nous
nous servirons plus tard quand nous aurons à déterminer d'une manière précise la nature du sentiment
religieux, et que nous résumons ainsi : c'est quelque
chose de parfait à aimer, quelque chose de parfait à

---

[1]. *Noces spirituelles*, L. II. ch. LXXIII. Cfr. ch. LXVIII. — Ce que le mystique acquiert ainsi (non *intellectuellement*, mais *pratiquement*), il
cherche à l'exprimer par de nouvelles images. De là tant d'innovations
de dogmes et de rites. Mais cette question trouvera sa place dans la
troisième partie (« élément *actif* »).

imiter[1] qu'il faut au mystique chrétien. Ce n'est plus le simple sentiment du parfait, c'est l'*obsession* du parfait, mais l'obsession rend témoignage à l'existence du sentiment.

---

[1]. Sans préjuger la question de la personnalité divine, l'empressement du mystique à l'oublier ainsi que la sienne propre, prouve déjà qu'elle n'est pas essentielle au phénomène religieux, et nous autorise à employer cette formule : quelque chose.

CHAPITRE IV

UNE FORME MODERNE DU MYSTICISME :
LE MYSTICISME MORAL DE TOLSTOI

Les phases multiples que Tolstoï a traversées au point de vue moral et religieux, les diverses étapes de sa conversion, ont fait l'objet de nombreuses et intéressantes études[1]. Notre intention est d'insister plutôt sur les dernières affirmations, sur les témoignages les plus récents, dus à cette conscience si profonde et si merveilleusement humaine.

I

« Si la religion en laquelle vous aviez foi est détruite par la critique que vous en avez faite, dit Tolstoï, cherchez-en immédiatement une autre, c'est-à-dire cherchez une autre réponse à la question : pourquoi est-ce que je vis ? De même qu'on dit qu'il ne peut y avoir un moment sans roi — le roi est mort, vive le roi ! — de même on ne peut être un seul moment sans ce roi dans l'esprit et dans le cœur. Seule, la religion, c'est-à-dire la réponse à la question : pourquoi est-

1. Cfr. *La philosophie de Tolstoï* (Ossip Lourié, F. Alcan, 1903). — Nos citations sont prises dans *Parole d'un homme libre* (Paris, Stock, 1901). — Autre bel exemple de mysticisme moral : *Le dogmatisme moral* du P. Laberthonnière, dans ses *Essais de philosophie religieuse* (Lethielleux. Paris ; 1903).

ce que je vis ? donnera telle œuvre devant laquelle on peut s'oublier soi-même et sa personne chétive, périssable, si à charge à elle-même et si exigeante[1]. »

Mais où et comment chercher ? Est-ce par des raisonnements abstraits, par des discussions métaphysiques ?

En aucune manière. Tolstoï raconte qu'il a commencé par penser d'une manière abstraite aux questions de la vie et qu'il n'est arrivé ainsi qu'à l'ennui, à la tristesse. « J'étais privé de toute joie, de toute énergie spirituelle. » Ce que le raisonnement ne lui a pas procuré, le *sentiment* le lui donne. Il *sent* « qu'il y a quelque chose de très bon en lui. » — « Oui, il y a Dieu, et il n'y a pas de quoi me troubler ou avoir peur, mais je ne puis que me réjouir. Je crains que ce sentiment ne passe, ne s'émousse ; mais maintenant, je me sens tout joyeux. C'est comme si, étant à un cheveu de perdre ou même croyant avoir perdu la créature la plus chère, je ne la perdais pas et reconnaissais au contraire son prix inestimable... C'est peut-être ce que quelques-uns appellent Dieu vivant. Si c'est cela, j'étais très coupable quand je n'étais pas de leur avis et le discutais[2]. »

Mais avant d'aller plus loin, il est nécessaire de savoir ce qu'il faut lire *à la clef* toutes les fois que Tolstoï parle de Dieu. Qu'il soit bien entendu *qu'il*

---

1. *Paroles d'un homme libre*, p. 315.
2. *Op. cit.* p. 275, 276.

ne s'agit pas du Dieu personnel. Tolstoï continue à
employer le langage, les expressions traditionnels,
mais, dans son esprit, il transpose et nous devons
transposer avec lui. « Je crois en Dieu, dit-il dans sa
réponse au Saint-Synode (1901), en Dieu *que je comprends comme* l'Esprit, l'Amour, le commencement de
tout[1]. » Tolstoï se rend parfaitement compte que le
prénom « Lui » ne laisse pas de « diminuer » Dieu[2] ;
que l'attribution de la personnalité à Dieu est la
cause de tous les anthropomorphismes[3] : « La prière,
dit-il s'adresse à Dieu personnellement, non parce
que Dieu est une personne — je suis sûr qu'il n'est
pas une personne, parce que la personne est bornée
et que Dieu est sans bornes — mais parce que mon
« moi » est un être personnel. Si j'ai une vitre de
couleur verte devant les yeux, je vois tout en vert,
bien que je sache qu'il n'en est rien[4]. » Il ne faut donc
pas prendre à la lettre ces expressions qui supposent
la personnalité ; elles sont seulement « le moyen de
s'exprimer le plus près du vrai sens de la réalité[5] ».
Parler à Dieu ou de Dieu, comme à un être ou comme
d'un être personnel, cela veut donc dire simplement :
le divin est quelque chose de *réel* : « Un jour, en
priant Dieu, j'ai vu clairement que Dieu est vraiment

---

1. P. 413.
2. P. 264.
3. P. 283, 284.
4. P. 273. Cfr. aussi les fréquentes déclarations de Tolstoï sur l' « essence divine » de l'âme. P. 151, 152, 220, 262, 292, 345, 358, 360, etc.
5. P. 294.

un être réel : l'amour. Il est tout ce que je touche et sens sous forme de l'amour. Et ce n'est pas un sentiment, pas une abstraction quelconque, mais un être réel que j'ai senti. Je l'ai senti[1]. »

Une fois, nous le répétons, mise *à la clef* cette nécessité de traduire mentalement les *expressions* traditionnelles conservées par Tolstoï, la supposition qu'il en maintient en même temps le *sens* traditionnel ne se présentera plus à notre esprit. Nous devons donc chercher à nous rendre compte de ce qu'est le *sentiment* dont il parle.

Ce sentiment a un double aspect :

1° C'est le sentiment d'une *orientation* de la vie, d'une *loi* de la vie, cela, bien entendu, non dans l'acception abstraite, comme est une *loi* dans un traité de physique ou de chimie, mais éprouvé comme rythme de vie, manifestation et modification de vie, sens, direction normale de la vie.

« Dieu est pour moi ce vers quoi je tends, ce à quoi aspire toute ma vie[2]; mais il est tel que je ne puis

---

1. P. 289.

2. « On s'est souvent demandé dans quel sens, au cours de mes écrits, j'ai tenu le mot Dieu. De nombreuses lettres qui me sont parvenues posaient cette question. Je vais y répondre une fois pour toutes.

« Dieu, c'est ce à quoi j'aspire. Cet élan est la base de mon existence et c'est pourquoi Dieu *est* pour moi. Seulement je ne puis comprendre ni nommer Dieu...

« Par le mot Dieu, je comprends ce par quoi mon âme a appris tout ce qui est élevé : la vérité, la bonté, la miséricorde. En obéissant à ces sentiments, je sens en moi Dieu et je suis heureux... La Vie que je sens en moi c'est la Conscience.,. Cette Conscience, c'est Dieu. »

Article envoyé au journal *l'Eclair*, numéro du 25 décembre 1894; on le trouvera en entier dans le *Bulletin de l'Union pour l'action morale*, janvier 1895.

le comprendre, le nommer. Si je le comprenais, j'ar-
riverais jusqu'à lui, et alors il n'y aurait plus de vie.
Mais (chose qui semble contradictoire), je ne puis le
comprendre, ni le nommer, et en même temps je le
connais, je connais la direction vers lui, et même de
toutes mes connaissances, c'est la plus sûre[1]. »

« L'agnostique le plus sévère et le plus conséquent,
qu'il le veuille ou non, reconnaît Dieu. Il lui est impossible de méconnaître... qu'il y a la loi de sa vie, loi à
laquelle il faut se soumettre ou de laquelle il peut
s'écarter... et la loi de sa vie, c'est Dieu et sa volonté[2]. »

« Sa conscience montre à l'homme que le sens de
sa vie est le désir du bien à faire à tout être existant,
que c'est quelque chose qu'on ne peut ni expliquer,
ni exprimer par des paroles, et en même temps ce
qu'il y a de plus intime et de plus compréhensible à
l'homme. Le désir du bien, chez l'homme, s'était
d'abord manifesté pour la vie de son être animal,
puis pour celle des êtres qu'il aimait, et enfin, avec
l'éveil de sa conscience, pour tout être existant. Et
le désir du bien à tout être existant est le commencement de toute vie : c'est l'amour, c'est Dieu, ou
comme dit l'Évangile, Dieu est l'Amour[3]. »

2° En d'autres passages, c'est plutôt le sentiment
d'une *dépendance*, dépendance joyeusement, amoureusement reconnue et acceptée :

1. P. 263.
2. P. 287.
3. P. 151, 152 : *La doctrine chrétienne*, ch. I, § 8.

« Je suis venu à cheval de Toula, et j'ai pensé que je suis Sa partie séparée d'une certaine façon des autres parties semblables, et Lui est tout, le père. Et j'ai senti l'amour envers Lui. Maintenant, surtout maintenant, je ne puis pas non seulement établir, mais même rappeler ce sentiment. Et cependant j'étais si joyeux parce que je me disais : « voilà moi qui ne reconnais déjà rien de nouveau, j'ai reconnu un nouveau sentiment surprenant, joyeux, et précisément un sentiment[1]. »

« Qui suis-je ? Pourquoi suis-je ? Et très clairement je me répondis à moi-même : Qui ? Je ne sais ; je suis envoyé par quelqu'un pour faire quelque chose. Eh bien ! je dois le faire. Et je sentis avec joie et certitude ma fusion avec la volonté de Dieu. J'ai senti directement l'amour envers Dieu. Maintenant je ne puis me rappeler comment c'était, je me rappelle seulement un sentiment joyeux. Oh ! quel bonheur, la solitude ! maintenant j'y sens si bien Dieu[2] ! »

« On connaît Dieu non par l'esprit, non pas même par le cœur, mais par la dépendance complète où l'on se sent vis-à-vis de lui ; comme par exemple, ce sentiment qu'a le nourrisson aux bras de sa mère ; il ne sait pas qui le tient, qui le réchauffe, qui le nourrit, mais il sait qu'existe ce quelqu'un, et c'est peu qu'il le sache, il l'aime[3]. »

1. P. 291.
2. P. 296.
3. P. 205.

« Je ne me sens pas le maître de ma vie, mais l'ouvrier[1] »... « Vous me demandez en quoi consiste cette œuvre? A cela je répondrai ; que nous ne pouvons le savoir entièrement, mais que nous pouvons toujours savoir quand nous y aidons ou faisons obstacle[2]... Le typographe qui ne sait pas la langue compose mieux sans deviner le sens. Ainsi il faut vivre, sans deviner le sens de ce qu'on fait, sans deviner les œuvres soi-disant nécessaires à Dieu, mais faire l'un après l'autre ce qu'ordonne Dieu, composer lettre par lettre. Et le sens du tout n'est pas donné par moi, mais par Lui[3]. »

Orientation de la vie — *dépendance*[4] : la distinction de ces deux nuances a une importance considérable, car elle n'est autre chose que la constatation du moment où la morale et la métaphysique se différen-

---

1. P. 379.

2. P. 314. Cfr. la belle comparaison de la jument, p. 325.

3. P. 361.

4. Schleiermacher a rendu célèbre la théorie de la religion fondée sur un sentiment de dépendance. C'est trop limiter, dira-t-on, la compréhension du sentiment religieux : le mystique absorbé dans l'admiration et l'amour de l'infinie perfection sans penser à aucune dépendance, n'est-il pas rempli du sentiment religieux? — On objectera peut-être aussi, avec Hegel, qu'à ce compte, le chien de Schleiermacher devait être encore plus religieux que son maître. C'est oublier que Schleiermacher n'isole pas ce sentiment de ce qu'il appelle « le sens et le goût de l'infini » (2ᵉ *Discours sur la religion*) ; il admet, de plus, que l'on doit « *imaginer* ce dont on a conscience et ce que l'on sent » (*Explications sur le second discours*). La théorie telle qu'on la présente habituellement est donc injustement diminuée. Quant au reproche de ne pas faire intervenir *la raison*, cela vient de ce que les uns appellent *notions dues à la raison*, ce que Schleiermacher appelle *sentiments*, comme déjà l'avait fait Pascal : « Le cœur sent qu'il y a trois dimensions dans l'espace... Les principes se sentent » (*Pensées*, Édit. Havet, art. VIII) ; « L'on a ôté mal à propos le nom de raison à l'amour, et on les a opposés sans un bon fondement, car l'amour et la raison n'est qu'une même chose. » (*Disc. sur les passions de l'amour*, p. 259.)

cient dans l'esprit, mais en conservant encore leur aspect de *sentiments vivants*, avant d'être devenus des *systèmes* sous l'action de la réflexion abstraite.

La chose, croyons-nous, apparaîtra plus nettement encore si nous comparons le cas de Tolstoï à celui d'un autre homme choisi dans des circonstances et un milieu tout différents.

II

Il s'agit[1] d'un protestant élevé dans un milieu très religieux, ayant fait de solides études scientifiques, surtout de mathématiques, physique et astronomie. Il perd la foi, rejette la notion même de Dieu et s'arrête à un déterminisme universel, à un monisme matérialiste en dehors duquel toute croyance lui paraît absolument inutile. Une fièvre typhoïde vint démolir cette construction nouvelle. Le Dr Flournoy le reconnaît[2] : « La fièvre typhoïde a dû, par l'épuisement nerveux consécutif (qui atteint toujours plus fortement les dernières acquisitions, encore fraîches et fragiles, que les couches anciennes) hâter quelque peu l'éclosion de la personnalité morale en germe dans les impressions accumulées de l'enfance et de l'instruction religieuse, et faciliter son triomphe sur les influences plus récentes de la philosophie déterministe. »

1. Observation V du Dr Flournoy, *Archives de psychologie*, octobre 1903, p. 351.
2. P. 359.

Mais il ne faut pas exagérer l'influence de cette fièvre typhoïde; elle peut expliquer le changement d'orientation de la vie et des idées, nullement la totalité de cette évolution. D'ailleurs, ce n'est que six ans après que M. E... est parvenu à déterminer nettement sa croyance et seize ans après qu'arriva l' « extase » dont nous parlerons tout à l'heure.

Le Dr Flournoy insiste sur ce fait, qu'à cette époque M. E... est « aussi normal et sain que possible, marié, père de plusieurs enfants et, selon toute apparence, dans la plénitude de sa santé physique et mentale. » Cela prouve tout au moins que le mysticisme n'est pas nécessairement lié à l'*ascétisme* proprement dit. En tout cas les déclarations de M. E... semblent vérifier une fois de plus l'hypothèse de Janet et permettre de considérer M. E..., malgré ses qualités physiques et morales, comme un « psychasthénique » scrupuleux.

Sa personnalité est, en effet, très instable, sa conscience n'a pas « d'équilibre ». Un jour qu'il contemplait le ciel étoilé — excellente condition pour une suggestion intérieure — « soudain lui revint, comme un écho lointain », la parole : « Je sens deux hommes en moi ». Il l'interpréta aussitôt dans le sens qu'il y avait peut-être deux ordres de phénomènes, ou des lois d'ordre divers, les unes conditionnant ce qu'il nommait matière, les autres tracées en vue de la perfection dont il sentait le besoin dans sa conduite, ces dernières devant être pour lui « libératrices » et lui procurer « l'équilibre de conscience rêvé ». Mais les circonstances extérieures lui étant devenues défavorables, il ne « sait que devenir » (difficulté d'adaptation au milieu) ; je sentis, dit-il, tout mon néant, mon impuissance absolue » (exagération de langage des psychasthéniques). « J'avais repassé par une période de doute complet à l'égard de Dieu : ce régulateur lointain de la justice ne m'avait pas *libéré ; je ne lui devais que des scrupules de conscience dont résultait mon infériorité même*[1]. »

Qui me *délivrera* de ces angoisses? C'est le cri de tous les psychasthéniques. Sa crise est essentiellement morale en même temps que religieuse — comme chez Tolstoï. Dès son enfance, il est, malgré ses fautes, « toujours repris du désir sincère de vivre saintement » ; il conçoit de suite Dieu comme une « volonté libératrice », le sauvant du déterminisme de la matière; il voit en Jésus « l'idéal de perfection dont il a été tourmenté ». Nous savons d'avance quelle est l'idée qui mettra l'unité et le calme dans sa conscience. Il se servira, comme Tolstoï, du mot *Dieu*, mais, comme lui, en l'expliquant et interprétant par l'expérience vivante :

« Alors, je me prosternai en sanglotant dans ma chambre et priai : « O Dieu — s'il y a un Dieu — aie pitié de moi! Je ne suis rien. Fais de moi un homme! » Et je sentis en moi, avec une certitude

1. C'est nous qui soulignons. Plus loin également.

absolue aussi, que Dieu *était* et qu'il m'exaucerait
si je me donnais à lui. Depuis cette époque, le fond
de ma croyance en Dieu est resté le même. Mais la
croyance s'est développée, je le sens, en dépit de
mes continuelles chutes morales : après chacune
d'elles, ou plutôt du milieu de chacune d'elles, j'ai
éprouvé plus fortement sa fidélité à aimer et à
punir, à éprouver et à fortifier. Le Dieu auquel je
crois, c'est celui dont Jésus a apporté la notion et
la représentation à l'humanité ; c'est celui d'où émanent ces deux rayons sous lesquels il m'apparaît :
puissance et bonté paternelle. »

Comme parfois Tolstoï, M. E... est ressaisi par
l'ancien mythe du Dieu personnel. Il ne l'a pas, d'ailleurs, rejeté aussi nettement que lui ; il fait néanmoins des déclarations significatives :

« Son commandement est : aimez-vous les uns les
autres. La vie la plus sublime que l'homme ait pu
contempler et qui s'est donnée comme tirant de Lui
toute sa force, a été un don continu de soi-même,
une action n'ayant pour but que le bien de ceux au
milieu desquels elle s'est écoulée. Je ne conçois rien
de plus divin, ou mieux encore, *c'est en celu que je
conçois le divin, que le divin s'impose à moi*, et c'est
de cette vie que je voudrais vivre. »

Voilà bien le « Dieu-Amour » de Tolstoï. Et nous
allons retrouver les deux aspects du sentiment religieux chez Tolstoï nettement accusés dans la conscience de M. E... Dans des notes récemment fournies

au Dr Flournoy et qui résument une expérience de plus de vingt-cinq ans (M. E... a quarante-sept ans), M. E... veut que l'on distingue entre l'élément *dogmatique*, les formules « en dehors de tout contrôle, sur la nature de l'Être », auquel il n'attache aucune importance, et « l'*élément proprement religieux, vital* », la religion *à l'état de vie* dans la conscience, où il distingue précisément « une alliance contractée avec l'Être *de qui les hommes dépendent* et le consentement de leur volonté à cette loi spéciale qu'on appelle *le Bien*. » Dépendance et orientation de la vie, ce sont les mêmes résultats. Comme Tolstoï sur le chemin de Toula, nous avons vu M. E... subir des *invasions*[1] subites du sentiment religieux. Que l'irruption soit plus subite et intense encore, nous aurons l'extase. C'est de fait ce qui est arrivé en plusieurs circonstances, celle-ci « entre autres » : « J'avais trente-six ans. Je montais avec quelques jeunes gens de la Forclaz à la Croix de Bovines pour passer à Champez. Nous suivions le chemin, dominé par des pentes de rosage tout en fleurs et dominant lui-même un pâturage coupé de bouquets de sapins. Le vent chassait les nuages dans tous les sens, au-dessus et au-dessous de nous, les faisant plonger ou les soulevant en tourbillons fantastiques. De temps à autre une échappée sur la plaine du Rhône. J'étais

---

1. Invasions de la « conscience subliminale » dans la conscience ordinaire, comme dans le cas où lui revient subitement le texte : « Je sens deux hommes en moi. »

en parfaite santé ; nous faisions notre sixième journée de voyage à pied ; nous étions bien entraînés ; la veille nous étions venus de Sixt à Trient par le Buet ; je n'éprouvais ni fatigue, ni faim, ni soif. Mon état d'esprit était également sain ; j'avais eu à la Forclaz de bonnes nouvelles de la maison, je ne portais aucun souci lointain ni rapproché, car nous avions un bon guide, en sorte qu'il n'y avait pas même l'ombre d'une appréhension au sujet du chemin à suivre. Je pourrais résumer l'état dans lequel je me trouvais en ceci : j'étais en état d'équilibre. Or tout à coup, j'éprouvai un sentiment de soulèvement au-dessus de moi-même, je sentis la présence de Dieu comme si sa bonté et sa puissance me pénétraient en même temps. L'émotion que je ressentis fut si violente qu'à peine pus-je dire à mes compagnons de passer devant moi sans m'attendre ; je m'assis sur une pierre, ne pouvant me tenir debout et mes yeux se remplirent de larmes. Je remerciai Dieu de ce que, dans le cours de ma vie, il m'avait appris à le connaître, de ce qu'il soutenait ma vie et avait à la fois pitié de l'infime créature et du pécheur que j'étais. Je lui demandai ardemment que ma vie fût consacrée à faire sa volonté. Je sentis qu'il me répondait de faire cette volonté au jour le jour, dans l'humilité et dans la pauvreté et de le laisser, lui le Dieu tout-puissant, juge de savoir si un jour il m'appellerait à un témoignage plus étendu. Puis lentement l'extase quitta mon cœur, c'est-à-dire que je sentis

que Dieu m'avait retiré la communion spéciale qu'il
m'avait accordée ; je pus reprendre ma course, mais
lentement, tant l'émotion antérieure durait en moi ;
d'ailleurs, je n'avais cessé de pleurer pendant plusieurs minutes et j'avais les yeux gonflés ; je ne
voulais pas que mes compagnons me vissent dans
cet état. L'extase pouvait avoir duré 4 ou 5 minutes,
bien qu'elle m'ait, sur le moment même, paru durer
beaucoup plus longtemps. Mes compagnons m'atten-
daient à 10 minutes de là, mais je mis bien environ
25 ou 30 minutes avant de les rejoindre, car, autant
que je m'en souviens, ils me dirent que je leur avais
occasionné un retard d'environ une demi-heure... En
relisant ce qui précède, je crois utile d'ajouter que,
dans mon extase, Dieu n'avait ni forme, ni couleur et
que le sentiment de sa présence n'était accompagné
d'aucune localisation particulière : c'était comme si
ma personnalité eût été transformée par la présence
d'un *esprit*. Mais plus je veux chercher des mots pour
exprimer ce commerce intime, plus je sens l'impossibilité de traduire la chose à l'aide d'images usuelles. »

III

Voilà deux cas bien nets et concordants. Mais en
d'autres consciences prédomine le sentiment d'*orientation* sans qu'elles éprouvent nettement celui de
dépendance : ce fait est la base psychologique d'une
« morale indépendante » [1].

1. Cfr. *Note* III.

Toutefois il paraît difficile qu'une aiguille aimantée, qui serait intelligente, se bornât à constater et n'essayât point de comprendre, d'expliquer les causes de la direction qui lui est imprimée. Aussi l'homme cherche-t-il à se rendre compte de son orientation morale. N'est-elle, ainsi que le prétendent certains évolutionnistes, qu'une habitude héréditaire? Mais l'impulsion résultant de l'habitude apparaît à la conscience comme un simple *fait*, non comme un *droit*, non comme une *obligation* dans le sens plein que la conscience donne à ce mot, obligation ayant sa *valeur* en elle-même[1] et pas seulement en ses conséquences sociales. Dès que l'intelligence s'y appliquera, elle objectivera cette obligation par le mythe d'une « *dépendance* ». Dépendance de qui, de quoi? Mythes personnels ou impersonnels ; nous y reviendrons.

On saisit cette transition du *sentiment* à l'explica-

---

1. Illusion, répondra-t-on. Une impulsion fixée dans l'hérédité de l'espèce, se manifeste ensuite chez les individus de cette espèce indépendamment des conditions extérieures dans lesquelles elle a été acquise, donc avec l'apparence d'un caractère *absolu* (Le Dantec, *Influences ancestrales*, p. 192). C'est l'ancienne explication de Spencer. Elle rend très bien compte d'un aspect de la question, à savoir de la formation du mécanisme psychique. Mais de quel droit décrète-t-on que hors du point de vue mécanisme, point de salut ? La conscience humaine ne s'épouvante pas de cet unilatéralisme et continue à juger d'autres points de vue, même chez M. Le Dantec qui, un peu plus loin dit que le sentiment du juste et de l'injuste « est ce que nous trouvons de *meilleur* en nous » (p. 215) et qu'on ne peut songer à détruire les idées de responsabilité et de mérite « sans détruire l'humanité tout entière » (p. 217). Cela nous suffit. Mais l'exclusivisme scientifique de M. Le Dantec est tel qu'il ne craint pas de prophétiser : « ceci (les sciences), tuera cela (les arts) » (p. 230, 242). Décidément, trop de « logique », ou pas assez : puisque l'art et la science sont « *autres* », pourquoi les dire « *contraires* » ?

tion et représentation *intellectuelle*[1] dans les lignes de Tolstoï citées plus haut : « Je suis venu à cheval de Toula, *et j'ai pensé* que je suis sa partie séparée des autres parties semblables. Lui est le tout, le père, etc...[2] » Analogie (le tout et les parties) empruntée à la représentation spatiale et quantitative, donc regrettable, mais Tolstoï n'est pas un métaphysicien et il faut voir là une image plutôt qu'un système.

C'est bien de la sorte qu'une même tendance vitale si, d'une part elle demeure purement pratique donne naissance à la *morale*, et si, d'autre part, elle s'intellectualise, à la *métaphysique*. Chez Tolstoï et M. E... la *différenciation* s'opère, mais la *séparation* (et le caractère abstrait qui en résultera bien vite) n'est pas encore réalisée. Aussi tous deux s'expriment-ils non par catégories abstraites, mais en termes *concrets :* vie, don de soi, amour. Est-ce là du mysticisme ? Oui, et voici pourquoi : Quand Tolstoï ou M. E... parlent de la vie, de l'amour, ce n'est certes pas de la simple *idée générale*, du simple

---

1. De même, dans la déclaration au Saint-Synode : Dieu, c'est l'amour (notion morale) et le commencement de tout (notion métaphysique).

2. Mais on peut aussi bien justifier le même sentiment par un acte de foi au Cosmos :

« D'autres, et j'en suis, sont religieux uniquement en ce sens qu'ils se sentent *reliés*, rattachés, comme un infime rouage, à l'immense mécanisme de l'Univers ; qu'ils en éprouvent une humilité pieuse et parfois un effroi ; parfois aussi une espérance et une résignation stoïque ; pathétique participation à la vie totale que, par rapport à notre corps, comprendrait chacune des molécules qui le composent si, comme nous, elle avait le don terrible et douloureux de la conscience de soi. J'ai essayé d'expliquer cela dans mon « *Confiteor* ». Edmond Picard, article du *Peuple*, 19 mars 1905.

concept abstrait de vie et d'amour qu'il est question. D'autre part l'expérience proprement dite nous donne de multiples phénomènes de vie, d'amour, jamais « la Vie », « l'Amour » dans leur unité concrète [1].

Affirmer « la Vie », « l'Amour », c'est donc dépasser le pur phénoménisme ; c'est énoncer une croyance tout aussi mystique que d'affirmer Dieu. C'est, en somme, conserver le *contenu idéal* de l'idée de Dieu, tout en la dépersonnalisant.

Car il ne s'agit pas de n'importe quelle vie, de n'importe quel amour. Il s'agit de la vie idéale, de l'amour idéal, de la vie, de l'amour en tant qu'équivalant à ce que nous pouvons concevoir de meilleur, au Bien, au Parfait.

Écoutons Tolstoï : « Dieu, c'est, sans bornes, tout ce que je connais en moi de borné » [2]. « Dieu-Esprit

---

1. De même pour « l'être », par exemple dans cette phrase du P. Laberthonnière : « Pour connaître l'être et pour y croire, il faut coopérer à se donner l'être à soi-même dans sa vie librement voulue. » *Le dogmatisme moral*, p. 108. — Il est toujours prudent de se rendre compte de ce que chaque mystique exprime par le mot *amour*, dans ces lignes, par exemple : « L'amour dont la connaissance nous est donnée par l'introspection est le principe divin de l'homme, le fondement et le but de la religion. N'ayant rien de passif, il n'est pas un sentiment ; il est une activité pure qui a sa source en elle-même, et sa fin. L'introspection par laquelle nous le connaissons agit comme intuition immédiate. Cette intuition n'est possible que si notre moi est déchiré jusqu'à ses racines, de sorte que le moi ne nous empêche pas de voir en nous l'être même, lequel je dis amour... Seul le christianisme (et non, avant lui, le bouddhisme) témoigne de l'amour, c'est-à-dire seul il témoigne que l'amour est parfaitement actif et parfaitement joyeux.... Évidemment l'amour divin devient sentiment comme l'amour égoïste, puisque tout en nous prend la forme du moi ; mais nous pouvons le connaître immédiatement comme activité pure, en nous reportant à ce point transcendantal de l'être qui n'est ni le moi ni le non-moi. » (Lettre de Christian Reck, 18 décembre 1903.)

2. P. 271.

délivre de la souffrance et du mal ; Il est le Bien, la Perfection [1]. »

Être religieux, ce n'est donc pas seulement croire que la vie humaine a un sens, un but — c'est là plutôt la foi *morale*. La foi *religieuse*, le sentiment religieux, c'est bien toujours le sentiment de la vie et du sens de la vie, mais considérés à travers ces catégories qualitatives sans lesquelles la pensée humaine demeure incomplète : « sous le caractère d'éternité », disait Spinoza [2] ; ici nous dirons : *sub specie perfecti*.

---

1. P. 272. — C'est donc un mysticisme *moral*. Un tempérament artistique pourrait arriver de même à un mysticisme *esthétique*. C'est parce que nous faisons l'expérience intime de l'unité du sentiment qui s'épanouit sous ces trois formes : forme métaphysique, morale, esthétique, que nous croyons à leur unité dans la « Vie » ; or c'est là ce qui constitue précisément la synthèse religieuse, mystique, de ces trois formes.

2. Ce serait la « connaissance de troisième genre » *Éthique*, 2ᵉ partie, Schol. II de la prop. XL, p. 2, et 5ᵉ partie, prop. XXV et suivantes.

CHAPITRE V

UNE LUTTE ENTRE LA MÉTHODE SCIENTIFIQUE
ET LES PROCÉDÉS MYSTIQUES : DARWIN

L'autobiographie et les lettres de Darwin[1] rendent pour ainsi dire transparente la loyale conscience du grand naturaliste et permettent d'y faire une observation — l'inverse de celle dont Tolstoï et les mystiques nous ont fourni les éléments. « *Sublatâ causâ, tollitur effectus* » : la non-activité de certains sentiments si intenses chez les mystiques, détermine chez Darwin une impossibilité de croire avec certitude.

I

La théorie de l'évolution (expliquée par l'hypothèse de Darwin ou toute autre[2]) ne fait que reculer, sans le résoudre, le problème métaphysique : toujours, en effet, l'évolution présuppose quelque chose

1. *La vie et la correspondance de Charles Darwin* (1809-1882), publiées par son fils Francis Darwin, traduites par H. de Varigny ; 2 vol. in-8°. Paris. Reinwald, 1888.

2. On peut se rendre compte de la complexité de la question par la discussion Berthelot-Giard dans le *Bulletin de la société française de philosophie* (Paris, Armand Colin), numéro d'août 1905.

qui évolue, donc des forces, une réalité, qu'elle constate et n'explique pas. Aussi Darwin a-t-il intitulé son ouvrage capital « Origine (non de la *vie*, mais) des *Espèces* ».

Ce n'est pas là un jeu de mots. Au début du chapitre VIII, sur l'*Instinct*, Darwin a soin de « déclarer préalablement qu'il n'a rien à faire avec l'origine des pouvoirs psychiques, pas plus qu'avec celle de la vie elle-même [1] ».

La question métaphysique le préoccupe assez tardivement. « Pendant mon séjour au bord du Beagle, écrit-il, j'étais tout à fait orthodoxe [2]. » Et ailleurs : « Lorsque je collectionnais des faits pour l'Origine des Espèces, ma croyance en ce qu'on appelle un Dieu personnel était aussi ferme que celle du Dr Pusey lui-même [3]. » Il raconte comment il perdit alors (1836 à 1839) la foi à la révélation divine du christianisme, et ajoute : « Je n'ai sérieusement songé que beaucoup plus tard à l'existence d'un Dieu personnel [4]. »

---

1. 6e édition Murray, p. 205. — C'est le cas de citer ces lignes de Huxley, empruntées à son mémoire sur « *l'Accueil fait à l'Origine des espèces* » : « Les points de vue téléologique et mécanique de la nature ne s'excluent pas mutuellement d'une façon nécessaire. Au contraire, plus celui qui fait des hypothèses est un mécanicien pur, plus il admettra un arrangement moléculaire primordial dont tous les phénomènes de l'univers sont la conséquence, et plus il sera complètement à la merci du téléologiste, qui peut toujours le défier de réfuter l'hypothèse que cet arrangement moléculaire était destiné à produire les phénomènes de l'univers. » *Vie...*, II, p. 30.

2. *Vie et corresp.* Tome I, p. 357. Années 1831 à 1836.

3. Tome II, p. 588.

4. Tome I, p. 359.

Or nous constatons, vers la fin de sa vie, une modification essentielle dans son état d'esprit : « A mesure que je vieillis, dit-il, la description de mon esprit est celle de l'agnostique [1]. »

D'où vient cela ? Peut-être d'abord d'une cause physiologique : c'est à cette époque, pendant ses vingt ou trente dernières années, raconte-t-il lui-même, qu'il perdit le goût autrefois très prononcé de la poésie, de la peinture et de la musique : « La curieuse et lamentable perte des goûts esthétiques que j'ai éprouvée, dit-il, est d'autant plus bizarre que les livres d'histoire, les biographies et les voyages (indépendamment des faits scientifiques qu'ils peuvent contenir), les essais sur toutes sortes de sujets m'intéressent autant qu'autrefois. Il me semble que mon esprit est devenu une espèce de machine propre à extraire des lois générales d'une grande multitude de faits, mais je ne puis concevoir pourquoi cette faculté a causé l'atrophie de cette partie du cerveau dont dépendent les jouissances et goûts en question. La perte de ces goûts est une perte de bonheur, elle peut être nuisible à l'intelligence, et probablement au caractère en affaiblissant la capacité d'émotions que notre nature peut ressentir [2]. »

---

1. *Vie et corresp.*, 1, 354; lettre de 1879. — Et dans son *Autobiographie* (1876) : » Je ne prétends pas jeter la moindre lumière sur ces problèmes abstraits. Le mystère du commencement de toutes choses est insoluble pour nous, et je dois me contenter, pour mon compte, de demeurer un agnostique. » *Autobiographie* 1876.

2. P. 104. Cfr. I, p. 362. Darwin prévoit l'objection et répond que le sentiment n'a pas de valeur objective, parce qu'il n'est pas universel. Nous reviendrons sur ce sujet à la fin du chapitre.

Ce n'est pas cette « faculté » qui a causé l'atrophie, mais elle n'a pu suppléer à l'atrophie. Jamais, sous n'importe quelle forme, aucun mysticisme ne jaillira d'un esprit devenu une simple « machine à extraire des lois. » Intéressante confirmation de nos précédentes analyses. Ce n'est pas dans la sphère inductive qu'il faut chercher l'origine du mysticisme, mais dans un sentiment dont nous aurons à préciser la nature.

Et si l'on prétend constater un progrès dans cette exclusive spécialisation de l'esprit devenu « machine à extraire des lois », nous répondrons que Darwin, lui, ne paraît pas rassuré à ce sujet. Il n'oublie point que si, *par abstraction*, le savant, comme savant, ne doit faire fonctionner que cette « machine » et ne se préoccuper que de rapports généraux, en tant qu'homme, il a bien d'autres tendances et aspirations, et voit sa vie remplie par des rapports d'individu à individu[1], à la réalisation desquels répondent bien mal de simples « lois générales ».

---

1. La légitimité et la nécessité de la méthode scientifique ne peuvent être mises en doute un instant. Mais de ce que les sciences sont *nécessaires*, il ne s'ensuit pas qu'elles soient *suffisantes*. Il n'y a de science *que du général*. Que devient alors l'individu ? Il ne reste de ressource aux partisans d'une solution unilatérale que de dire : l'individu est une illusion, en grande partie créée par le langage, par les mots : *Je, il*, etc. (Cfr. Le Dantec, *Les influences ancestrales*, p. 163). L'individu se résout en états successifs, comme les images du cinématographe. M. Le Dantec oublie que c'est la conscience du spectateur qui fait l'unité de ces images. Il est vrai que (p. 104), il ajoute à chacun de ces états « *cette particularité* que l'on appelle mémoire », ce qui est expliquer la question par la question, l'individualité étant précisément fondée sur le sentiment d'*identité* malgré la différence des temps, qui est de l'essence du souvenir.

II

Les conditions physiologiques ont dû jouer un rôle dans l'agnosticisme final de Darwin, mais il s'y joignit un ensemble de réflexions suggérées par ses études, par la connaissance approfondie de la nature avec laquelle il vivait dans un contact si intime. Darwin nous fait part de ces réflexions avec une sincérité complète.

D'abord sa confiance limitée en la valeur de nos facultés intellectuelles : « Cet esprit de l'homme, dit-il [1], qui, selon moi, a commencé par n'avoir pas plus de développement que l'esprit des animaux les plus inférieurs, peut-on s'en rapporter à lui lorsqu'il tire d'aussi importantes conclusions ? » Et plus loin : « Vous avez exprimé ma conviction intime, quoique d'une façon bien vivante et plus claire que je n'aurais pu le faire, savoir que l'univers n'est pas le résultat du hasard. Mais alors le doute horrible me revient toujours, et je me demande si les convictions de l'homme, qui a été développé de l'esprit d'animaux d'un ordre inférieur, ont quelque valeur et si l'on peut s'y fier le moins du monde. Quelqu'un aurait-il confiance dans les convictions de l'esprit d'un singe, s'il y a des convictions dans un esprit pareil ? » Ailleurs encore : « Je sens au fond de moi-même que le sujet est hors de la portée de l'intelligence humaine.

1. I, 368 ; lettre de 1881.

Un chien pourrait aussi bien méditer sur l'esprit de Newton [1]. »

Mais, en fait, l'homme *n'est plus* ni un singe, ni un chien. Ni un singe, ni un chien n'auraient écrit l'*Origine des espèces*. Il s'est réalisé une évolution et ledit progrès ne peut-il pas précisément servir à expliquer que l'homme prenne conscience de choses dont l'animal n'a point conscience? Il suffit de lire les chapitres III, IV, V, de la première partie de la *Descendance de l'homme* pour constater combien Darwin est hésitant, peu précis dès qu'il sort de son domaine des sciences naturelles. Il avoue lui-même qu'il « n'est pas doué pour de semblables études », « qu'il n'est pas du tout accoutumé aux pensées métaphysiques », « qu'il n'a jamais pratiqué les raisonnements abstraits et qu'il s'y perdrait [2] ».

Il avoue surtout qu'il n'a jamais réfléchi à ces question d'une manière assez sérieuse [3].

Néanmoins, il est d'un vif intérêt de scruter et

1. II, 175 ; lettre de 1860.

2. Tome I de la *Correspondance*, p. 72, 354, 356, 365, 368. Voici encore quelques citations : « La faculté qui permet de suivre une longue et abstraite suite de pensées est chez moi très limitée; je n'aurais jamais réussi en mathématiques et en métaphysique. » *Autobiographie* dans le tome I, p. 105. — Tome II, p. 147 : « Wollaston dit, et il a raison, que je n'ai pas un cerveau propre à la métaphysique. » Lettre à Lyell, 23 février 1860.

3. « Je me sens jusqu'à un certain point peu disposé à m'exprimer publiquement au sujet de questions religieuses, comme je ne crois pas avoir réfléchi d'une façon assez sérieuse pour justifier une publicité quelconque de ma manière de voir. » Lettre de 1871. Tome I, p. 355. Et p. 356, lettre de la même année : « Je n'ai jamais beaucoup réfléchi systématiquement au sujet de la religion dans ses rapports avec la science, ni aux rapports de la morale avec la société. »

Darwin parle donc, on peut le dire, d'instinct et si son témoignage n'a pas une valeur technique, il a sa pleine valeur purement humaine.

suivre les hésitations de Darwin sur ces importants problèmes. C'est surtout sous l'aspect de la
finalité que Darwin a discuté la question religieuse.
D'après lui, c'est « l'argument principal en faveur de
l'existence de Dieu [1] ».

« Une cause de croyance en l'existence d'un Dieu,
écrit-il [2], qui se rattache à la raison et non aux sentiments, m'impressionne par son poids. Elle provient
de l'extrême difficulté ou plutôt de l'impossibilité où
nous sommes de concevoir l'univers prodigieux et
immense, y compris l'homme et la faculté de se
reporter dans le passé et de regarder dans l'avenir,
comme le résultat d'une nécessité aveugle. En réfléchissant ainsi, je me sens porté à admettre une
cause première, ayant un esprit intelligent, analogue
sous certains rapports à celui de l'homme, et je
mérite l'appellation de déiste. Cette conclusion était
fortement entrée dans mon esprit, autant que je puis
me le rappeler, à l'époque où j'écrivais l'*Origine des
espèces* et c'est depuis cette époque que cette conviction s'est très graduellement affaiblie, avec beaucoup
de fluctuations. »

Son célèbre ouvrage commence [3], en effet, par des

1. I, 356 ; lettre de 1873. — Nous reprendrons la question au ch. viii.

2. I, 363 ; *Autobiog.* de 1876.

3. « But with regard to the material world, we can at least go so far
as this — we can perceive that events are brought about not by insulated
interpositions of Divine power, exerted in each particular case, but by
the establishment of general laws » (Whewell).

« The only distinct meaning of the word « natural » is *stated*, *fixed*, or
settled ; since what is natural as much requires and presupposes an
intelligent agent to render it so, i. e., to effect it continually or at stated

textes où le « pouvoir divin » est représenté comme
s'exerçant aussi bien par les lois naturelles que par
les miracles, et où l'homme est exhorté à ne pas s'arrêter, par fausse modestie, dans la double lecture
du Livre de la parole de Dieu et du Livre de ses œuvres.
Et il se termine par cette affirmation, qu'il y a vraiment de la grandeur dans cette manière de considérer
la vie, originellement soufflée (« breathed by the
Creator ») par le Créateur dans une ou dans un petit
nombre de formes (« into a few forms or into one») »
et se développant ensuite selon des lois. S'il n'y a là
que des formules, du moins sont-elles respectueuses
des croyances traditionnelles. Elles n'impliquent
d'ailleurs rien autre chose, dans la pensée de Darwin
sinon « *que nous ne savons rien des origines de la
vie*[1] ».

L'attitude de Darwin relativement au « plus grave
sujet dont l'esprit d'un homme puisse s'occuper »[2],
il l'a résumée très nettement lui-même en disant :
« Je puis vous assurer que mon jugement subit
souvent des *fluctuations*[3]. »

times, as what is supernatural or miraculous does to effect it for once. »
(Buttler.) « To conclude, therefore, let no man out of a weak conceit of
sobriety or an ill-applied moderation, think or maintain, that a man
can search too far or be too well studied in the book of God's word, or
in the book of God's works ; divinity or philosophy ; but rather let men
endeavour an endless progress or proficience in both. » (Bacon.)

1. Lettre à Huxley, 1859 ; II, 95. Cfr. p. 42 et p. 306 (lettre de 1863 où
il « regrette d'avoir mis les pouces à l'opinion publique et employé le
terme création, par lequel il entendait, en réalité : apparition par
quelque processus absolument inconnu. »

2. I, p. 354.

3. I, p. 353 (lettre de 1879) de même p. 364 (*Autobiog.* 1876).

En effet, tantôt Darwin reconnaît que « l'univers n'est pas le résultat du hasard »[1], qu'il « se sent porté à admettre une cause première » intelligente plutôt qu'une aveugle nécessité[2], tantôt il rejette cette conception finaliste, déclare que cet argument a fait son temps, qu'il « s'anéantit, maintenant que la loi de la sélection naturelle a été découverte. Nous ne pouvons plus arguer, par exemple, que la belle charnière d'un bivalve ait été faite par un être intelligent, comme l'homme a fait celle des portes. Il me semble qu'il n'y a pas plus de dessein préconçu dans la variation des êtres organisés et dans l'action de la sélection naturelle que dans la direction du vent[3]. »

Et il ne cesse d'avouer sa « perplexité »[4] : « J'ai conscience que je suis dans le plus complet embarras... Je le répète, je suis et demeurerai complètement embourbé[5]. » « Quant au *dessein*, dit-il encore, je me sens plus disposé à hisser un drapeau blanc qu'à faire feu avec un canon à longue portée[6]. » Ce fut ainsi jusqu'à son dernier jour. Le duc d'Argyll eut une conversation avec lui la dernière année de sa vie, et, faisant allusion à certaines combinaisons merveilleusement appropriées dans la nature, lui dit

1. II, p. 228 (lettre de 1860).
2. I, p. 364 (1876).
3. I, p. 359 (*Autobiog.* 1876). Même sujet plus développé et exemples, I, 365, 666 (lettre de 1861) ; II, 164 (lettre de 1860).
4. I, 366.
5. II, 228, 229 (lettre de 1860) ; II, 267 (1861).
6. II, 267.

« qu'il était impossible de regarder ces choses sans
voir qu'elles sont l'effet et l'expression d'un esprit.
Je n'oublierai jamais, ajoute-t-il, la réponse de
M. Darwin. Il me regarda fixement et dit : Eh bien !
cela me saisit souvent avec une force accablante, mais
à d'autres moments, dit-il en secouant légèrement la
tête, cela semble s'en aller[1]. »

C'est surtout l'existence du mal physique dans le
monde qui fut l'écueil contre lequel alla se heurter
et se briser sa tendance à croire à la finalité. Après
avoir reconnu, dans sa lettre à un étudiant hollandais[2], qu'il « n'a jamais pu trancher la question de
savoir si cet argument (de la finalité) a une valeur
réelle, il ajoute : « Je ne puis non plus surmonter la
difficulté qui résulte de l'étendue de la souffrance
dans le monde. » Voici la même objection exprimée
avec plus de développement : « Je confesse, écrit-il,
que je ne vois pas avec autant de clarté que certaines
personnes, et que je désirerais moi-même, la preuve
d'un dessein arrêté et bienfaisant dans tout ce qui
nous entoure. Il me semble qu'il y a trop de douleur dans le monde. Je ne puis me persuader qu'un
Dieu bienfaisant et tout-puissant ait créé les ichneu-
mons avec l'intention arrêtée de les laisser se nourrir
de chenilles vivantes, ou que le chat ait été créé
pour jouer avec la souris.

« N'admettant pas ceci, je ne vois pas la nécessité

1. Note p. 368 du tome I.
2. T. I, p. 356 (1873).

d'admettre que l'œil ait été l'objet d'un dessein spécial. D'un autre côté, mon esprit ne peut se tenir pour satisfait, après avoir étudié les merveilles de la nature et spécialement la nature de l'homme, de conclure que tout cela est un résultat de la force brutale. Je suis disposé à considérer toutes choses comme le résultat de lois voulues, dont les détails bons ou mauvais dépendent de ce que nous pouvons appeler la chance. Ce n'est pas que cette notion me satisfasse pleinement *le moins du monde*. Je sens au fond de moi-même que le sujet est hors de la portée de l'intelligence humaine. Un chien pourrait aussi bien méditer sur l'esprit de Newton. Je suis certainement de votre avis et je trouve que vos vues ne sont pas nécessairement athées. L'éclair tue un homme bon ou mauvais, et cela grâce à l'action excessivement complexe des lois de la nature. La naissance d'un enfant (qui peut devenir un idiot) est le résultat de lois beaucoup plus complexes encore et je ne puis voir une raison pour qu'un homme ou tout autre animal, n'ait pu être produit dès l'origine par d'autres lois ; et toutes ces lois peuvent avoir été expressément voulues par un créateur omnipotent, qui aurait prévu tous les événements futurs et leurs conséquences. Mais plus je pense à ces questions, et plus je suis troublé ; cette lettre vous en donne la preuve[1]. »

---

1. T. II. p. 174 (1860). Cfr. I, 366 (même date).

III

En somme, la principale cause du trouble de
Darwin, c'est qu'il s'imagine être enfermé dans ce
dilemme : ou attribuer une cause inintelligente à
des effets intelligents, ou croire à un Dieu tout-puissant et tout bon responsable du mal qui torture ses
créatures. Mais peut-être y a-t-il un milieu, une
autre manière de se représenter le Divin que l'image
d'un créateur, la seule que Darwin paraisse connaître et croire possible. Nous étudierons plus loin
cette question. Qu'il suffise, pour le moment, de
constater sa conclusion, à savoir que « le mystère du
commencement de toutes choses est insoluble pour
nous et que, pour son propre compte, il doit se
contenter de demeurer un agnostique[1]. » Son agnosticisme n'avait donc rien d' « agressif »[2]. Une des
plus belles preuves de sa délicatesse et de sa loyauté
intellectuelle, c'est la réponse qu'il envoya à une
femme certes fort intelligente[3] qui lui avait écrit la
lettre suivante :

1. I, p. 361 (*Autobiog.* 1876).
2. C'est ce que nous affirme son fils : Note I, p. 369. — « En 1879, un
étudiant allemand s'adressa à lui de la même manière (que l'étudiant
hollandais dont nous avons parlé ci-dessus). »Un membre de la famille
répondit : « M. Darwin me prie de dire qu'il reçoit tant de lettres qu'il
ne peut répondre à toutes. Il considère que la théorie de l'évolution est
tout à fait compatible avec la croyance en Dieu, mais on doit se souvenir
que chaque personne a une définition différente de ce qu'elle entend
par Dieu. » I, p. 357.
3. Mme Boole. II, 361.

Cher Monsieur,

M'excuserez-vous si je prends la liberté de vous adresser une question à laquelle seul vous pouvez répondre d'une façon satisfaisante?

Considérez-vous que l'adoption de votre théorie de la sélection naturelle, dans le sens le plus complet et le plus large, soit incompatible, je ne dis pas avec quelque système particulier de doctrine théologique, mais avec les croyances suivantes, savoir :

Que la connaissance est donnée à l'homme par l'inspiration directe de Dieu ;

Que Dieu est un être personnel et infiniment bon ;

Que l'effet de l'action de l'esprit de Dieu sur le cerveau de l'homme est surtout un effet moral ;

Et que chaque homme individuel a, dans de certaines limites, le pouvoir de choisir jusqu'à quel point il veut céder à ses impulsions animales héréditaires, et jusqu'à quel point il suivra de préférence la direction de l'eprit qui l'élève de façon à lui donner le pouvoir de résister à ces impulsions, en obéissant à des motifs d'un ordre moral?

Voici la raison qui m'a engagée à vous poser ces questions. Mon impression personnelle a toujours été que non seulement votre théorie était absolument *compatible* avec la foi dont je viens d'essayer de donner l'expression, mais que vos livres m'ont fourni des indices qui m'amèneraient à adapter cette foi à la solution de certains problèmes psychologiques compliqués, solution qui a une importance pratique pour moi en tant que mère. Je sentais que vous aviez fourni un des anneaux qui manquaient, pour ne pas dire l'anneau manquant, entre les faits de la science et les promesses de la religion. L'expérience de chaque nouvelle année tend à rendre plus profonde en moi cette impression.

Mais j'ai lu, ces derniers temps, des remarques sur la portée probable de vos théories en ce qui concerne les questions morales et religieuses, remarques qui m'ont rendue perplexe et m'ont fait la plus vive peine. Je sais bien que les auteurs de celles-ci doivent être plus savants et plus sages que moi. Je ne puis être certaine que ces remarques soient erronées, à moins que vous ne me le disiez. Et je crois — je ne puis en être certaine, mais je *crois* — que, si j'étais un auteur, j'aimerais mieux que le plus humble d'entre ceux qui étudient mes ouvrages s'adressât directement à moi, en cas de difficulté, que de le voir s'embarrasser trop longtemps dans des critiques contraires, probablement erronées et irréfléchies.

En même temps, je sens que vous avez parfaitement le droit de refuser de répondre à des questions comme celle que je vous ai posée. Il faut que la science suive sa voie, et la théologie la sienne et elles se rencontreront quand et où il plaira à Dieu, et vous n'êtes en aucune manière responsable si le point où elles se réunissent se trouve encore fort éloigné. Si je ne reçois pas de réponse à cette lettre, je ne tirerai d'autre conclusion de votre silence que celle-ci qu'à votre sens, je n'avais aucun droit d'adresser de pareilles questions à une personne qui m'est étrangère.

Darwin répondit[1] :

Down, 14 décembre 1866.

Chère Madame,

J'aurais été très heureux de pouvoir adresser une réponse satisfaisante à vos questions, ou même une réponse d'une nature quelconque. Mais je ne puis voir de rapports entre la croyance que tous les êtres organisés, sans en excepter l'homme, sont descendus de quelque être simple au lieu d'avoir été créés séparément, et vos difficultés. Celles-ci, ce me semble, ne peuvent trouver une réponse que dans un témoignage bien différent de la science, parce que nous appelons la « conscience intérieure ». Mon opinion ne vaut pas mieux que celle de toute autre personne ayant réfléchi sur de pareils sujets, et ce serait folie de ma part de la donner. Je puis cependant faire remarquer que j'ai toujours éprouvé plus de satisfaction, en contemplant l'immense quantité de peine et de souffrance dans ce monde, à penser qu'elle est le résultat inévitable de la suite naturelle des événements, c'est-

1. II, 367,

à-dire des lois générales, qu'à me la figurer comme due à l'intervention directe de Dieu ; quoique je me rende compte que cela n'est point logique quand il s'agit d'une divinité qui sait tout. Votre dernière question semble se résoudre dans le problème du libre arbitre et de la nécessité, que la plupart ont trouvé insoluble. J'aurais sincèrement désiré que ce billet ne fût pas aussi entièrement dépourvu de valeur qu'il l'est. Je vous aurais fait parvenir des réponses catégoriques si cela eût été en mon pouvoir, malgré le peu de temps et de forces dont je dispose.

J'ai l'honneur d'être, chère madame, votre tout dévoué.

CH. DARWIN.

P.-S. — Je regrette que mes idées aient incidemment jeté le trouble dans votre esprit, mais je vous remercie et vous honore d'avoir jugé que la théologie et la science doivent suivre chacune leur propre voie, et que dans le cas présent je ne puis être incriminé si l'endroit où elles se rencontrent est encore éloigné.

Darwin — l'a-t-il assez répété ! — n'a jamais voulu faire de métaphysique et n'avait aucune aptitude pour la métaphysique. Exclusivement absorbé par l'observation extérieure, il n'a jamais réalisé — il nous l'avoue ci-dessus — l'effort nécessaire pour voir suffisamment clair dans ses croyances intimes et surtout pour sortir des formules populaires et chercher au sentiment religieux des expressions plus exactes. Mais son bon sens ne l'a pas trompé. A côté de la méthode scientifique, il a deviné d'autres sources d'information. Ne les ayant jamais étudiées avec soin, il s'est laissé prendre aux premières difficultés, par exemple : qu'il n'y a pas unanimité sur

la question « de l'existence d'un seul Dieu[1] ». Mais
c'est là une des formes de représentation *intellectuelle*
que peut revêtir le sentiment religieux, non l'unique
forme.

Quant à l'*universalité* du sentiment religieux, il
faudrait, si l'on prenait de la sorte le mot : universalité, dans son sens mathématique, refuser aussi
toute valeur, à cause des objections ultra-idéalistes,
au sentiment de l'objectivité du monde extérieur,
Le sens moral devrait également perdre toute crédi-
bilité. Regrettons ces inexactitudes ou exagérations,
mais retenons ce fait si lucidement constaté par
Darwin : les problèmes qui nous occupent « ne peuvent — ce sont ses propres paroles — trouver une
réponse que dans un témoignage bien différent de
la science, *dans ce que nous appelons la conscience
intérieure* ».

[1]. I, p. 362.

B. — PRÉDOMINANCE DE L'ÉLÉMENT INTELLECTUEL

CHAPITRE VI

EXPÉRIENCES ET HYPOTHÈSES DES MÉTAPHYSICIENS. — LES ARGUMENTS TRADITIONNELS DITS « PREUVES » DE L'EXISTENCE DE DIEU.

Il semble qu'on n'ait pas le droit de parler d'*expériences* lorsqu'il s'agit des intellectualistes. Ne procèdent-ils point *a priori ?* Pas complètement. Il suffit d'examiner d'un peu plus près leurs syllogismes pour se rendre compte que leurs « majeures », leurs « principes », sont en réalité, dans le fond, des croyances, des constatations intérieures, des faits d'expérience psychique.

Examinons successivement : 1° les arguments employés par saint Thomas d'Aquin dans la *Somme théologique ;* 2° l'argument ontologique de saint Anselme que saint Thomas n'a pas adopté[1].

I

Voici comment le Docteur angélique pose sa thèse : « Necesse est in rerum naturâ inveniri unum primum

---

1. *S. theol. Pars prima* ; quaest. II, art. I ad 2.

ens immobile, primum efficiens, necessarium, non ex alio ; maximè ens, bonum et optimum ; primum gubernans per intellectum et omnium ultimum finem, qui Deus est[1] ». C'est le résumé lui-même de ses cinq arguments :

Tout être en mouvement est mis en mouvement par un autre être, car il est impossible que, sous le même rapport, une chose soit motrice et mue, ou qu'elle se donne le mouvement elle-même. Or on ne peut remonter ainsi à l'infini ; il faut donc arriver à un premier moteur qui lui-même ne reçoive le mouvement de personne. Il ne *se donne* pas le mouvement, il *est* l'activité pure, l' « acte pur », c'est Dieu.

Preuve aristotélicienne. Bien entendu, nous interprétons ici *mouvement* dans son sens large de *changement* de quelque nature qu'il soit et non pas seulement de changement *local*. Cela ne rend pas moins gratuit le point de départ de saint Thomas. Son adversaire a tout aussi bien le droit de considérer l'énergie, l'activité, comme *essentielle* à l'être de telle sorte qu'il soit impossible — contradictoirement à ce que saint Thomas affirme — impossible à un être de ne pas se mouvoir lui-même. Le *repos* apparent n'est qu'un équilibre de forces qui se contrebalancent, nullement une inertie; l'hypothèse de l'adversaire de saint Thomas, est donc beaucoup plus conforme aux hypothèses scientifiques généralement

1. *Pars Prima ; q. II, a. III.*

admises, que celle du Docteur angélique. L'écarter, pour nous imposer l'autre sous forme de principe incontestable, est précisément ce que l'on appelle une *pétition de principe*.

Quant à l'objection de saint Thomas : que le même être serait à la fois moteur et mobile, c'est une pure argutie logique, car tout partisan de l'hypothèse moniste répondra par la distinction spinoziste de la « natura naturans » et « natura naturata », l'aspect de l'être et l'aspect du devenir, *double* point de vue sous lequel la pensée est obligée d'envisager la réalité et qui empêche qu'elle soit envisagée ainsi *sous un seul rapport* (« secundum idem et eodem modo »), ce qui, en effet, impliquerait contradiction[1].

Nous ne contestons point la valeur de l'ἀνάγκη στῆναι d'Aristote : la nécessité pour notre esprit de penser par le *doublet :* mobile et immobile, changeant et immuable, est la même que nous retrouverons dans la 3ᵉ preuve (contingent et nécessaire). Saint Thomas a bien raison de le redire après Aristote. Ce contre quoi nous protestons, c'est la prétention de saint Thomas (et de toute la théologie chrétienne et de la philosophie qui en dépend) de nous *imposer une seule et unique* manière de comprendre, de nous représenter (pour mieux dire) ce rapport du contingent au nécessaire, du mobile à l'immuable, à savoir

---

1. De même l'*unité* et la *multiplicité* se contredisent au point de vue *logique*, et se concilient pourtant dans la *réalité* de notre vie psychique. Hegel l'a très bien compris.

une distinction [1] non pas seulement logique, mais *substantielle et personnelle.*

Et il n'y parvient, nous venons de le voir, qu'en introduisant inconsciemment l'hypothèse personnelle dans son prétendu principe : Omne quod movetur. La formule même qu'il emploie recèle une seconde pétition de principe. Si saint Thomas, en effet, peut conclure à un Dieu substantiellement et personnellement distinct du monde, c'est que cette existence propre est déjà affirmée subrepticement dans la majeure : « Tout ce qui est mû, est mû *par un autre* (être). Omne quod movetur, *ab alio* movetur. *Ab alio…* mais c'est la question ! Rien absolument, à priori, n'autorise à préférer l'*ab alio* à l'*a seipso*, et selon que l'on introduira dans les prémisses l'une ou l'autre de ces deux expressions, on trouvera dans la conclusion le Dieu transcendant ou le Divin immanent.

Ce qui contribue à donner à cette preuve, et à la seconde preuve, une apparence de complète lucidité, c'est l'abus que fait saint Thomas de l'*image spatiale* pour formuler le problème. Dans la première preuve, les êtres supposés d'abord (sans preuve) substantiellement isolés les uns des autres, sont juxtaposés comme une rangée de billes où chacune communique à l'autre le mouvement. Même inconscient artifice de présentation dans le second argument :

---

1. J'évite, autant que possible, l'expression : *séparation* qui prête à facile équivoque.

« Dans les choses sensibles, nous constatons un ordre de causes efficientes, mais nous n'y constatons pas, car ce n'est pas possible, qu'un être soit cause efficiente de soi-même, car il serait ainsi antérieur à lui-même, ce qui est impossible. Mais on ne peut remonter à l'infini dans la série des causes efficientes, car dans toutes les séries ordonnées de causes, la première est cause de la dernière. On doit donc affirmer une cause efficiente première. C'est elle que tous appellent Dieu. »

Même fond de vérité que dans l'autre preuve : l'ἀνάγκη στῆναι, le sentiment de l'absolu. Même sophisme : ranger ainsi les unes à côté des autres les causes efficientes, c'est obliger à remonter à un numéro un, mais 1° le concept de causalité qu'emploie saint Thomas est emprunté à l'expérience des phénomènes, à l'expérience des sens « in istis sensibilibus » ; de quel droit l'appliquer à la vie considérée telle qu'elle est *en elle-même ?* 2° Le nombre est une construction mentale d'ordre pratique, qui s'applique avec d'utiles résultats au monde des phénomènes, nous permettant, une fois rangés dans le vaste cadre de l'espace, de les séparer, comparer, classifier, etc. Mais rien ne prouve que les chiffres aient la moindre valeur dès que nous considérons les choses *en elles-mêmes.* 3° Cela nous conduirait seulement, d'ailleurs, à admettre une cause première *dans le sens arithmétique*, mais pas nécessairement une cause parfaite.

Cet argument doit donc être complété par la troisième preuve qui dénote précisément l'intention d'envisager l'être en lui-même : « Dans les êtres, dit saint Thomas, nous constatons des choses qui peuvent être ou ne pas être. Ce qui peut ne pas être, à un moment donné n'est pas ; ce qui n'est pas ne commence à être que par ce qui est déjà ; « Quod non est non incipit esse nisi per aliquid quod est. » Il faut donc qu'il y ait dans les choses quelque chose de nécessaire, nécessaire par soi-même, n'ayant pas en dehors de soi la cause de sa nécessité, mais cause de la nécessité de tout le reste ; c'est ce que tous appellent Dieu. » Même observation : sans doute, il y a du « nécessaire » dans les choses ; mais pourquoi, après avoir affirmé le « necessarium *in* rebus », conclure au necessarium *supra* res ? C'est le même inconscient tour de main que dans la première preuve : l'*aliquid quod est* joue gratuitement le même rôle transcendant que l'*ab alio* du début. La distinction *substantielle* est subrepticement substituée à la distinction *logique*.

De même encore dans la quatrième preuve et la cinquième. Majeure de la quatrième preuve : « Le plus et le moins s'affirment en tant que les êtres s'approchent à des degrés divers de ce qui est d'une manière pleine et entière [1], « ad *aliquid* quod maximè

---

1. C'est la preuve platonicienne. — On la retrouve chez Épicure : « Placet illi esse deos, quia necesse sit praestantem esse aliquam naturam, quâ nihil sit melius. » (Cicéron, *De naturâ Deorum*, L. II, ch. xvii).

est. » Or... donc... Majeure de la cinquième :
« Les êtres qui n'ont pas de connaissance, ne tendent vers une fin que dirigés par quelqu'un (qui soit)
connaissant et intelligent, comme la flèche par l'ar-
cher. « Ab *aliquo* cognoscente et intelligente, sicut
sagitta a sagittante. »

Si le Docteur angélique était resté fidèle à l' « *aliquid* » neutre et impersonnel, il aurait conclu au
τὸ Θεῖον des Anciens[1], au Divin, et nous n'aurions
aucune réclamation à lui adresser. Mais il passe sans
cesse de l' « *aliquid* » à l' « *aliquis* », et voilà pourquoi il conclut, à un *Dieu personnel*.

Ce n'est pas arbitrairement, nous répondra-t-on,
mais c'est que l'existence *personnelle* étant ce que
nous concevons de meilleur, il n'est pas possible à
notre esprit de ne point l'attribuer (en évitant d'ailleurs tout anthropomorphisme grossier) à cet « aliquid
verissimum, et optimum, et nobilissimum » que vous
déclarez admettre.

Nous répondons :

1° L'entière supériorité du conscient sur l'inconscient n'est nullement démontrée. C'est comme si
l'on soutenait l'entière supériorité des yeux sur
tous les organes du corps. « Si totum corpus oculus,
dit très bien saint Paul (I Cor. XII, 17), ubi auditus ? »...
Nous sommes sans cesse obligés d'admettre que des

---

1. Expression mise sur les lèvres de saint Paul lui-même, *Act.* XVII,
29. — On aura beau dire que, dans ces preuves, saint Thomas considère seulement *an* sit Deus et non *quid* sit Deus. Dire : Deus, c'est
déjà préjuger la question *quid* sit, puisque c'est déjà le personnifier.

tendances et poussées inconscientes sont *ce qu'il y a de meilleur en nous :* « Un grand penseur, dit M. Brunetière, est toujours inconscient d'une partie de sa pensée, comme un grand artiste l'est souvent du meilleur de son art, et de l'un comme de l'autre, c'est même en ce cas que l'on dit qu'ils ont du génie[1] ».

2° La grande difficulté pour la plupart des esprits, c'est qu'il leur semble impossible de penser le parfait[2] autrement que comme *réalisé.* Il n'est *réel* que si réalisé, et réalisé dans un être à part, « substantia singularis », comme dit le Concile du Vatican. Mais, objecterons-nous, cette réalité ne peut-elle consister dans la direction idéale, la loi vivante du devenir? — Non, dira-t-on, car *être* est meilleur que *devenir.* — Qu'en savons-nous? Quel droit avons-nous d'opposer l'*être* au *devenir* quand ce sont simplement les deux manières fragmentaires et inadéquates (selon la nature de notre faible esprit) d'exprimer notre conscience de la réalité? Qui prouve qu'un *être* sans *devenir* n'est pas aussi absurde qu'un *devenir* sans *être?* Être et devenir, parfait et imparfait, infini et

---

1. *Sur les chemins de la croyance,* p. VIII.
2. Nous n'avons pas à indiquer ici tous les sens qu'ont reçus et reçoivent ces notions d'infini, parfait, absolu, etc., mais il est indispensable que nous disions dans quelle acception nous les prenons. *Absolu* = ce qui ne dépend d'aucune condition étrangère, ce qui a en soi-même sa raison d'être, par conséquent dont l'essence est d'être = « *Ens a se* » = l'Être dans sa plénitude = *parfait,* sans limites = *infini,* qui ne peut pas ne pas être = *nécessaire,* etc... car nous pourrions prolonger la liste; l'important, dans la question qui nous occupe, c'est que l'on ne confonde pas l'*Être* dont le contraire est l'être fini, limité, avec l'*être* dont le contraire est néant — ni l'infini (= parfait) avec l'*indéfini.*

fini, nécessaire et contingent, toujours ces *doublets* dont notre esprit doit se servir, mais en les appliquant à la réalité sans lui imposer la dualité qui n'existe que dans notre manière de la saisir, non sans doute en elle-même[1]. En elle-même doit se trouver la justification de la valeur objective de ces formes de la pensée; c'est tout ce que nous pouvons dire. Rien ne nous autorise à réaliser ces formes en êtres *à part*, « *substantiae singulares* ».

Mais sommes-nous autorisés à *nier* cet être à part, la « substantia singularis » parfaite? Ne tombons-nous pas dans l'abus même que nous avons reproché à saint Thomas et aux philosophes qui admettent la valeur des preuves traditionnelles?

Non, car nous donnons le monisme comme une simple HYPOTHÈSE intellectuelle ou plutôt imaginative. A *priori*, cette hypothèse et celle de saint Thomas se valent. Si nous rejetons celle de saint Thomas, c'est qu'elle nous paraît se heurter et se briser contre l'insoluble objection de l'existence du mal. Nous reviendrons sur ce point dans le chapitre suivant et nous aurons par là-même occasion de reparler de l'argument de la *finalité*, employé par saint Thomas, et d'en discuter la valeur.

---

1. Logomachie, objecte-t-on, puisque le monisme prétend qu'une même substance peut être parfaite sous un rapport, imparfaite sous l'autre. C'est comme si nous disions : Logomachie, la psychologie qui affirme la vie psychique une sous un rapport, multiple sous l'autre. Nous ne disons pas, d'ailleurs, que l'infini est un *aspect* de la réalité, le fini un autre *aspect*. On pourrait prendre cette expression dans son sens spatial : l'infini devenu un aspect = une facette de la réalité; ce serait alors, en effet, contradictoire.

Mais qu'il soit bien entendu que nous ne tenons en aucune manière à l'image moniste. Comme celle du « créationisme », elle a autant d'inconvénients que d'avantages. Le mieux, ce semble, est de maintenir la valeur objective des doublets : parfait et imparfait, infini et fini... considérés comme les procédés représentatifs qui seuls épuisent et expriment pleinement notre conscience de l'être, quand même il nous serait impossible à jamais de savoir ce qui leur correspond dans la réalité. Après tout, il en est de même pour le monde physique : je vis de la vie matérielle sans *comprendre* ce que c'est que la matière, l'espace, la force, sans me croire obligé d'être atomiste ou monadiste. Je puis vivre de la vie religieuse, en considérant la réalité *sub specie perfecti* sans avoir la moindre prétention de formuler une théorie, même une hypothèse, sur ce qu'est *en soi* le Parfait.

II

Le but de saint Anselme en écrivant son *Proslogium* a été, dit-il, de nous fournir, au lieu de l'engrenage compliqué d'arguments du *Monologium*, un argument unique et qui se suffit à lui-même.

Partant de ce fait que celui qui nie Dieu comprend ce qu'il dit et possède par conséquent dans l'esprit une certaine idée de Dieu comme d'un être tel qu'on n'en puisse concevoir un plus grand, il argumente ainsi : une chose qui existe à la fois *in re* et *in intel-*

lectu est plus grande que celle qui n'existerait qu'*in intellectu* [1] ; l'athée donc se contredit puisqu'il prétend que l'*ens quo majus cogitari nequit* n'existe que dans son esprit. Il ne cessera de se contredire, d'être « insipiens », qu'en affirmant que cet être existe et en l'esprit et dans la réalité.

Il faut affirmer d'un être, diront Descartes et les Cartésiens, ce qui est clairement et distinctement contenu dans son essence ; or l'existence est une qualité ; il faut donc affirmer que l'être qui a toutes les qualités, l'être parfait, existe.

Du vivant même de saint Anselme, par le moine Gaunilon, puis par saint Thomas l'argument fut énergiquement réfuté et rejeté. Il n'était pas difficile en effet, de montrer que la majeure contenant déjà l'affirmation d'un être « quo majus cogitari nequit » (d'un être parfait, chez les Cartésiens), l'argument n'est plus qu'une pétition de principe. Ou alors, on parle seulement d'un concept abstrait, dont on constate que l'idée abstraite d'existence est l'un des éléments [2], mais on demeure ainsi dans la sphère des abstractions et l'on n'en saurait tirer une affirmation d'existence réelle en dehors de l'esprit.

Réfutation ou confirmation de l'argument d'Anselme ont été cent fois repris. Récemment encore la

---

1. *In re* : objectivement, dirions-nous aujourd'hui; *in intellectu* : subjectivement.

2. De telle sorte que si, par ailleurs, on prouve l'existence réelle de cet être, on devra affirmer que cette existence lui est essentielle, nécessaire.

lutte a recommencé entre un mariste le P. Ragey et
un dominicain le P. Hurtaud [1]. Rien de bien nouveau dans les projectiles réciproques. Le P. Ragey
n'abandonne point la prétention de consolider le
vieil argument et, pour terminer, le présente sous
cette forme rajeunie : l'être le plus grand que l'on
puisse concevoir existe si, dans le cas où il n'existerait pas, il faudrait admettre une proposition contradictoire. Or il en est ainsi. En effet, il faut admettre que cet être est *possible*, car son concept ne renferme pas d'éléments contradictoires [2], et, par contre,
il faut l'admettre *impossible*, puisque nulle cause ne
serait capable de le produire. Donc... En scolastique habile, le P. Hurtaud, voit de suite le point
faible : il n'y a pas de contradiction, répond-il, car
la *possibilité* et l'*impossibilité* ne sont pas affirmées
sous le même rapport : la possibilité est *intrinsèque*,
tandis que c'est d'une impossibilité *extrinsèque* qu'il
s'agit.

Rien de plus juste. Mais pourquoi s'obstiner à
vouloir faire un syllogisme en pareille matière ?
Est-ce d'un syllogisme que sort notre croyance à
l'existence du monde extérieur ou à notre propre
existence ? Les existences se *montrent*, ne se *démon-
trent* pas ; elles sont l'objet d'une constatation, non

1. Cfr. *Revue thomiste*, juillet 1893, article du P. Hurtaud sur le livre
du P. Ragey.

2. Est-ce bien certain ? Le parfait réalisé, la création ex nihilo, ne
renferment-ils pas des contradictions qui nous échappent, puisque nous
ne comprenons pas d'une manière suffisante, les termes employés ?

d'un raisonnement. Le P. Ragey semble, à un moment donné, bien près de l'admettre. Il sent qu'il ne s'agit pas, en somme, de passer de l'ordre *idéel* à l'ordre *réel*, mais du réel (fait psychologique, expérience intime) au réel. Seulement, il hésite, il ne sait « dans quelle mesure ni quel sens précis ; il lui reste des incertitudes qu'un long examen n'a pu dissiper entièrement » (Chap. xxiv, p. 172).

Il paraît bien que saint Anselme a cru faire un *raisonnement*, un vrai syllogisme, comme tout d'abord Descartes pour son cogito *ergo* sum ». Seulement Descartes s'est vite repris ; il a remplacé le syllogisme par une *intuition* de conscience, ce à quoi n'a jamais pensé saint Anselme, ce que n'a jamais osé faire le P. Ragey [1], par rapport à Dieu.

---

1. Le R. P. Ragey a craint sans doute d'être accusé d'*ontologisme*, doctrine censurée en 1861 (Cf. *Enchiridion* de Denziger, p. 363). — Que l'on n'oublie pas, que la forme *intellectuelle* de l'argument ontologique n'est en aucune manière l'unique. Cet argument est *vécu* par tous ceux qui, d'une manière ou d'une autre, *idéalisent* la réalité, parlent de « *la Vérité, la Beauté, la Justice,* etc... » Saint Augustin emploie souvent cette preuve : « Lorsque l'âme humaine dit : ceci devrait être plutôt que cela, si elle dit vrai et si elle voit ce qu'elle dit, elle le voit dans les notions divines avec qui elle est unie. » (*De lib. arbitr.* III, 12, n° 13). — « Quiconque, disait Gratry, porte au fond de l'âme et sent en lui la source divine, féconde, profonde, intarissable, le céleste idéal, l'avenir infini, la ressource éternelle, celui-là, quelque grand qu'il soit, méprise cette grandeur bornée, qui n'est rien en face de l'infini qu'il pressent et qu'il porte... Dans le contraste nécessaire que sent toute âme, sous toute émotion de la vie, entre elle-même et Dieu toujours présent, l'âme se voit misérable, égoïste et perverse, en face de l'infiniment bon qui la pénètre, et du même coup, elle atteint Dieu par l'acte même qui lui fait déplorer sa misère. » (*Philosophie du Credo* (Lecoffre, 1864), p. 5 et 13. — « La vraie preuve, celle qui circule dans toutes les autres et qui fait leur force, c'est l'impulsion, c'est le désir. Nous tendons à la perfection par toutes les aspirations de notre poitrine, nos yeux la cherchent dans l'azur, notre cœur l'appelle dans le silence, nous ne l'affirmons pas comme une froide conclusion de la pensée, nous l'affirmons pour nous y rattacher, pour nous en pénétrer et pour en vivre. Notre

C'est pourtant dans ce sens qu'il faut chercher la solution de la question. La grande gloire de Descartes est d'avoir mis hors pair l'idée de l'infini [1], du parfait et d'avoir montré qu'il est impossible de la former ou par *addition* de qualités finies, ce qui est évident; ou par *négation de la limite*. Qu'est-ce en effet, qu'une limite, sinon la possibilité d'un accroissement ? « Propriè loquendo, dit Descartes, limitatio est tantum negatio ulterioris perfectionis » (*Premières réponses aux objections*). Nier la limite,

expérience intérieure confirme ainsi la leçon de l'histoire, qui nous montre les civilisations mourant sans Dieu ; elle illumine, elle remplit la haute abstraction d'Aristote : la matière revêt une forme, l'animal que nous sommes devient esprit en cédant à l'attrait de la perfection. » Ch. Secrétan, *La civilisation et la croyance* (Alcan, 1887), p. 249. « La perfection, c'est la volonté éternelle, immuable que le bien soit. » (p. 252). — « Dieu, c'est ce à quoi j'aspire. Cet élan est la base de mon existence et c'est pourquoi Dieu *est* pour moi. » Tolstoï, Cfr. p. 57.

1. Je prends le terme « *infini* » dans le sens moderne = *parfait*. Les Grecs lui donnaient le sens d'*indéterminé*. L'histoire de ce terme (απειρον) est bien racontée dans le récent ouvrage de M. H. Guyot sur l'*Infinité divine* (Alcan, 1906). Mais doit-on dire *ce* terme ou *ces* termes, puisque ledit vocable a deux sens : l'απειρον d'*indigence* et l'απειρον de *plénitude ?* L'α. d'indigence, par exemple la matière première, à l'extrême limite du néant, pouvant recevoir toutes les formes ; l'α. de plénitude dont la perfection est telle qu'on ne peut le déterminer par les déterminations habituelles . il n'est pas au-dessous d'elles, mais « au-dessus. » C'est en ce dernier sens que les modernes emploient ordinairement et que nous employons ici le terme d'*infini*. L'απειρον d'indigence semble être un reste, dûment stylisé et intellectualisé, du « chaos » des anciens mythes cosmogoniques (Cf. Rivaud, *Le problème du devenir et la notion de la matière*. Alcan, 1906 ; § 64, 134, etc.). Comment l'autre sens a-t-il fini par l'emporter chez Philon, chez Plotin, par exemple ? Est-ce sous l'influence de la foi d'Israël en un Dieu unique et parfait, créateur de toutes choses? Cette influence est indubitable chez Philon, certaine chez Plotin. Mais il ne faudrait pas abandonner aux Juifs le monopole de cette forme élevée de conscience religieuse. « Les délices, la magnificence, disait Socrate à Antiphon, voilà ce que tu appelles le bonheur : pour moi, j'estime que s'il n'appartient qu'à la Divinité de n'avoir besoin de rien, n'avoir besoin que de peu, c'est approcher de la Divinité. Et comme rien n'est meilleur que la Divinité (το θειον), ce qui en approche le plus touche aussi de plus près à ce qu'il y a de meilleur. » (*Mémoires sur Socrate*, I, 6.)

serait affirmer simplement qu'un être s'arrête dans
son évolution ; quant à nier *toute* limite, cela supposerait précisément que l'on a déjà l'idée d'un être
tel que l'on puisse, *a priori*, affirmer qu'aucune limite,
aucun accroissement d'être, n'est possible.

Mais cette idée du parfait ne serait-elle point une
création spontanée de l'esprit ? Nous reviendrons sur
cette supposition [1]. En tout cas, il n'en est pas moins
certain que *spontané* ne signifie pas lubie fantaisiste.
La vie religieuse pratique et la vie morale pratique
sont là pour prouver que l'idée du parfait n'est pas
plus une fiction de pur jeu imaginatif, que l'idée
d'absolu, par rapport à la pensée métaphysique.
Le parfait n'est, d'ailleurs, que l'absolu qualitatif.
C'est donc un seul et même sentiment *vécu avant
d'être intellectualisé*, qui est l'âme de ces concepts
en apparence tout abstraits : l'absolu, le parfait.
Qu'ils soient ou non *créés* par l'esprit, il n'importe.
L'essentiel, c'est qu'ils correspondent *à une tendance
pratiquement vécue, expérimentée, à un aspect distinct
et irréductible à tout autre de notre expérience intérieure
de la vie.*

Il en est donc de l'argument d'Anselme comme
du cogito *ergo* sum de Descartes. Les présentez-vous
comme des syllogismes, ce sont des sophismes ; les
constatez-vous comme des *faits* d'expérience, ils ont
toute leur valeur. Et l'on ne peut plus dire, avec le
P. Hurtaud : « Tout ce qu'établit l'argument d'An-

1. Cfr. p. 214.

selme, c'est que cet être, s'il existe, existe par
soi. Il nous fait la description de l'« hypothèse-
Dieu », mais cette grande hypothèse est-elle une
réalité? Le *Proslogion* n'a pas su nous le démontrer. »

Non, c'est vrai; mais il nous l'a *montré*, en ce
sens que le fameux argument est, comme les autres
preuves, un procédé, une méthode pour nous aider
à faire intérieurement l'*expérience mystique*. Et —
Kant avait parfaitement raison de ramener tous les
arguments [1] traditionnels à l'argument ontologique
— on peut et on doit dire exactement la même chose
des autres « preuves » de l'existence de Dieu. L'ἀνάγκη
στῆναι, le sens de l'absolu, la croyance à une raison *suffisante*, à une cause *première*, à l' « aliquid
verissimum, optimum, nobilissimum, maximè ens »
de saint Thomas, à l'infini, au parfait de Descartes,
Spinoza, Malebranche, Fénelon, qu'est-ce, en effet,
sinon l'expérience mystique impliquant la croyance
à son objectivité, bien loin de la faire *dépendre* d'un
syllogisme? Il en est de même pour l'expérience
physique qui implique la croyance à l'objectivité du
monde extérieur. Les *preuves* de l'objectivité du divin,
comme les preuves de l'objectivité du monde extérieur, sont donc simplement des *procédés* destinés
à nous faire réaliser plus facilement et avec une
conscience mieux avertie ces expériences.

---

1. Nous savons les critiques spéciales de Kant relativement à l'argument téléologique (finalité) ; nous en parlerons ci-après.

L'objection souvent répétée : que ces sentiments ne sont pas *universels*, ne porte pas davantage contre eux que contre le sentiment esthétique ou le sentiment moral. Ce n'est point là matière à suffrage universel. Ce qu'il en sera de l'humanité dans l'avenir, nous l'ignorons. Toujours peut-être certaines consciences affirmeront — et sincèrement — que la musique n'est qu'un bruit, que le désintéressement n'existe pas, que l'absolu et le parfait sont des formes vides, des mythes illusoires. Mais toujours d'autres formuleront les affirmations contraires et *vivront* ces affirmations. Et toujours il y aurait ainsi, dans la vie comme dans l'art, des *réalistes* positivistes, qui feront de la science, de l'esthétique, de la morale, du *perfectionnement* sans jamais affirmer la *perfection*, et des *idéalistes* religieux dont le credo se rapprochera plus ou moins de cette déclaration de Berthelot à son ami Renan : « Derrière le vrai, le beau, le bien, l'humanité a toujours senti, sans la connaître, qu'il existe une réalité souveraine dans laquelle réside cet idéal, c'est-à-dire Dieu, le centre et l'unité [1] mystérieuse et inaccessible vers laquelle converge l'ordre universel. Le sentiment seul peut nous y conduire : ses aspirations sont légitimes pourvu qu'il ne sorte pas de son domaine, avec la

_____

1. « Le sentiment religieux correspond au rapport entre notre activité et l'unité que nous concevons dans l'ensemble des idées ou dans l'infini de l'univers. » G. Dwelshauwers. C'est un « sentiment de la vie cosmique analogue au sentiment de la vie organique », comme Höffding l'explique, ch. xxxi de sa *Morale: La morale et le sentiment religieux*.

prétention de se traduire par des énoncés dogmatiques et *a priori* dans la région des faits positifs [1]. »

1. Lettre à Renan sur la *Science idéale et la science positive*, dans le
volume des *Dialogues philosophiques* de Renan, p. 236 —. « Il y aura
toujours sans doute des esprits qui aspireront à la vérité par la science,
et d'autres qui la rechercheront, plus vive et plus près de nous, dans
des symboles. » Récejac, *Essai sur les fondements de la connaissance
mystique* (Alcan, 1897), p. 296.

CHAPITRE VII

LE PROBLÈME DE LA « PERSONNALITÉ DIVINE »

Désabusé des illusions de l'anthropomorphisme par les raisonnements du diacre Photin, le moine Sérapion s'écriait en gémissant : Hélas ! on m'a enlevé mon Dieu, et je ne sais plus quoi j'adore[1] !

Ce sont les mêmes plaintes, les mêmes récriminations aujourd'hui. Essaie-t-on de diminuer encore la part d'anthropomorphisme que contient la représentation du Divin, de remplacer la Personne idéale transcendante par une Loi d'Idéal immanente, on entend jeter les hauts cris; on vous accuse d'enlever à l'Humanité le seul procédé grâce auquel puisse être imaginé, assimilé, le Divin, pour la laisser dans le vague, l'abstrait, bref l'athéisme pratique.

Qu'il y ait des précautions à prendre en pareille matière, des ménagements à garder, nous n'en disconvenons point, mais cela nous impose une plus stricte obligation d'étudier le vrai sens et l'origine de l'application à l'Être parfait du concept de personnalité dans le sens où l'entendent les modernes : conscience et responsabilité.

1. Sozomène, VIII, 11. — Sur les *Anthropomorphiles*, des iv⁰ et v⁰ siècles. Cfr. *Histoire de l'Église*, par Krauss. Tome I, p. 261.

§ 1. — POINT DE VUE MÉTAPHYSIQUE

Le sens exact d'abord. Deux exagérations à éviter.

A. — Celle, en premier lieu, qui consiste à prétendre que la personnalité n'est, pour les théologiens et philosophes chrétiens, qu'un *symbole*[1] rattaché à l'idée du Divin par une association d'idées plus ou moins éloignée, accidentelle — comme la balance par rapport à la justice, le rameau d'olivier par rapport à la paix.

Ce sont les appellations ainsi fondées (sur ce que nous nommerions aujourd'hui des associations d'idées par ressemblance), que les scolastiques nommaient appellations «. *équivoques* »; autre exemple : l'appellation de *chien* employée et pour l'animal aboyant et pour la constellation[2].

---

1. La doctrine du pur symbolisme des attributs divins est bien exposée par H. Spencer : « Il est très probable qu'on sentira toujours le besoin de donner une forme à ce sens indéfini d'une existence dernière qui fait la base de notre intelligence. Nous serons toujours soumis à la nécessité de la considérer comme *quelque* manière d'être, c'est-à-dire de nous la représenter sous *quelque* forme de pensée, si vague qu'elle soit. En obéissant à ce besoin, nous ne nous égarerons pas, tant que nous ne verrons dans les notions que nous formons que des *symboles*... Ces éléments concrets servent à donner, de la réalité et de l'influence à ce qui, sans cela, n'en aurait peut-être point. » Ainsi se réalise le but de la Religion : « empêcher les hommes de s'absorber tout à fait dans le relatif et l'immédiat, et réveiller en eux la conscience de quelque chose de supérieur. » (*Premiers principes.* ch. v.) — Et aussi par Schopenhauer : — « La religion est l'unique moyen de faire connaître et sentir à l'esprit grossier et à la compréhension obtuse de la foule la haute signification de la vie... Les différentes religions ne sont que des schémas différents sous lesquels le peuple saisit et se représente la vérité qui lui est inaccessible en elle-même... Présenter au peuple grossier la vérité *sensu proprio* est chose tout à fait impossible : un reflet mytho-allégorique de celle-ci peut seule tomber sur lui et l'éclairer. » (*Parerga et Paralipomena*, De la religion, Paris, F. Alcan.)

2. Nous nous plaçons ici au point de vue moderne. Tous les peuples sauvages, les ancêtres des Chaldéens, des Grecs, etc., ont cru à la pos-

Nous choisissons cet exemple parce que Spinoza s'en est servi [1] en parlant de l'intelligence divine.

Les scolastiques — et avant eux les Pères grecs [2] — avaient bien la prétention d'affirmer quelque chose de plus positif qu'une ressemblance artificielle, extérieure, relativement à « ce qui, de Dieu, est connaissable (*Rom.* I, 19). »

Les scolastiques distinguaient avec soin [3] les appellations « *équivoques* », correspondant à des ressemblances tout extérieures dont nous venons de parler [4], des « *univoques* » ; celles-ci sont les ressemblances qui appartiennent, par exemple, à des individus de même espèce : la notion d'un animal rai-

sibilité de la métamorphose d'hommes, de chiens, d'ours, etc, en constellations. Cfr. Lang, *Mythes, cultes et religions* F. Alcan, 1896; p. 127, 515.

1. *Éthique*, 1⁰ partie. Scholie de la propos. XVII.

2. Au IV⁰ siècle Eunomius soutenait que nous connaissons Dieu aussi bien que nous-mêmes, que son essence consiste à être improduit et que tous les autres attributs qu'on lui donne sont vides de sens. Saint Basile, saint Grégoire de Nazianze, saint Grégoire de Nysse répondent que ces attributs sont distincts κατ'ἐπίνοιαν, pour notre intelligence qui est obligée de se servir de plusieurs noms pour désigner la cause mystérieuse et incompréhensible des multiples qualités des créatures. L'« agénésie » n'est que l'un de ces attributs κατ'ἐπίνοιαν. Cfr. *Histoire des dogmes* de Schwane (Paris, Beauchesne, 1903); Tome II, 1ʳᵉ partie, ch. I, § 3 et 4.

3. « Aliqua dicuntur de Deo et creaturis analogicè, et non æquivocè purè, neque pure univocè..... Quidquid dicitur de Deo et creaturis dicitur secundum quod est aliquis ordo creaturæ ad Deum, ut ad principium et causam, in quâ præexistunt excellenter omnes rerum perfectiones. Et iste modus communitatis medius est inter puram æquivocationem et simplicem univocationem. Neque enim in his quæ *analogicè* dicuntur, est una ratio sicut est in *univocis*, nec totaliter diversa, sicut in *æquivocis*, sed nomen quod sic multipliciter dicitur significat diversas proportiones ad aliquid unum. » *Summ. theol.* p. I, q. XIII, art. II et V.

4. On revient à cette théorie. Les images, dit-on, les théories, dogmes, etc., n'ont pour but que d'indiquer où se trouve un mystère irréductible aux formes intellectuelles logiques, de maintenir la réalité du mystère contre ceux qui voudraient l'ignorer ou l'esquiver, et d'en sauvegarder l'influence sur nos sentiments.

sonnable convient à tous les hommes, celle de vertébrés carnassiers à tous les lions, etc. Mais jamais ils n'ont rangé Dieu et les créatures dans un même genre et une même espèce. Ils s'y refusent expressément (Cfr. *Somme théolog.* de saint Thomas; 1re partie; questions III, IV. et XIII).

Les appellations qu'ils emploient à la fois pour Dieu et pour les créatures ne sont ni univoques, ni équivoques, elles sont « *analogiques* [1]. »

Cela veut dire qu'une même qualité est partagée réellement, mais à des degrés différents et de diverses manières, par Dieu et les créatures. Les créatures ont cette qualité à des degrés finis, Dieu, *eminenter*, à un degré infini, la cause devant contenir *eminenter* ce qu'elle donne à l'effet, mais pouvant le posséder à sa manière à elle, qui, pour Dieu est : *la perfection*.

Cette théorie suppose que l'on admet préalablement le rapport de causalité (*ordo creaturæ ad Deum ut ad principium et causam*) entre le monde et Dieu.

Appliquez, en effet, au rapport entre parfait et imparfait, l'idée de *causalité efficiente*, et vous vous

---

1. La justice de l'homme, par exemple, a sa raison d'être dans la justice divine, tandis qu'on ne saurait dire : la justesse d'une balance *a sa raison d'être* dans la justice d'une conscience droite. C'est donc là un *symbole* (au sens strict), non pas une *analogie*, comme dans le premier cas. — Les scolastiques ne cachent pas les imperfections des notions analogiques :

« Deficiunt a repræsentatione Ipsius. » *Summ. theol.*, 1re P. quæst. XIII, art. II. — De plus, ils n'oublient pas que, comme disaient les néoplatoniciens, *nous savons plutôt ce que Dieu n'est pas que ce qu'il est.* Cfr. *Summ. theol.* 1re P. art. VII ad 1 ; art IX ad 3 : *Contra Gent.* L. I, ch. XIV. Tous les théologiens ont un chapitre *de ineffabilitate Dei.*

trouvez en face du dilemme : admettre ou l'évolution de l'être parfait en modalités imparfaites, ou la création *ex nihilo* [1].

Mais, comme nous le verrons dans le chapitre suivant, c'est se jeter tête baissée dans cet abîme : l'objection de l'existence du mal. Panthéisme et créationisme [2], c'est Charybde et Scylla.

Faut-il donc renoncer aux « analogies », en particulier à celle de la « personnalité » que l'expérience nous montre utile ou même nécessaire à tant de consciences ?

Ne pourrait-on concevoir cette « personnalité » comme *indépendante de l'idée de création*, comme une croyance qui ne fût pas le résultat de la croyance à la création, qui n'y fût pas liée, de telle sorte qu'il demeurât possible de croire à un Dieu personnel sans être obligé de faire retomber sur lui la responsabilité du mal ?

Pour cela, il suffirait d'appliquer au rapport du parfait à l'imparfait, non la catégorie de causalité efficiente, mais celle de finalité, dans le sens que nous allons expliquer [3].

1. La doctrine officielle, orthodoxe, de l'Église catholique romaine sur ce point est celle du Concile du Vatican, que nous reproduisons *Note*. — Nous laissons ici de côté l'hypothèse *dualiste* dont nous parlerons p. 150 et 161.

2. Je parle, bien entendu, des systèmes réfléchis. S'agit-il seulement de l'image, du mythe imaginatif, l'expérience prouve que la piété peut s'en servir et nourrir sans se préoccuper des conséquences et objections.

3. Déjà nous en avions fait la remarque dans une étude sur la personnalité divine : « *Anonyme et polyonyme* », *Revue de métaphysique et de morale* (Colin), mars 1903.

Plaçons-nous au point de vue qu'indiquait Aristote. Sans nous croire obligés d'accepter les détails de sa théorie, retenons cette idée fondamentale : le Parfait (transcendant ou immanent, c'est une autre question) agit sur nous comme l'objet aimé attire ce qu'il aime, κινεῖ ὡς ἐρώμενον [1] ; la divine attraction détermine l'effort, d'où résulte la progressive réalisation du mieux.

Ces réalisations, on les pourra nommer, par métaphore, des « ressemblances » ; mais cette fois du moins, la ressemblance est de l'homme par rapport au Parfait et non du Parfait par rapport à l'homme. L'anthropomorphisme est réduit à son minimum sans que le rapport entre le parfait et l'imparfait cesse d'être quelque chose d'intime et de profond [2].

Que, dans les temps antiques, l'homme ait per-

1. *Métaph*, L. XII, ch. VII. — « Nous croyons devoir préférer (il s'agit de l'étymologie du mot *El* chez les Sémites) la théorie de Lagarde déjà proposée, comme il le reconnaît, par La Place, théologien français réformé, mort en 1655 : Dieu est le but des désirs et des efforts de l'humanité, ou, si on trouve cette idée trop métaphysique, celui vers lequel on va pour lui rendre un culte, dont on recherche la protection, auquel on tend par la prière, *coincidentibus interea bono et fine*. Ce n'est pas à nous à fixer, d'après nos idées préconçues, le point auquel les Anciens ont pu parvenir. Nous devons plutôt, d'après la langue, expression vivante de leur pensée, mesurer non point certes leur métaphysique, mais le sentiment qu'ils avaient du divin. » (P. Lagrange, *Études sur les relig. sémitiques*, p. 80.) — « Je suis une chose imparfaite... qui tend et qui aspire sans cesse à quelque chose de meilleur et de plus grand que je ne suis. » Descartes, 3ᵉ *Méditation*. — « Dieu, c'est ce à quoi j'aspire. Cet élan est la base de mon existence. » Tolstoï, cité p. 157 Cfr. Ch. Secrétan cité p. 101. — (Connaissance de Dieu) « l'extrême effort de notre imagination vers la perfection ». Montaigne, *Essais*, L. II, ch. XII.

2. Il est certain que Spinoza admettait entre les attributs de la substance divine et les modes que nous sommes, un tout autre rapport qu'entre le chien constellation et l'animal aboyant. C'est la notion vulgaire de *ressemblance* qui l'offusquait comme un premier anthropomorphisme d'où découlent tous les autres. Voilà pourquoi il l'a rejetée en ces termes paradoxaux.

sonnifié le Divin parce qu'il en a désigné par un nom quelque aspect particulier[1], ou parce que la personnification est un moyen de « localiser » la force surnaturelle (au lieu de la localiser dans une pierre, un arbre, une rivière, etc.)[2], ou pour d'autres raisons exposées ci-après, toujours est-il qu'à notre époque, c'est surtout pour donner une raison d'être à la « vie de l'esprit » qui se manifeste en notre conscience morale, que la plupart des croyants réclament un Dieu personnel : la vie spirituelle de l'individu ne s'explique point par l'individu seul ; or c'est ce supra-individuel que l'on doit concevoir comme personnel, puisque d'ordre spirituel :

« J'appelle Dieu cette réalité supra-sensible et supra-individuelle dont nous prenons conscience en naissant à la vie de l'esprit, c'est-à-dire en faisant effort vers le bien, le beau, le vrai... Dieu n'est pas telle vérité que nous démontrons ou tel bien que nous cherchons, il est le principe de toute vérité, et de tout bien, à savoir la puissance de l'esprit qui s'affirme au-dessus des existences individuelles comme réalité et comme valeur suprême. Connaître Dieu, ce n'est donc pas le constater à la façon d'un phé-

---

1. Brinton, *Religions of primitives peoples*, p. 102,

2. Maurice Vernes, *Rev. de l'Ec. d'anthrop.*, mai 1903, p. 149. Que cette localisation soit l'essence du culte, de la religion, c'est d'ailleurs contestable : « Il faut surtout noter (chez les Sémites) la parfaite indépendance de El par rapport aux lieux. El n'a jamais été le dieu d'un endroit particulier, ni d'un arbre, ni d'une source, mais le dieu de tel ou tel. Ce sentiment qui noue des rapports directs entre Dieu et l'homme est exprimé par la forme si fréquente dans les noms propres : *eli* ou *ili*, « mon Dieu ». (P. Lagrange, *op. cit.*, p. 81.) — Par contre, les Congolais localisent leur Esprit bon, sans lui rendre de culte.

nomène de la nature et ce n'est pas non plus déduire son existence de quelque vérité générale, c'est vivre de la vie de l'esprit et prendre conscience de son principe... Dieu n'est pas une personne à côté des autres, plus grande seulement et meilleure qu'elles, mais il n'est pas moins qu'une personne, étant le principe de toute vie personnelle.

On n'arrive pas à Dieu en partant des phénomènes et en remontant de cause en cause, et l'acte religieux, tel que nous l'avons entendu, n'a aucun lien nécessaire avec l'opération intellectuelle qui consiste à imaginer une cause à l'ensemble des phénomènes. Il y a plus : le monde des existences sensibles paraît manifester la présence d'un principe étranger et indifférent à la vie de l'esprit. Je ne puis m'expliquer autrement la tranquille sérénité avec laquelle la nature tour à tour nous comble de bienfaits et commet des crimes monstrueux [1]. »

L'idée anthropomorphique de *ressemblance* est vraiment réduite ainsi à son maximum d'atténuation [2]. Trop réduite, volatilisée presque, opineront quelques-uns. C'est qu'ils ont toujours dans l'esprit cette préoccupation inavouée : qu'il ne saurait y avoir vie spirituelle en dehors des conditions

---

1. Dr Miéville, dans l'*Essor* (Lausanne) du 5 mai 1906. Ainsi conçu, Dieu, c'est l'*ordre spirituel*. A rapprocher de : « Notre croyance en Dieu, *c'est-à-dire en la suprématie de l'ordre moral*, ne prend consistance que dans la mesure où nous posons des faits réels qui la confirment ». G. Séailles, *Les affirmations de la conscience moderne* (Colin) p. 112.

2. « Il y a en Dieu quelque chose qui est à Dieu ce que la personnalité est à l'homme. » Cette formule est du P. Sertillanges, *Rev. du Clergé français;* Réponse à M. Dubois.

(conscience, personnalité) où elle se manifeste chez l'homme. Or de cela, *nous ne savons rien*. Du moins avons-nous loyalement essayé de sauvegarder cette « analogie » de personnalité et d'établir une cloison étanche entre elle et l'hypothèse créationiste [1] avec son inévitable et formidable corollaire : la responsabilité de l'existence du mal.

B. — Une autre exagération consiste à dire — comme Tolstoï [2] — que Dieu n'est pas une personne,

1. Si la répugnance à faire coexister éternellement Dieu et la matière était affaire de logique proprement dite, comment eût-elle échappé à un Platon, à un Aristote ? Cette répugnance a d'autres sources. C'est par la logique du sentiment (Cfr. p. 271) que la croyance à la création a fini par s'établir, aussi les affirmations de la Bible n'offrent-elles aucune rigueur systématique. Elle nous parle encore d'un chaos. « La logique du principe monothéiste exigerait que ce chaos, la matière du monde, fût créé comme tout le reste et avant tout le reste, qu'il fût tiré du néant. Cette conséquence n'est pas encore formulée dans le texte biblique : mais elle est si indispensable qu'on l'y introduira et que, lisant les premiers mots : « Au commencement, Dieu créa le ciel et la terre », on y trouvera que Dieu a d'abord fait de rien la matière dont il a formé le monde céleste et le monde terrestre. » (Loisy, *Les mythes chaldéens*. p. 57). Presque à l'époque de Jésus, l'auteur de la *Sagesse* parle expressément de l'ἀμόρφου ὕλης (Sap. XI, 18). « Nullum extat quidem testimonium *disertum* et expressum in divinis litteris quo (illud) dogma catholicum *explicite* enuncietur ». avoue Hurter (*Theol. dogmat.*, II, n° 172). Quant aux professions de foi, l'expression : « *créateur* du ciel et de la terre » apparaît pour la première fois dans le Symbole de Nicétas de Remesiana (mort vers 420) ; elle n'était pas dans le symbole romain ; c'est au VIIIᵉ siècle seulement que le *textus receptus* fut introduit à Rome. (Cf. Vacandard, *Études de critique et d'histoire religieuse*, Lecoffre, 1906). *Les origines du « Symbole des Apôtres »*. Le Concile du Vatican a réaffirmé le dogme de la création. Cfr. *Note* I.

2. « Je suis sûr que Dieu n'est pas une personne, parce que la personne est bornée et que Dieu est sans bornes. » Cfr. ci-dessus, p. 56. — Cfr. Renan, *La métaphysique et son avenir*; dans le volume des *Dialogues philosophiques*, p. 325 : L'infini contient tout; fait-il dire à Strauss, et par conséquent n'exclut rien. — Si ; le parfait exclut l'être imparfait. — On répondra qu'il n'y a pas d'être en tant qu'*être*, imparfait... Et nous voilà dans la sphère où l'on peut tout dire, parce que cette notion d'*être* — fondement de toutes les autres !! — est indéfinissable. Au lieu de personnifier l'absolu, il faut apprendre à le concevoir comme se personnifiant à l'infini, poursuit Strauss. — Il ne saurait y avoir de solution à ces questions, conclut justement Renan.

parce que, qui dit personne dit limitation : le moi s'oppose au non-moi ; il n'est pas le non-moi. Attribuer une personnalité à Dieu, c'est donc dire qu'il admet un non-moi, une limite, qu'il n'est plus le grand Tout, puisqu'il y a de l'être en dehors de lui.

Cette objection repose sur la grossière assimilation (pas même anthropomorphique mais quantitative, matérielle) de Dieu à un total :

« Il est ! Il est ! Il est ! Il est éperdûment !
Tout, les feux, les clartés, les cieux, l'immense aimant,
Les jours, les nuits, tout est le chiffre, il est la somme. »

Protestons contre ces expressions. Il n'y a *somme* que dans l'ordre quantitatif. L'infini est de l'ordre de la qualité. Additionner des êtres finis ne donnera jamais que du *plus*, de l'indéfini et non de l'infini. Et lorsque l'on représente le parfait s'opposant les êtres imparfaits, bien loin qu'il y ait *limitation* pour lui à ne pas contenir en lui ces êtres imparfaits, à nier de lui ces modes d'existence finis, c'est là au contraire l'affirmation même de son infinie perfection.

On dira peut-être — et je le crois — qu'il ne faut pas prendre ces mots : *Somme* et *Tout* à la lettre. Ils signifient que la *multiplicité* des êtres n'existe qu'au point de vue de notre intelligence finie, de notre pensée qui ne peut rien connaître un peu clairement et distinctement sans le fragmenter[1]. Dieu, au contraire, serait

---

1. « Une partie du monde appelle l'autre comme un organe du corps humain nécessite tous les autres, et le monde est un, comme le corps

l'intime, l'immanente unité de la vie universelle.

Nous voilà sommés de prendre parti entre l'immanence et l'évolution d'une part, de l'autre, la transcendance et la création.

Et comment prendre parti? Impossible à notre débile intelligence de dire si le prétendu axiome : *l'imparfait a son entière raison d'être dans le parfait* n'est pas[1] une absurdité. En tout cas, c'est un jeu de mots, une équivoque sur le terme *être*. On le prend au sens *statique*, comme s'il y avait d'un côté l'être parfait, de l'autre l'être imparfait. C'est là de *l'abstrait* et l'on ne peut plus dès lors raisonner qu'au point de vue *logique*. Mais la réalité nous donne l'*être* en son sens dynamique en tant qu'évoluant et se réalisant sans cesse. Imparfait, parfait ne seraient-ils pas nos deux manières de prendre conscience de cet être vivant? Qui nous prouve aussi que : *parfait réalisé* n'implique pas une contradiction tout aussi criante que celle que l'on prétend voir dans : *parfait se réalisant?* Nous *n'en savons rien*. C'est dans l'ordre *logique* qu'il y a contradiction entre *perfection* et *devenir*, comme entre *unité* et *multiplicité*, ce qui n'empêche pas[2] que notre vie psychique se manifeste dans l'expérience comme *une* et comme *multiple*. — Pas sous le même rap-

humain. Chaque partie du monde est imparfaite parce qu'elle a son complément et le reste de son être dans les autres et ainsi le Tout est parfait. » Taine, *Correspondance*, 1er vol. p. 154.

1. Dans son application *objective*.

2. Nous l'avons déjà fait observer, p. 97.

port, répondra-t-on. Eh bien ! diront ceux qui nient la personnalité divine, ce n'est pas non plus *sous le même rapport intellectuel* que de l'être on affirme *perfection* et *devenir*. Ces deux catégories (de même que tout à l'heure : *unité* et *multiplicité*) sont nécessaires pour exprimer *toute* notre conscience de l'être. — Nous n'avons pas le droit d'aller plus loin et de transformer une *distinction* de concepts en une *séparation* de substances.

On n'échapperait à ce doute que par un réalisme tout gratuit, en faisant de la notion du parfait une sorte de *portrait* de la réalité. La notion de l'espace, tout en ayant une valeur objective, est-elle pour cela un portrait de la réalité ? Le son, un portrait des vibrations de l'air ou de la corde qui y correspondent ? Pourquoi davantage la notion du parfait ?

« Marque de l'ouvrier empreinte sur son ouvrage[1] » Nous revoilà en plein mythe anthropomorphique... C'est dangereux, car il est quelques chances pour qu'Adam ait été dit créé *à l'image de* Dieu dans le sens où le fut Eabani, par la déesse Aruru, *à l'image* d'Anou qui n'était pas précisément un pur esprit[2].

§ 2. — POINT DE VUE HISTORIQUE

C'est un fait universellement constaté[3] et admis que les hommes, aux plus bas degrés de la civilisa-

---

1. Descartes, 3e *Méditation*.
2. Cf. Loisy, *Mythes chaldéens* p. 60 et 64. Adam engendre aussi son fils « à son image et ressemblance » *Gen.* V, 3.
3. Nous n'étudions pas encore ici l'origine du sentiment religieux ; il s'agit d'une de ses formes représentatives.

tion, ne classifient pas, comme nous, les êtres en animés et inanimés[1] C'est la première loi qu'établit Lang dans son magistral ouvrage :

« Il faut signaler tout d'abord cet état confus et nébuleux de l'esprit dans lequel toutes les choses animées ou inanimées, les hommes, les animaux, les végétaux ou les objets du règne inorganique semblent être à un même niveau de vie, de passion et de raison. Le sauvage ne tire pas de ligne de démarcation entre lui et les autres choses qui existent en ce monde. Il se considère comme proche parent des animaux, des plantes et des corps célestes. Il attribue un sexe et le pouvoir d'engendrer aux pierres mêmes et aux rochers. Il accorde la parole et les sentiments humains au soleil, à la lune, aux étoiles, aux vents, tout aussi bien qu'aux bêtes, aux oiseaux et aux poissons[2]. »

C'est le cas devenu classique du sauvage qui fait des offrandes au fusil de l'Européen et le couronne de fleurs, pour n'en être pas foudroyé. Ou encore celui des nègres auxquels on montra pour la première fois une cornemuse ; ils considérèrent cet instrument comme un animal, les deux trous comme des yeux. « Le Highlander qui prit une montre sur

---

1. Il semble bien que le primitif, comme l'enfant, ait d'abord considéré toutes choses comme *vivantes* avant de distinguer, en lui et en dehors de lui, entre *esprit* et *corps*. Cette distinction constitue un stade intellectuel, philosophique, plus avancé. Il existe une confusion, chez les auteurs, relativement aux noms à donner à ces deux stades, soit 1° *fétichisme, animisme*, soit 2° *animisme, spiritisme*. Fétichisme désigne aussi l'emploi d'objets où l'on a enfermé magiquement un esprit.

2. *Mythes, cultes et religions*, ch. III, p. 45. Trad française (F. Alcan).

le champ de bataille de Prestonpans[1] et qui, la mettant à son oreille, la crut vivante, puis s'en défit à bas prix, la croyant morte, une fois qu'elle fut arrêtée, appartenait à la même condition psychologique[2]. » L'animal est souvent considéré par le sauvage comme supérieur à l'homme[3], de là les animaux *totems*, protecteurs ou ancêtres (au point de vue physique) des diverses tribus. Mais qu'il s'agisse d'un animal, d'un arbre, d'une pierre ou d'une étoile, le sauvage — tel l'enfant — ne les voit qu'à travers sa propre nature humaine, leur attribuant, à un degré supérieur, ses qualités physiques et psychiques — la personnalité, par là même. (Nous aurons, dans la suite (p. 272), des réserves à faire, mais notre assertion conservera sa valeur.)

D'autant, qu'avec le progrès de la réflexion, l'homme trouvera un nouveau motif d'interpréter *à son image et ressemblance* la cause de certains phé-

---

1. Ecosse ; victoire de Charles-Edouard, 1745.

2. Lang ; p. 128. Lire les ch. III, IV et V. Que les animaux parlent, que les hommes soient changés en pierres ou en arbres, les pierres en animaux ou en hommes, cela ne choque en aucune manière l'imagination du sauvage. C'est, sur toute la face de la terre le fond commun de tous les mythes : « *Quod semper, quod ubique, quod ad omnibus* », répète souvent Lang.

3. M. Goblet d'Alviella (*Revue de l'Univ. de Bruxelles* 1898, p. 503) a cité fort à propos, dit S. Reinach (*Cultes, Mythes,.. I*, p. 41) le passage suivant d'un ethnographe américain, M. Franck Cushing : « Les Peaux-Rouges dits Zunis admettent que le soleil, la lune et les étoiles, le ciel, la terre et la mer, tous les phénomènes et tous les éléments rentrent dans un même système de vie connexe et conscient. Le point de départ est l'homme, qui passe pour le plus bas des organismes, parce qu'il est le plus dépendant et le moins mystérieux. En conséquence, les animaux sont réputés plus puissants que l'homme, les éléments et les phénomènes plus puissants que les animaux. » (*Publicat. of the bureau of Ethnogr.* Washington 1883, II, q.).

nomènes[1]. Guyau s'en est très bien rendu compte :
« L'homme, dit-il, acquiert une notion toute nouvelle, inconnue à l'animal, celle des choses *artificielles* (inventions : les outils, les vêtements, etc.),
des résultats obtenus de propos délibéré par une
volonté sachant ce qu'elle fait. L'homme connaissant
l'art du feu, verra, par exemple, d'un tout autre œil
que l'animal une forêt embrasée par la foudre; l'animal se sauvera sans autre sentiment que l'épouvante;
l'homme supposera naturellement l'existence d'un
allumeur procédant en grand comme il procède lui-
même. De même si tous deux rencontrent une source
d'eau bouillante, ce phénomène dépassera trop l'intelligence de l'animal pour le frapper vivement; au
contraire l'homme, habitué à faire chauffer l'eau
sur le feu, imaginera un chauffeur souterrain. Tous
les phénomènes *naturels* tendent ainsi à apparaître
comme *artificiels* pour l'être qui s'est une fois fami-
liarisé avec les procédés de l'art. J'ai assisté récemment, avec quelques personnes du peuple, au jaillis-
sement d'une source intermittente ; parmi les assis-
tants, personne ne voulait croire que la chose fût
naturelle, ils y voyaient l'effet d'un mécanisme, d'un
artifice.

La même croyance s'est produite évidemment
chez les peuples primitifs, avec cette différence
qu'*artificiel*, au lieu d'être pour eux synonyme
de *scientifique* et de *mécanique*, impliquait l'idée

---

1. Il s'agit surtout des faits *exceptionnels*.

d'une puissance plus qu'humaine et merveilleuse[1]. »

En fait, chez quantité de peuples, nous trouvons
cette puissance attribuée à quelque être, animal ou
homme qui crée, ou plutôt qui organise, arrange le
monde : c'est la sauterelle ou mante religieuse chez
les Boschimans, le sanglier chez les Arzens, le grand
lièvre chez les Algonkins, l'aigle chez les Australiens, etc., etc.[2] ; or ces animaux sont considérés
comme possédant les pouvoirs des *sorciers* ; c'est
donc toujours, pour le sauvage, des sur-hommes,
avec les attributs humains. Souvent même ils
reçoivent des noms humains : l'aigle-faucon d'Australie s'appelle « Bun-jel », mot qui équivaut à
« Monsieur » et désigne les hommes les plus âgés
dont quelques-uns ont des pouvoirs magiques, celui,
par exemple, de déchaîner les vents de manière à
empêcher les naturels de monter aux arbres. C'est
aussi un puissant sorcier qui, d'après certains Australiens, juge les âmes des morts selon les actions
bonnes ou mauvaises commises pendant la vie. On
voit donner le nom d'un dieu à un sorcier célèbre
et, réciproquement, des noms de guerriers, de civi-
lisateurs, de sorciers, sont attribués à des dieux[3].

Ces pouvoirs magiques, qui donnent tant d'influence aux sorciers chez les peuples peu ou pas organisés, comme les Esquimaux et les Fuégiens, sont

1. *L'irréligion de l'avenir*, p. 40 (F. Alcan).
2. Lang, ch. vi.
3. Lang, p. 101. 113, 175, etc.

censés appartenir aux chefs dans des sociétés plus
organisées et leur font attribuer un caractère sacré.
La hiérarchie divine y sera modelée sur la société
terrestre [1] : Odin qui dirige le conseil des Ases est
conçu à l'instar du chef germain (primus inter
pares) ; chez les Grecs, Zeus est « le plus fort des
dieux » et son pouvoir n'est pas plus absolu que
celui d'Agamemnon sur ses alliés. La monarchie
s'introduit dans le clan des dieux comme dans ceux
des hommes.

Contentons-nous, pour le moment, de constater
le fait. Quelle que soit la forme : animal, astre, sorcier, chef, roi, multiple ou unifiée, la représentation
est anthropomorphique, donc tout naturellement
personnelle. L'homme s'efforcera, dans le courant
des âges, d'idéaliser de son mieux les représentations primitives. La « personnalité divine » s'intel-
lectualisera, se moralisera, au fur et à mesure des
progrès moraux et intellectuels.

Mais cette représentation personnelle est-elle *essentielle* à la conscience, à la pensée humaine ? Peut-on
concevoir le sentiment religieux dégagé, ou du moins
se dégageant de l'antique image, abandonnant cette
« dernière idole » psychologique, comme il a, peu
à peu, abandonné les idoles physiques, les mythes
sauvages ? C'est une question de psychologie théorique et pratique qui reste à examiner.

1. Cfr. Goblet d'Alviella, *L'Idée de Dieu*, p. 149.
2. *Revue de métaphysique et de morale*, juillet 1902.

§ 3. — POINT DE VUE PSYCHOLOGIQUE

A. — *Question théorique.*

La question théorique revient à celle que nous posions déjà dans l'introduction : peut-on penser sans se servir de constructions imaginatives ? Oui ; sensations affectives, émotions, sentiments, tendances à l'action, peuvent remplacer les sensations représentatives et les images (construites avec des sensations de ce genre) qui ne jouent donc point dans la pensée le rôle tyrannique qu'on leur attribue communément [1].

Et cela est vrai, même lorsqu'il s'agit de représentations d'ordre moral. Siegfried, par exemple, se représente à notre imagination avec telle taille, telle voix, des yeux, des cheveux de telle couleur (c'est l'image *physique*) ; d'autre part, comme ayant telles ou telles qualités : intrépidité, amour pour Brünnhilde (c'est l'image *psychologique*). Mais en

---

1. Cfr. *Rev. philosophique* de février 1903 : *La pensée sans images*, par Binet. — L'auteur, par exemple, interroge une jeune fille : « Avez-vous fait des progrès en allemand cette année ? — Plus qu'avec tel professeur », répond-elle ; mais interrogée sur les images qui ont accompagné cet exercice de pensée, elle n'en trouve *point*. A une autre, Binet parle de la mort d'un chien, de la triste mort des animaux... Quelle image a-t-elle eue ? Celle d'un insecte noir recroquevillé. Ou bien ce sont des images dues à l'association des idées, mais ne représentant pas l'objet lui-même auquel on pense : Binet lit ce passage à une jeune fille: « Sa barbe de bouc était jaune fauve. — Quelles images avez-vous eues ? — Celles d'une forêt et d'une cahute — Comment cela ? — Ah ! un mendiant y habitait. — Vous l'avez-vu ? — *Non.* » William James (*Psychology*, I, 472) cite un de ses amis qui peut raconter le menu d'un repas *sans rien visualiser* ; il le *sait*, cela suffit. — Mais il y a le *mot*, dira-t-on. Sans doute, mais à moins de croire à un vain psittacisme, on est bien obligé d'admettre que, si le mot aide à prendre conscience de la pensée, la pensée s'opère et opère en dehors du mot.

même temps, il produit en nous des émotions ; admiration, crainte, sympathie ou antipathie... C'est ce groupe d'émotions qui constitue ce que l'on appelle l'*impression* que nous produit, nous laisse un être, un objet, et ce par quoi il vit vraiment en nous ; normalement jointes aux susdites images, elles peuvent s'en détacher, évoluer à part en s'exprimant par le jeu des sons, des couleurs, etc.

Nous avons parlé déjà de l'enquête de M. Ribot au sujet des images qui accompagnent les idées générales[1]. Elle portait sur 14 idées : *chien, animal, couleur, forme, justice, bonté, vertu, loi, nombre, force, temps, rapport, cause, infini*.

L'*infini*, en général, fut confondu avec l'*indéfini*, et donna lieu à des « sensations d'obscurité et de profondeur, cercles lumineux vagues, une sorte de coupole, un horizon qui recule sans cesse », « des livres de mathématiques », etc... Parfois aussi, seulement le mot (entendu ou imprimé), ou « rien ». A moins d'admettre que le mot *soit* l'idée, on doit reconnaître que ces deux derniers cas sont équivalents, c'est-à-dire supposent non pas « rien » de pensée, ou de sentiment, mais « rien » = néant d'*image* (*quelle qu'elle soit* : visuelle, auditive, etc.)

« Les termes *bonté* et *vertu* ont donné lieu à des réponses faciles à résumer. Elles forment deux catégories : 1° rien, 2° une personne déterminée qui a toujours été nommée et qui en devient l'incarnation. »

1. *L'évolution des idées générales* (F. Alcan, 1897), p. 131 et suiv.

Voilà précisément deux sortes de tempéraments psychiques : ceux qui pensent sans l'image ; ceux *qui ont besoin de l'image d'une personnalité.* Or il en est de même lorsqu'il s'agit du sentiment religieux, quelle que soit d'ailleurs la théorie que l'on professe sur son origine et sa nature ; on le peut constater en reproduisant, comme nous l'avons fait nous-même, l'expérience de M. Ribot ; de plus, les mystiques nous en fournissent une preuve excellente. Au moment de l'extase les représentations et images cessent, les personnalités divines et humaines sont oubliées ; l'extasié vit d'émotions. C'est la meilleure preuve que l'image, la représentation personnelle en particulier, ne sont pas *essentielles* au sentiment religieux.

B. — *Question pratique.*

De nombreuses observations de psychologie religieuse ont été faites ces temps derniers. Les diverses attitudes relativement à l'admission ou non-admission de la *personnalité* divine sont bien représentées, croyons-nous, dans les cas-types suivants :

1° Admission de la personnalité divine.

a) *Pour des raisons d'ordre sentimental.* — Observation A de M. Arréat : Besoin de *consolation* :

« C'est lorsqu'un danger vous menace, une souffrance vous étreint, un espoir s'écroule, que vous

---

1. *Le sentiment religieux en France*, Paris, F. Alcan 1903 ; p. 122.

vous jetez avec ferveur dans les bras du Dieu qui protège, qui guérit, qui console ».

Observation I, du même[1] : Besoin de *dédommagement* :

« Je n'ai discerné en moi-même des sentiments religieux qu'aux heures de grande souffrance. Quand la douleur et la mort ont passé dans ma vie, j'ai senti la nécessité de croire à une revanche dans un autre monde... Si je les éprouve actuellement (ces sentiments religieux), c'est dans un élan passionné vers un Dieu problématique qui peut me dédommager ailleurs de ma vie présente.

Observation B, du même[2] : Besoin de *direction* :

« La pensée de Dieu est, pour le chrétien, le « nord » qu'il ne doit jamais perdre de vue. Comment voulez-vous qu'une femme jetée dans la vie à vingt ans, avec toutes ses illusions, puisse rester maîtresse d'elle-même sans ces grandes pensées, sans la foi, alors qu'une à une, un peu plus tôt ou un peu plus tard, ses illusions (qu'elle aime) lui sont arrachées fatalement, avec plus ou moins de brutalité !... »

C'est — à des degrés divers de croyance (certitude et probabilité) — une *tendance sentimentale*, le besoin de consolation, réparation, direction, qui s'objective en un consolateur, rédempteur, direc-

---

1. *Le sentiment religieux en France*, Paris. F. Alcan, 1903 ; p. 141.
2. *Ibid*. p. 124.

teur divin, donc en une personnalité. La tendance peut être *intellectuelle, logique*; alors

b) La personnalité divine est affirmée pour une raison d'ordre métaphysique.

Observation G de M. Arréat[1] : « Ma raison voit nettement la nécessité logique du *plus* pour produire le *moins*, l'incapacité du *moins* à produire le *plus* : donc, la préexistence éternelle du Parfait, du Tout-Acte, du Tout-Puissant, de l'Absolu, de Dieu. »

Plus simplement, dans l'observation I : « Dieu est pour moi l'incompréhensible créateur du monde. »

Laissant de côté l'idée de finalité dont nous parlerons au chapitre suivant, et n'insistant que sur le problème métaphysique, observons que cette « nécessité logique » n'est ressentie qu'en supposant le problème formulé de la manière suivante : expliquer le passage du *néant* à l'être, de l'*inertie* à l'activité. Mais le tout est de savoir si « *néant* » et « *inertie* » ne sont pas contradictoires et absurdes *en dehors de l'ordre abstrait*. L'être ne peut pas ne pas être et ne pas être ce qu'il est, et ne pas être actif; ne donnerait-on ces affirmations que comme des hypothèses, ce sont des hypothèses qui paraissent, à de bons esprits, meilleures que les hypothèses créationistes.

c) La personnalité divine est affirmée pour une raison *morale* : le sentiment de notre responsabilité. Or, on n'est responsable qu'envers *quelqu'un*. C'est l'argument qui préoccupait le plus Littré sur son

1. P. 139.

lit de mort. Je l'ai entendu raconter au vénérable
abbé Huvelin, témoin auriculaire : « Le souvenir
de mes fautes, disait-il, est comme un pieu qui me
perce le cœur. » Responsable. Envers qui ? Ce sentiment est fort bien exprimé dans l'article *Le sentiment religieux* de Lucien Roure, *Études* (Retaux) du
5 avril 1906. Il est clair que l'image : désobéissance
envers quelqu'un se rattache à celle-ci : obéissance
à quelqu'un. Mais si l'on peut avoir une notion du
bien indépendamment de l'image de personnalité
divine [1], on aura celle aussi, indépendante, de mal,
de déchéance, de remords. Si l'on admet le moi
inférieur, empirique, et le moi supérieur, idéal, on
sera responsable envers soi-même, le moi empirique
à l'égard du moi idéal. Ce sont là des divergences
représentatives que devrait cependant admettre
M. Roure après ce qu'il dit de la diversité inévitable
des formes expressives du sentiment religieux
(*Études* du 20 mai 1906).

d) La *personnalité* divine n'exprime pas la réalité
d'un être spécial « substantia singularis », mais
la réelle valeur de notre catégorie du parfait, de
l'infini, de l'idéal. L'expression : Dieu, et toute la
phraséologie qui en découle, ne sont plus qu'un
procédé non seulement littéraire, mais pratique,
pour nous faire *vivre la vie religieuse*. C'est ce que
nous avons constaté déjà en écoutant Tolstoï.

Voici ce que m'écrivait à ce sujet un savant alle-

1. Cfr. *Note III*.

mand, bien connu pour ses travaux psychologiques :
« Par bonheur, il ne s'agit pas de connaître et comprendre Dieu, ce qui est impossible, mais de le sentir et le « vivre », ce qui est nécessaire. Pour réaliser cet idéal qui est tout à fait pratique, il nous faut, selon mon opinion « *croire* » à un Dieu personnel, car il me semble impossible que l'on puisse entrer en relations éthiques avec un être impersonnel. N'est-ce pas là le sens le plus profond du Christianisme : le Divin s'incarne, se fait homme, pour se révéler aux hommes, pas pour se faire comprendre, mais pour se faire aimer. Je crois donc que nous n'avons pas seulement le droit, mais peut-être même le devoir de nous représenter le Divin comme Dieu. Mais en même temps nous ne devons jamais oublier que cette idée d'un Dieu personnel ne correspond point à la nature du Divin, mais seulement à la nature de l'homme. Elle n'est qu'un expédient, mais elle me paraît un expédient indispensable. »

Si l'auteur de cette lettre avait dit : On ne peut vivre *avec* le Divin sans le concevoir comme personnel, je n'aurais aucune réserve à faire. C'est une question de méthode individuelle. Mais il dit : vivre le divin. Or ne suffit-il pas de concevoir le Divin comme une loi, comme un idéal, pour le vivre ?

Nous constatons la même chose dans les œuvres de Renan, dans ce passage, par exemple : « Supposé même que, nous autres philosophes, préférassions un autre mot, *raison* par exemple : outre que ces

mots sont trop abstraits et n'expriment pas assez la
réelle existence, il y aurait un immense inconvénient
à nous couper ainsi toutes les sources poétiques du
passé, et à nous séparer par notre langage des simples qui adorent si bien à leur manière. Dites aux
simples de vivre d'aspiration à la vérité et à la
beauté, ces mots n'auront pour eux aucun sens. Dites-
leur d'aimer Dieu, de ne pas offenser Dieu, ils vous
comprendront à merveille[1]. »

« ... Ces mots *sont trop abstraits et n'expriment pas
assez la réelle existence* » ; voilà le grand motif
exprimé par Renan et que nous trouvons encore
dans cet autre passage : « Le (Dieu) fait-on impersonnel, la conscience proteste, car nous ne concevons l'existence que sous forme personnelle, et
dire que Dieu est impersonnel, c'est dire selon
notre manière de penser, qu'il n'existe pas[2]. »

Il y a près d'un demi-siècle que ces paroles ont
été écrites et Renan ne pourrait les récrire de nos
jours, sans beaucoup de réserves. Car toute la psy-
chophysiologie moderne tend à reconnaître le primat
de la tendance sur l'intelligence, de l'inconscient
sur le conscient. Sans prétendre résoudre l'énigme
de l'inconscient, nous constatons que si, sous un
rapport, la personnalité consciente nous apparaît
comme supérieure à l'inconscient, sous d'autres,
c'est l'inconscient qui nous semble être l'inépuisable

1. *Avenir de la science; pensées de 1818,* p. 476.
2. *La métaphysique et son avenir* (1860) ; vol. des *Dial. philos.,* p. 325.

trésor d'où sortent pour le conscient tout ce qu'il
a de meilleur, ce que nous appelons inspiration,
grâce, génie. Il n'est donc plus vrai de dire que « la
réelle existence » ne puisse être exprimée que par
une personnalité consciente.

2° Cas de rejet graduel ou de non-admission de la personnalité divine :

Les observations recueillies par les psychologues
nous fournissent les nuances intermédiaires.

a) Observation V du Dr Flournoy[1]. Il est difficile d'admettre que M. E. ne fasse plus aucun cas
de la forme *personnelle* attribuée au Divin : « J'ai
souvent demandé à Dieu avec instance, dit-il après
le récit de l'extase, de m'accorder un don spirituel.
Il m'a toujours, par des épreuves à surmonter,
fourni l'occasion de mettre en jeu l'activité que je
demandais de posséder. »

Par contre, M. E. distingue très nettement dans
la « religion des gens religieux », un double élément :
l'élément proprement religieux, vital, à savoir une
alliance contractée avec l'être de qui ils dépendent
et le consentement de leur volonté à cette loi spéciale qu'on appelle le Bien ; 2° l'élément dogmatique,
c'est-à-dire des assertions formulées au sujet de la
nature de l'Être, assertions qui paraissent essentielles
à beaucoup « qui voient de l'impiété à ne pas
admettre une notion spéciale de Dieu qui est *la* leur »,
ce qu'il réprouve. Le fond de sa pensée, il l'a mer-

1. *Archives de Psychologie*, octobre 1903, p. 351.

veilleusement exprimé lorsque, parlant de la vie de
don absolu et continu de lui-même du Jésus de l'É-
vangile, il conclut : « Je ne conçois rien de plus
divin, ou mieux encore c'est en cela que je conçois
le divin, que le divin s'impose à moi, et c'est de
cette vie que je voudrais vivre. » Mais son langage
(« alliance contractée avec l'Être de qui nous dépen-
dons ») est souvent encore biblique et métaphysique.

b) Le lien avec la métaphysique et la théologie
intellectualiste est bien plus franchement rompu
dans l'observation II du Dr Flournoy [1] :

« Le dogme m'est donc apparu comme un
simple symbole intellectuel, la partie intellectuelle
du phénomène fonctionnel religieux, la forme qu'il
prend selon le caractère du sujet, selon ses conditions héréditaires et sociales surtout. Il faut bien
que le phénomène (religieux, réellement vécu) revête
un caractère intellectuel quelconque, et ce caractère,
c'est la croyance ; mais, pour l'observateur réfléchi,
la réalité objective de l'objet de la croyance devient
une simple illusion d'optique, et il a conscience du
caractère simplement symbolique et subjectif de
l'objet de cette croyance... Maintenant, ce que je
puis avoir de besoins religieux peut se contenter de
croyances *ad referendum* (provisoires, toujours modi-
fiables) ; j'ai conscience de leur caractère représentatif et symbolique ; même la personnalité de Dieu,

---

1. P. 333. — Le lien subsiste encore toutefois : « il me semble sentir
une action, une présence... »

parce qu'avant tout je reste agnostique en face de la croyance à la personnalité, mot qui reste vague : quel sens précis lui donner, puisque la conscience du moi contient nécessairement un facteur physiologique que la mort doit dissoudre ou en tous cas transformer ?... Il me semble sentir au dedans de moi, au fond du sentiment religieux, une action, une présence, en un mot que je suis l'objet avant d'être le sujet d'une action spirituelle... Je reste devant l'énigme insoluble, et je n'ai aucun besoin de lui donner un nom pour en vivre. Un nom image, symbole, sans doute, comme le dévot qui prie son crucifix en quelque sorte, mais un nom métaphysique, rationnel, nullement ; et même, maintenant, j'ai cela en horreur ; c'est pour moi un mensonge, le mensonge de la théologie. »

c) Enfin, cette dernière étape, où nous trouvons encore quelque complaisance pour des souvenirs dogmatiques, est franchie dans l'observation O de M. Arréat[1] :

« Je n'appartiens à aucune religion ; je n'ai besoin d'aucune croyance particulière et la notion de Dieu, de l'âme et du monde futur n'a aucune place dans ma vie... Je constate que le sentiment religieux existe. Il existe si bien qu'il crée les religions. Si étrange que cela puisse paraître, je ne crois pas me tromper en le croyant très développé en moi, ce que

---

1. P. 152. — Le *bouddhisme* est un cas bien autrement frappant qu'une observation particulière. Nous y reviendrons.

plusieurs personnes religieuses ont reconnu d'elles-
mêmes... Oui, tous ceux qui ont cru, dans tous les
temps, sont mes pareils, mes frères, tandis que rien
n'est plus loin de moi que le bon sens incrédule qui
ne rêve pas. Les accents, les expressions de leur foi
me pénètrent d'une émotion si intense et si vraie
qu'il m'a fallu plus d'une fois le dire en musique.
Or, un artiste peut, sans le vouloir, mentir en parole
ou en actions, mais là, dans sa langue, il ne ment
pas... Je n'ai pas assez analysé le sentiment religieux
pour savoir au juste ce qu'il est... En tous cas, là
notion précise d'un Dieu y est comme accessoire.
Les religions doivent être l'expression imparfaite et
variable d'un sentiment qui existe avant toute
croyance définie, et crée lui-même son objet. »

Cette analyse du sentiment religieux, nous la ten-
terons dans un prochain chapitre. Mais nous pouvons
constater déjà que, selon les caractères et tempéraments, l'image de la *personnalité* divine augmente
ou diminue d'importance, nécessaire aux uns, inutile aux autres ? Là encore, une solution unique,
exclusive répondrait à un problème abstrait, non
au problème vivant, joyeux ou douloureux (selon
les natures), toujours ému, souvent passionné, que
nos consciences cherchent à résoudre dans la pratique, sinon par des théories.

Tout ce que l'on peut indiquer, c'est le sens dans
lequel évoluent les esprits les plus cultivés. Si quelques-uns maintiennent avec fermeté l'idée de la *per-*

sonnalité divine, c'est qu'ils y voient un symbole de la distinction antimonistique de Dieu et du monde, du créateur et de la créature. Cette distinction, nous l'avons dit, est une hypothèse soutenable, mais qui *ne s'impose nullement* à la pensée. Si elle est encore si généralement répandue, c'est que la notion de *finalité* semble nous inviter à prendre parti en ce sens. Nous devons donc examiner la valeur de cette notion.

CHAPITRE VIII

LE PROBLÈME DE LA FINALITÉ ET DE LA PROVIDENCE
L'OBJECTION DE L'EXISTENCE DU MAL

> « C'est un sophisme trop grossier de pré
> tendre prouver Dieu par l'excellence de
> l'ordre du monde, pour contester ensuite
> notre compétence à juger l'œuvre de Dieu
> lorsque nous trouvons des défauts dans
> l'ordre du monde. »
>
> Ch. Secrétan.
> *Civilisation et croyance*, p. 216.

§ 1. — FINALITÉ TRANSCENDANTE OU IMMANENTE

Pouvons-nous appliquer à l'univers la catégorie de « finalité [1] ? »

L'univers m'embarrasse et je ne puis songer
Que cette horloge existe et n'ait point d'horloger.

Mais *avons-nous le droit* d'assimiler le monde à une horloge ou à toute autre machine de fabrication humaine ? *C'est la question*.

Nous nous heurtons de suite à une insoluble difficulté. Le raisonnement d'analogie est fondé sur ce principe : les *mêmes* causes, dans les *mêmes* circonstances, produisent les *mêmes* effets. Pas de conclusion certaine si l'on n'a point réussi à constater cette identité.

---

1. L'idée même de « *création* » n'est-elle qu'une survivance des mythes sauvages où un animal-sorcier, un dieu-sorcier, fabrique le monde et les hommes ? Nous traiterons cette question ch. xii, p. 263.

Or il est impossible de la vérifier dans le cas présent. Nous savons comment se construit une machine ; nous ignorons ce que c'est que la vie. Supposons que, demain, l'on produise une cellule par synthèse, l'ignorance demeurerait la même relativement à la nature intime des énergies employées.

Si l'on étend le raisonnement analogique au delà de ses limites légitimes, c'est en vertu de cette vieille croyance qu'un abîme sépare l'être vivant de la matière non vivante ; il aurait donc fallu l'intervention d'un céleste ouvrier pour façonner la matière inerte et lui insuffler l'âme. Or la cellule, la molécule, l'atome même, n'apparaissent-elles pas déjà, non comme de simples juxtapositions, mais des « organisations » possédant intérieurement leur unité, variant parce qu'elles doivent, « sous peine de mort », s'adapter au milieu, ce qui explique le passage progressif et naturel des organisations inférieures aux organisations supérieures ?

De *transcendante*, la finalité devient *immanente*.

Nous avons constaté (chap. I) avec quelle peine Darwin[1] secoua les habitudes intellectuelles héréditaires relativement à la finalité *transcendante*. Nous

_____

1. L'hypothèse de Darwin postule les *variations* sans les expliquer. On y supplée en complétant la théorie de la sélection naturelle par celles de l'influence du milieu et l'influence du régime (Lamarck et Étienne Geoffroy Saint-Hilaire). Que la description du mécanisme ne soit pas une négation de la finalité, on le constate par cet acte de foi de Lamarck, d'un optimisme d'ailleurs si gratuit :

« La nature, cet ensemble immense d'êtres et de corps divers, dans toutes les parties duquel subsiste un cercle éternel de mouvements et de changements que les lois régissent, ensemble seul immuable, tant qu'il plaira à son sublime Auteur de le faire exister, doit être considérée allons l'entendre, au contraire, affirmer sous le nom d'*utilité* cette finalité *immanente* qui doit réconcilier, dit Huxley, la morphologie et la téléologie, le mécanisme et la finalité [1].

Voici, comment, dans son *autobiographie* écrite en 1876, dix-sept ans après l'*Origine des espèces*, il résume sa pensée :

« En considérant les belles et innombrables adaptations que nous rencontrons sans cesse, on peut se demander comment expliquer l'organisation généralement bienfaisante de cet univers. Quelques écrivains sont tellement impressionnés par les souffrances de ce monde, qu'ils se demandent, en considérant tous les êtres vivants, s'il y a plus de souffrance ou de bonheur, et si le monde, vu dans son ensemble, est mauvais ou bon.

comme un tout constitué par ses parties, dans un but que son Auteur seul connaît et non pour aucune d'elles exclusivement.

Chaque partie devant nécessairement changer et cesser d'être pour en constituer une autre, a un intérêt contraire à celui du tout ; et si elle raisonne, elle trouve ce tout mal fait. Dans la réalité, cependant, ce tout est parfait et remplit complètement le but pour lequel il est destiné. » (*Additions*, à la fin de la *Philosophie zoologique*.)

1. *Vie et correspond. de Darwin* : Accueil fait à l'origine des espèces (chapitre rédigé par Huxley). — On objectera peut-être que cette finalité immanente est due à une intelligence inconsciente, or qu'est-ce qu'une finalité inconsciente ? Les deux termes ne sont-ils pas contradictoires ? — Pas plus que les termes : intelligence inconsciente. Il n'y a contradiction que si nous donnions aux mots intelligence et finalité leur sens psychologique humain. Nous nous en gardons bien. Comme nous l'expliquerons à la fin du § I du chapitre suivant, ces termes analogiques expriment non pas la *ressemblance*, mais le rapport de *raison d'être* entre ce qu'on peut appeler la région X de la nature et les réalités de l'expérience. Nous ne *comprenons* pas plus que « la fonction *crée l'organe* » que nous ne *comprenons* la création *ex nihilo*, mais, entre les deux hypothèses, nous allons d'instinct à la formule la plus simple, et à celle qui se concilie le mieux — nous le dirons plus loin — avec l'existence du mal dans le monde.

D'après mon jugement, le bonheur a décidément l'avantage, quoique cela soit bien difficile à prouver. Si l'on accorde cette conclusion, nous trouverons qu'elle s'harmonise bien avec les effets que nous sommes en droit d'attendre d'une sélection naturelle. Si tous les individus de n'importe quelle espèce souffraient habituellement et très vivement, ils négligeraient de propager les espèces. Mais nous n'avons aucune raison de croire que ceci soit jamais arrivé, ou, du moins, se soit souvent produit. Quelques autres considérations nous amèneraient à croire que tous les êtres doués de sentiment ont été formés pour éprouver du bonheur, en règle générale.

Tous ceux qui croient, comme moi, que tous les organismes du corps et de l'esprit (à l'exception de ceux qui ne sont ni avantageux ni nuisibles à leur possesseur) de tous les êtres ont été développés par la sélection naturelle, ou la survivance des plus aptes, conjointement avec l'usage et l'habitude, admettront que ces organes ont été formés de façon à ce que leurs possesseurs puissent lutter avec succès contre d'autres êtres et augmenter ainsi en nombre. Or un animal peut être amené à se livrer au genre d'activité qui est le plus favorable à son espèce, par la souffrance, par la douleur, la faim, la soif ou la peur ; ou par suite d'un plaisir, tel que celui de manger, de boire ou de propager l'espèce, etc. ou encore par les deux moyens combinés, comme lorsqu'il cherche de la nourriture [1]. Mais la douleur et la souffrance de quelque nature qu'elle soit, cause, lorsqu'elle dure longtemps, un état de dépression et diminue le pouvoir d'agir, tout en étant bien faite pour mettre une créature en garde contre tout mal considérable ou soudain. D'un autre côté, les sensations causant du plaisir peuvent continuer longtemps sans produire de dépression ; elles stimulent au contraire le système tout entier et en augmentent l'activité. C'est ainsi qu'il est arrivé que la plupart ou la totalité des êtres sensibles ont été développés de telle façon par la sélection naturelle que les sensations provenant du plaisir leur servent de guides habituels. Nous le voyons par le plaisir que nous trouvons à l'effort, parfois même à l'effort violent du corps ou de l'esprit, par celui que nous trouvons à nos repas quotidiens, et surtout dans la société et dans l'affection de notre famille. La somme de ces plaisirs, qui sont habituels et qui reviennent fréquemment, donne, je ne puis guère en douter, un excédant de bonheur sur les douleurs, quoique un grand nombre d'êtres puissent, à l'occasion, beaucoup souffrir. De telles souffrances sont abso-

---

1. J'attire l'attention sur cette distinction entre une souffrance modérée, utile, qui peut être nommée souffrance-*stimulant*, et ce qu'on peut appeler la souffrance-*torture*. Que ceux qui désirent bien comprendre cette distinction, au lieu de s'enfoncer dans les livres, aillent faire un tour dans un hôpital d'enfants incurables, d'aliénés, de cancéreux. Tout ce que j'ajouterais à ce sujet serait absolument inutile pour ceux qui ne veulent pas voir ces horribles réalités. — Dans les *Enigmes de l'Univers, Notes et Éclaircissements*, numéro 17, Hæckel raconte comment il perdit la foi en un « Père aimant » en constatant, comme médecin, ce que souffre l'Humanité.

lument compatibles avec la croyance à la sélection naturelle, qui n'est pas parfaite dans son action, mais qui tend seulement à rendre chaque espèce aussi apte que possible à réussir dans le combat de la vie avec d'autres espèces, dans des circonstances merveilleusement complexes et changeantes.

Il existe beaucoup de souffrance dans le monde ; nul ne le niera. Quelques personnes ont essayé de l'expliquer, en ce qui concerne l'homme, en suggérant que cela sert à l'améliorer moralement. Mais le nombre des hommes dans le monde n'est rien, comparé avec celui de tous les autres êtres sensibles, et ils souffrent souvent beaucoup sans la moindre amélioration de leur moralité. Cet argument très ancien de l'existence de la souffrance, opposée à l'existence d'une cause première intelligente, me semble être très fort ; par contre, on peut conclure, comme nous venons d'en faire la remarque, que l'existence de beaucoup de souffrance s'accorde très bien avec l'opinion que tous les êtres organisés ont été développés par la variation et la sélection naturelle [1]. »

§ 2. — LE MÉCANISME SCIENTIFIQUE
SIMPLE SCHÉMA REPRÉSENTATIF ET PRATIQUE

Mais cette « finalité immanente » est-elle autre chose que la constatation d'un fait revêtue d'une métaphore anthropomorphique ?

C'est ainsi que la présentent bien des savants.

---

1. *Autobiographie*, I, 360-362.

J'ajouterai que c'est ainsi, en tant que savants, qu'ils la doivent présenter.

« Darwin, écrit M. Le Dantec, donne le nom de sélection naturelle à ce choix que nous devons faire, à chaque instant de l'histoire du monde, de ceux des facteurs du hasard [1] qui n'entraînent pas la mort de la substance vivante de la lignée étudiée au moment considéré. Et puisque, pour chacun des corps actuellement vivants, il est certain que la lignée a été ininterrompue, nous pouvons, *dans un langage imagé*, dire que la sélection naturelle a guidé la variation de manière à produire tous les êtres actuellement vivants ; cette sélection naturelle joue ainsi, dans une narration historique des faits passés, le rôle *d'une providence* qui, dans le but d'obtenir les êtres avec leurs formes actuelles, aurait dirigé intentionnellement les variations de leurs ancêtres [2]. »

A l'interprétation finaliste se trouve ainsi substituée une simple description schématique, une explication mécaniste. — Explication jusqu'à un certain point, puisque pareilles théories renferment toujours des termes inexpliqués [3]. — M. Le Dantec le sait aussi

1. Page 45 : « Si l'on entend par *hasard* l'ensemble des circonstances qui se réalisent à chaque instant en chaque point du monde, tous les êtres actuellement vivants sont le produit du hasard qui a occasionné toutes les variations passées. » Tout repose sur ce postulat. Les conditions de possibilité d'existence de tel ou tel organisme n'étant pas illimitées et le devenant d'autant moins que la forme est plus complexe, il se produit une « canalisation du hasard » qui donne vite l'illusion d'une intention.

2. Le Dantec. Les *influences ancestrales* (Flammarion), p. 46.

3. Le *fait* n'est pas purement *objectif*, comme on en revient toujours instinctivement à le croire : c'est la réalité, mais en partie construite par l'esprit avec ses représentations d'espace, temps, nombre.

bien que nous : « Nos explications, dit-il, ne sont jamais que des narrations [1] », mais inutile de chercher autre chose.

Au point de vue scientifique, M. Le Dantec a certes raison, mais la pensée ne peut-elle nous suggérer d'autres points de vue ? Cela supposerait qu'elle possède une activité propre. Or cette activité est catégoriquement niée ; dès que le mécanisme a cessé d'être un procédé méthodique pour devenir une doctrine, il est obligé de considérer la conscience comme un simple épiphénomène : « Un grand nombre de mouvements matériels d'ordres divers, se produisant dans l'individu sont, à l'exclusion de tous les autres mouvements du monde, l'objet d'une synthèse actuelle qui peut être considérée, à chaque instant, comme la description minutieuse, dans un certain langage, de tous ces mouvements matériels. Cette synthèse actuelle s'appelle la conscience [2] ».

La conscience *peut être considérée* comme un simple reflet du mécanisme. — C'est la question ! Les « narrations » scientifiques sont toutes fondées, c'est vrai, sur le « langage visuel », mais M. Le Dantec oublie que le « visuel » fait partie lui-même du « psychologique [3] ». Singulier épiphénomène,

---

1. *Op. supr.*, p. 9.

2. P. 103.

3. P. 78. — C'est pour cela que le *parallélisme* psychophysiologique n'est jamais rigoureux, le « physiologique » ne nous étant connu que par une représentation psychologique. D'ailleurs il ne faut pas confondre la formule : à tout état psychologique correspond un état physiologique, et vice versa, avec celle : un seul état psychologique corres

si peu passif que c'est en fonction de lui, ou par lui que se fait et s'exprime toute observation, toute description, tout raisonnement, toute généralisation, toute science.

Que si la pensée a son autonomie, de quel droit, au nom d'une de ses formes, l'empêcherait-on de se servir de l'autre? Le mécanisme, tout comme la finalité, n'est qu'un procédé de connaissance inadéquat ; il est relatif à notre manière de nous représenter les choses dans l'espace, ses schèmes ne sont ni la réalité en soi, ni le *portrait* de la réalité. — Oui, mais c'est un ensemble de schèmes utiles, tandis que la finalité est « stérile »[1]. — Stérile par rapport au progrès scientifique, mais peut-être utile par rapport à d'autres formes (esthétique, morale) de la vie psychique. Le résultat le plus net du mécanisme et de l'épiphénoménisme serait cette conclusion : la vie n'a pas de *but*, du moins de but *obligatoire*. Moralité, c'est finalité.

pond à un seul état physiologique qui le détermine, et sans réciprocité. affirmation qui dépasse de beaucoup l'expérience (Cfr. H. Bergson. *Le paralogisme psycho-physiologique, Rev. de métaph. et morale* nov. 1904 et *Bulletin de la société française de philosophie* (Colin) 1re année, n° 2.) Cette dernière formule seule, enlevant au psychique toute efficacité propre, anéantirait la possibilité d'une finalité immanente. Or elle est gratuite. La formule qui en découle: l'être est formé *par* et non *pour* le genre de vie, représente donc, non pas l'expression adéquate de la réalité, mais une nécessité de la méthode scientifique qui ne garantit de résultats positifs et utiles que moyennant cette abstraction.

1. Personne ne l'a mieux dit que Bacon. Mais il avait soin d'ajouter qu'il n'est aucune contradiction entre ce double aspect des choses : « Si modo intra terminos suos coerceantur, magnopere hallucinantur quicunque eas (causas *finales*) *physicis* repugnare putent... Conspirantibus optime utriusque causis, nisi quod altera intentionem, altera simplicem consecutionem denotet. » *De dignitate et augmentis scientiarum.* Lib. III, cap. IV. — Cfr. ci-dessus p. 73 citation de Huxley.

§ 3. — PROVIDENCE

Quelques remarques encore au sujet de Darwin. Sa thèse (ci-dessus, p. 139), c'est que l'organisation du monde est « généralement bienveillante. » Or c'est exactement ce que dit Renan : « L'intention générale du monde est bienveillante[1], en ce sens que, de fait, il s'établit une résultante prédominante d'*ordre*, de *progrès*, dans les forces, les tendances qui composent l'univers[2]. On peut donc toujours parler — si l'on tient à personnifier — d'une *providence*.

Mais ce n'est pas ainsi que l'entendent la philosophie et la théologie chrétiennes traditionnelles. Leur procédé consiste à partir de l'affirmation de l'existence d'un Être parfait, infiniment intelligent, bon et

---

1. Article sur Amiel (1884) dans *Feuilles détachées*, p. 386. — Même volume, *Examen de conscience*, p. 427.

2. « Pour moi, dit ailleurs Renan, je pense que la vraie Providence n'est pas distincte de l'ordre constant, divin, hautement sage, juste et bon, des lois de l'univers. » *Lettre à M. Guéroult*, dans le volume des *Dialogues philosophiques*, p. 248. — « Les objections des savants qui se mettent en garde contre ce qu'ils tiennent pour une résurrection du finalisme portent à fond contre le système d'un créateur réfléchi et tout-puissant. Elles ne portent en 'rien contre notre hypothèse d'un *nisus* profond, s'exerçant d'une manière aveugle dans les abîmes de l'être, poussant tout à l'existence, à chaque point de l'espace. Ce *nisus* n'est ni conscient, ni tout-puissant ; il tire le meilleur parti possible de la matière dont il dispose. Il est donc naturel que la partie du *cosmos* que nous voyons offre des limites et des lacunes ; tenant à l'insuffisance des matériaux dont la productivité de la nature disposait sur un point donné. C'est le *nisus* agissant sur la totalité de l'univers qui sera peut-être un jour conscient, omniscient, omnipotent. » *Examen de conscience* dans *Feuilles détachées*, p. 430. — On objectera que ce n'est pas plus clair que l'ancienne théorie créatrice. J'ai déjà dit que tel est aussi mon avis. *A priori*, les deux hypothèses soulèvent des difficultés analogues par suite de l'impossibilité où l'on demeure de définir exactement, adéquatement, les termes employés. Mais l'hypothèse de Renan a l'immense avantage de ne pas prêter le flanc à l'objection de l'existence du mal.

puissant. Une fois cette existence admise comme un *fait*, les autres faits de l'existence du mal, à n'importe quel degré d'inutilité ou d'horreur, ne sauraient, affirme-t-on, anéantir l'existence du premier fait. L'objection du mal est donc traitée comme affaire de sensiblerie, ou d'orgueil révolté, ou comme impénétrable aux facultés humaines. C'est la vieille solution du Livre de Job [1] : L'homme n'a qu'à se courber et se taire devant le Tout-Puissant.

Cela suppose la personnification du Parfait considérée comme réalité indiscutable. Or nous avons vu (chap. VII) que c'est, au contraire, une hypothèse qui demeure et demeurera hypothèse, puisque les notions qu'elle implique, très certaines pour notre expérience interne et que nous savons distinguer de toutes autres, ne sont pas cependant susceptibles de définition.

Et parce que nous ne pouvons définir l'être, le parfait, l'inconscient, nous ne pouvons savoir si : parfait réalisé n'est pas une contradiction, ou si c'est : parfait se réalisant, qui est une absurdité. Nous ne le saurons jamais, ici-bas du moins, et voilà pourquoi à jamais on discutera si le parfait, le divin, doit être rangé dans la catégorie de l'*être* ou dans celle du *devenir*, dans celle de la *personnalité* ou celle de l'*inconscient*.

---

1. Huitième siècle avant notre ère (?) — On y ajouta depuis la croyance à une vie future réparatrice. Mais on suppose déjà, pour l'affirmer ,l'existence d'un Dieu infiniment bon et juste — ce qui est la question. La fin, d'ailleurs, justifie-t-elle les moyens ?

Jadis on croyait passer par un engrenage ininterrompu, inévitable, de l'ordre à la finalité, de la finalité à l'intelligence et à la conscience; mais la notion d'une finalité répondant à des tendances inconscientes nous demeure mystérieuse, inexpliquée, et non plus absurde, contradictoire ; la fameuse chaîne logique est en morceaux. Le conscient apparaît comme une sorte d'organe de l'inconscient, et l'on serait bien hardi d'affirmer que l'organe est supérieur à la fonction. Sur ces questions, nous ne savons rien de rien, moins que jamais, depuis que la notion d'inconscient a envahi la psychologie. Toute affirmation *a priori*, dans un sens ou dans l'autre, est gratuite.

Ce n'est donc qu'*a posteriori* que nous pouvons tenter quelque chose, jugeant de ce que l'on nomme la « cause » par ses « effets ».

§ 4. — OBJECTION DE L'EXISTENCE DU MAL

> « La parole sur la bonté de Dieu, qui est disposé à nourrir les hommes comme il nourrit les passereaux, n'est guère plus susceptible aujourd'hui d'interprétation littérale que celle qui promet à la génération contemporaine de Jésus le spectacle du grand avènement. »
>
> Abbé Loisy.
> *L'Evangile et l'Eglise*, p. 101.

> « L'homme est de moins en moins porté à reconnaître la main de Dieu dans les jeux brutaux et capricieux de la nature ; de plus en plus il rencontre au dedans de soi l'idéal vivant et persuasif. »
>
> Abbé Pierre Vignot.
> *La vie meilleure*, p. 80.

Le vieux mythe de Zeus distribuant le bonheur et le malheur aux hommes, selon qu'au hasard il lés tire d'un tonneau, ne pouvait satisfaire longtemps les intelligences grecques[1]. Dès le VIᵉ siècle avant notre ère, nous entendons les gémissements du poète Théognis :

« O Zeus, dieu aimé, tu me remplis d'étonnement. Quoi! tu règnes sur tous les êtres, unique possesseur d'une dignité et d'une puissance sans bornes ; tu connais bien l'esprit et le cœur de chaque homme, et ton pouvoir, ô roi, domine tous les autres : comment donc alors, ô fils de Cronos, ta pensée peut-elle mettre au même rang les hommes coupables et le juste, celui dont l'esprit incline à la modération, et ceux qui, obéissant à l'iniquité, sont entraînés vers la violence? Zeus père, s'il plaît aux dieux que les scélérats aiment la violence, que ne leur plaît-il aussi que l'homme au cœur arrogant, qui a accompli des actes criminels au mépris des dieux, expie ensuite lui-même ses forfaits, sans que les enfants d'un père injuste, qui pensent et qui agissent, eux, selon la justice, qui craignent ta colère, ô fils de Cronos, et qui se sont toujours distingués entre leurs concitoyens par leur amour de l'équité, aient à payer les crimes paternels ? Voilà ce qui devrait plaire aux divinités bienheureuses. Mais en réalité le coupable échappe, et c'est un autre qui plus tard porte le poids du châtiment.

1. *La critique des traditions religieuses chez les Grecs, des origines au temps de Plutarque*, par P. Decharme (Paris ; Picard, 1984) ; p. 20 ; 91, 92 ; 120 ; 229 : 251 ; 431, 435, 463 ; etc.

Comment donc, ô roi des immortels, comment est-il juste que l'homme qui s'abstient des actions iniques, ne transgressant jamais les lois, ne violant point son serment, que le juste enfin ne soit pas traité justement ? Lequel des autres mortels, à ce spectacle, révérerait encore les Immortels ? Que penser, quand l'homme injuste et scélérat, que n'arrête ni la crainte des hommes ni celle des dieux, étale l'insolence de la richesse dont il regorge : tandis que les justes sont accablés sous la dure pauvreté qui les écrase ? »

La réponse ne vint pas. La conscience humaine tourna dans les éternelles hypothèses : il n'y a pas de providence, dira Épicure ; il y a une Providence, et, à priori, tout est conforme à l'éternelle Raison âme du monde, diront les Stoïciens ; Plutarque essaiera la conciliation grâce à l'hypothèse dualiste.

Une immense facilité résultait pour la pensée antique de l'ignorance de l'idée de création. En face du Dieu de Platon ou d'Aristote, de l'Épicurien ou du Stoïcien, il y a toujours une matière première indépendante — donc un bouc émissaire que l'on peut charger des misères et iniquités du monde. Le mal a sa source dans cet être essentiellement imparfait, non en Dieu.

Mais avec le christianisme, cet expédient commode s'évanouit. Le théologien chrétien, le métaphysicien chrétien, ne peuvent plus éviter le dilemme :

Si Deus est, unde malum? Si Deus non est, unde bonum [1] ?

La subtilité leibnizienne [2], ou spinoziste, la transmutation du mal en un *moindre bien* n'a jamais calmé les réclamations des consciences. On se demande même comment ces prétendues solutions ont pu satisfaire certains esprits. C'est qu'elles sont construites d'après un procédé autrement pénétrant et puissant que la logique ordinaire : la logique des sentiments. L'intensité du sentiment du Parfait est telle dans certaines natures, que les répugnances soulevées en eux par la vue du mal leur paraissent chose négligeable ; ils en arrivent à nier la réalité du mal.

On peut citer en exemple la secte la plus radicale des *mind-curers* américains, celle de Mrs Eddy. La « Science » dont ils parlent est un pur mysticisme, l'intuition que Dieu est la Vie, l'Amour, la Vérité. Grâce à un curieux mélange d'idéalisme [3], de monisme, de sentimentalité et de moralité chrétiennes, Mrs Eddy en arrive à conclure que le mal, l'opposé de Dieu qui est réel, est donc irréel [4]. Péché, erreur, maladie, mort, *semblent réels* [5] : illusion, « fausse croyance » ! [6]

---

1. La discussion Bayle-Leibniz est bien résumée dans *Religion, critique et philosophie chez Pierre Bayle* par J. Delvolvé (Alcan, 1906).

2. Elle se trouve déjà dans le pseudo-Denys : *Des noms divins*, ch. IV, § 37, qui la tenait de Plotin. Cfr. Guyot. *L'Infinité divine*, p. 217.

3. *Science and Health* par Mrs. Mary-Eddy. Boston, Armstrong ; Glossary (ch. XVII) : « *Matter :* mythology, illusion. »

4. *Ibid.*, p. 470.

5. *Ibid.*, p. 472.

6. *Ibid.*, p. 480.

— Ce n'est que reculer la difficulté ; qui donc a créé les illusions et les fausses croyances?? La philosophie de M* Eddy doit se compliquer de dualisme [1], et nous y retrouvons la vieille idée : ce n'est pas l'âme, ce sont les sens qui pèchent [2]. Toujours est-il que la conclusion est un vaillant appel à l'activité [3]. Réveillons le Dieu intérieur ! Affirmons-nous *ce que réellement nous sommes :* vérité, bonté, santé, perfection [4] !

Sans doute, c'est plutôt là un parti pris, une méthode d'auto-suggestion qui peut produire et produit en réalité d'excellents résultats, des améliorations et guérisons nombreuses. Cette méthode existe donc et l'anéantissement d'un sentiment par un autre plus fort est un *fait* psychologique. Il nous aide à comprendre les théories optimistes. Elles sont la justification théorique de ces *tempéraments* optimistes, chez lesquels une impression pénible peut être complètement anéantie par une impression vivifiante et enthousiaste.

---

1. *Science and Health*, p. 476.

2. *Ibid.* p. 481.

3. Ce qui explique la prodigieuse vogue des *mindcurers* en Amérique. L'exemplaire de *Science and Health* (1905) que j'ai entre les mains fait partie du 359* mille.

4. « Drugs and hygiene oppose the supremacy of the divine Mind. Certain results, supposed to proceed from them, are really caused by that faith in them which the false human consciousness is educated to feel. » p. 484 — « God is the creator of man, and the divine Principle of man remaining perfect, His idea, or reflection — man, remains perfect. Man is the expression of God's being. If ever there was a moment when man expressed not this perfection, he could not have expressed God : an there would have been a time when Deity was unexpressed, without entity. » p. 470.

Voici, plus près de nous, quelques exemples des procédés divers grâce auxquels les tempéraments optimistes, écartant ce qui les gêne, escamotent inconsciemment l'objection. L'élimination peut avoir lieu par rapport à l'un ou l'autre des deux termes du problème.

1° *Élimination du terme : Dieu.* — Nous la trouvons pratiquement réalisée dans l'observation IV du Dr Flournoy. Il s'agit d'une femme instruite, intelligente, d'excellente santé, mère de plusieurs enfants tous bien portants. Le problème de la souffrance, des horreurs de la lutte pour la vie, l'a hantée dès son enfance. Élevée dans l'idée que rien ne nous arrive sans la volonté de Dieu, elle s'est appuyée sur cette croyance, sur les textes de l'Évangile qui la confirment, comme sur un bâton de pèlerin. Mais les faits n'ont cessé de « donner un démenti » aux textes consolants. Elle ne peut s'arrêter non plus à l'idée que ce soit des « châtiments », car ces châtiments sont trop souvent marqués au coin de l'absurdité, même de l'immoralité, pour être vraiment et toujours voulus de Dieu. Et puis, ajoute-t-elle, à considérer *nos* douleurs comme des châtiments, cela nous conduit à faire de même pour les douleurs ou les chagrins, ou les privations *des autres ;* ce qui mène vite à l'orgueil et ce qui donne à notre sympathie un arrière-goût de « ça te vient bien » peu propre à la rendre bienfaisante. » Soudain, à l'âge de quarante ans, son esprit est illuminé par une idée qui est pour elle le salut : c'est que « Dieu est *absent* du monde[1]. »

« Il est bien le Créateur admirable dont la louange s'étend d'une extrémité de la terre à l'autre, dont les cieux racontent la grandeur. Il est bien le Père de l'Humanité, Père tendre qui nous a aimés le premier... Si quelque malin est venu semer de l'ivraie dans la moisson, c'est que le maître était absent. »

« Dieu absent du monde, tout s'explique alors. Et nos devoirs n'en sont pas moins évidents, car si le maître nous a confié quelques talents, nous devons les faire fructifier en son absence avec plus de conscience et d'ardeur encore que si nous travaillions sous ses yeux... Si Dieu était vraiment dans le monde, il n'y serait pas oisif, laissant ses créatures, ses enfants, exposés à tous les ennemis intérieurs et extérieurs ; il n'y serait pas aveugle et injuste, faisant tomber la tour de Siloé sur des passants ni plus ni moins coupables que d'autres... Dieu est le père *indifférent*, presque barbare, ou il est le père *absent*. Cette dernière hypothèse enlève de dessus mon cœur une pesante amertume ; elle y met le baume de la compassion divine, puisqu'un père absent n'en est pas moins un père. » Si Dieu n'a pas empêché le mal d'exister, c'est, sans doute, pour nous élever plus haut moralement, « pour faire de nous des êtres libres et actifs à la recherche du bien et du

---

1. Lazare meurt quand Jésus est absent Jo. XI, 32 ; le maître part en voyage, ses serviteurs aussi sont absents et dorment. Math., XIII, 25 ; XXV, 5.

bonheur, et non des êtres passifs... Tel un père de famille envoie son fils ou sa fille à l'école ou l'étranger, mais n'est point l'auteur des tribulations qu'ils y rencontrent et qui serviront à former leur caractère[1]. »

2° *Élimination du terme : le mal.* — C'est toute la théorie leibnizienne qu'il faudrait exposer ici. Elle est suffisamment connue. Qu'il me suffise de rappeler que, pour Leibniz, le mal n'est qu'une « privation de l'être. » Or aucun psychologue n'accepterait aujourd'hui ce paradoxe de la douleur considérée comme quelque chose de purement négatif. Il ne manque pas de physiologistes qui ont attribué une base physique, des nerfs spéciaux, à la douleur. Qu'elle soit une réalité *psychique*, cela d'ailleurs suffit (quand même elle ne serait pas une réalité métaphysique), Dieu étant considéré par les créationistes comme cause du monde psychique.

Il est intéressant de constater la persistance d'explications de ce genre chez des auteurs qui, sans admettre les subtilités de Leibniz, ne s'en tirent pas moins par des tours de main d'une égale habileté et étrangeté[2] :

---

1. *Arch. de psychol.*, oct. 1903, p. 342.

2. La meilleure réponse que l'on puisse faire à la terrible objection, c'est d'alléguer les privilèges de la « *liberté* » (considérée dans la nature aux lois contingentes ou au moins dans l'homme). Je ne puis que répéter ce que je disais à ce sujet dans la *Revue de métaphysique et de morale* ; « Le Créateur a préféré un monde libre à un monde automatique ; Dieu est *ouvrier d'ouvriers* ». A cette belle parole de M. Fouillée, Guyau répondait avec raison : « Le Créateur n'ayant pu créer des substances nues et toutes virtuelles a dû créer des êtres doués de quelques

« Qu'importe qu'il naisse des bossus, des frères Siamois, des moutons à cinq pattes, s'écrie le R. P. Sertillanges, dominicain, dans un récent ouvrage sur les *Sources de la Croyance en Dieu*. Croit-on que la puissance créatrice et ses voies admirables s'y manifestent moins qu'ailleurs ? N'y a-t-il pas là, au contraire, un effort inouï, peut-être, de cette puissance, et l'un de ces détours profonds dont seule la fécondité infinie de ses ressources pouvait se tirer avec honneur ? On se rappelle ce trait d'un prédicateur qui, parlant en chaire de la Providence, déclarait qu'elle a tout bien fait. Or, à la sortie du sermon, un bossu s'approche en souriant, et avec cet esprit qu'on attribue aux gens de son espèce comme une compensation de la nature, il se met à pivoter sur lui-même et dit au prêtre : « Eh bien ?... » Et celui-ci, souriant de même, répond sans se déconcerter : « Mon ami, vous êtes très bien fait pour un bossu. »

qualités actuelles; mais alors ce sont toujours des œuvres, non des ouvriers, au moins sous ce rapport. » *(Irréligion de l'avenir*, p. 383). Parlera-t-on *d'épreuve morale* ? Mais d'abord elle n'est pas admissible dans le cas des animaux, des enfants, des hommes plus ou moins privés de leur raison. Comment justifier leurs souffrances, sinon par l'aveugle hérédité que nous sommes bien obligés d'accepter comme un fait, mais qu'il répugne d'admettre avec toutes ses lamentables conséquences comme le procédé d'une Bonté infinie ? De plus, comme l'a encore très bien dit Guyau : « On ne tombe pas quand il n'y a pas de pierre sur la route, qu'on a les jambes bien faites et qu'on marche sous l'œil de Dieu. » (p. 385). On pèche par manque de lumière ou de force et Dieu qui sait l'augmentation de lumière ou de force nécessaire pour empêcher la faute que lui, Dieu, est censé prévoir, ne les lui accordant pas, se rend ainsi responsable des conséquences. — Non, dira-t-on, car il anéantirait par là-même la liberté. — Nous répondrons que, d'après les théologiens, Dieu a su rendre le Christ impeccable sans lui enlever la liberté ni diminuer ses mérites (Hurter ; *Theol, dogm.* II, n° 400). S'il n'a pas généralisé le procédé, il est le premier responsable des résultats. » (N° de mars 1903, p. 242).

« C'était une plaisanterie ; mais il ne faudrait pas réfléchir beaucoup pour y voir une parole très profonde.

« Qu'on se reporte à l'époque où la nature industrieuse travaillait à la formation de cet être. Toutes ses puissances s'efforçaient pour aboutir à cette œuvre inouïe qu'est une création d'homme. Et voilà qu'au milieu de ce réseau subtil d'influences un accident quelconque, un élément perturbateur intervient, et c'est d'abord un désordre effroyable ; si la nature était montée comme la mécanique impeccable que nos objectants semblent souhaiter, tout serait perdu : car il n'y aurait pas de reprise possible ; ce serait comme si l'on introduisait un caillou au milieu des rouages d'un chronomètre. Mais heureusement la nature n'est pas ce chronomètre, et parce qu'il y a du jeu et de la souplesse dans sa marche, parce que l'accident lui est permis, c'est-à-dire parce qu'elle est imparfaite au sens où le prennent nos adversaires, elle tourne l'obstacle et elle construit son homme. On me dira : il est mal fait ! Je répondrai : il est mal fait relativement à la marche ordinaire des choses qui tend, en effet, vers des réalisations meilleures ; il est mal fait pour la vie sociale, où cette conformation anormale pourra lui occasionner des souffrances, des humiliations, des impuissances ; mais tout cela ne regarde point la nature. Cela regarde la Providence paternelle de Dieu et quelque préoccupé que l'on soit de la justifier en toute chose, il faut pourtant bien distinguer, dans le travail de la cause première, les divers rôles qu'elle s'est attribués. Le premier est de faire marcher la nature ; le second est de ramasser sur la route ceux que la roue immense a broyés.

« ... Notre bossu de tout à l'heure est mal fait, tant que vous voudrez ; il n'en est pas moins un effet de nature admirable. Pour un bossu, comme disait le prédicateur, c'est-à-dire étant données les perturbations qui sont venues entraver sa genèse, il est ce qu'il doit être ; il est plus admirable, à certains points de vue, qu'un homme droit ; car il nous révèle la souplesse des moyens que la nature met en œuvre. La nature a fait ici un saut d'obstacle, et c'est plus beau que la marche tranquille d'un percheron[1]. »

Je livre ces paroles aux réflexions du lecteur. Le P. Sertillanges affirme qu'il ne traite pas de la Providence. C'est fort commode, mais il n'en est pas moins vrai que nous tenons, de son propre aveu, sa barbare conception de la Providence : « *ramasser sur la route ceux que la roue immense* (de la nature) *a broyés* » ; et son moyen de la justifier : « les imperfections du monde ne sont qu'apparentes ou provisoires. » Cette fois, on le voit, c'est l'autre terme du problème : le mal, qui est métamorphosé, éliminé. Et, comme je le disais, cela se fait en vertu de

1. *Les sources de la croyance en Dieu* (Paris, Perrin 1905. Pages 115 à 117). — Le R. P. Sertillanges est professeur de philosophie à l'Institut catholique de Paris. Le titre seul, plus psychologique que métaphysique, est un signe des temps.

l'intervention *a priori* du sentiment du parfait, éclipsant, éteignant tout autre sentiment contradictoire : « Il y a un Dieu, *donc* les imperfections ne sont qu'apparentes ou provisoires. » Le R. Père aurait dû dire : Il y a un Dieu *parfait*, donc..; autrement son argument ne porte pas ou n'est qu'un sophisme bâti sur le sens équivoque du mot Dieu.

Le P. Sertillanges, en effet, *pas plus qu'aucun philosophe ou théologien catholique*, ne saurait accepter l'idée d'un Dieu non parfait, *très* sage, *très* puissant, mais non pas *tout* puissant, idée qui fut celle de Voltaire[1], de Stuart Mill[2], et que partagent beaucoup de nos contemporains.

J'ai dit : philosophe ou théologien *catholique* ; j'hésite à écrire *chrétien*. En effet, l'idée du parfait métaphysique est étrangère à l'Évangile[3] ; Dieu y est surtout présenté comme Père, plutôt que comme Créateur. Le « père » communique sa substance, sa vie à ses enfants, il les aime et protège, mais il ne *crée* pas cette substance, cette vie[4]. Il y a trace aussi,

---

1. « Il ne reste qu'à avouer que Dieu, ayant agi pour le mieux, n'a pu agir mieux. » (*Dictionn.' philos.* art. *Puissance*). — « J'aime mieux l'adorer borné que méchant. » (3ᵉ *Lettre à Memmius*). Cf. *Tout en Dieu* et 2ᵉ *Dialogue d'Évhémère*.— Cette opinion diffère de celle de W. James en ce qu'elle admet l'*unité* du Centre principal bon.

2. *Essais sur la Religion*. (Traduct. Cazelles ; F. Alcan, 1901), p. 163.

3. Le « soyez parfait comme votre Père céleste est parfait » impliquerait une contradiction si l'on prenait le mot « parfait » dans son acception métaphysique ; Luc, d'ailleurs, nous l'explique : « Devenez miséricordieux, comme votre Père est miséricordieux. » V, 36. Cfr. Loisy, *Le discours sur la montagne* (Picard, 1903) ; p. 76.

4. C'est ce qu'a très bien senti et exprimé G. Remâcle dans sa *Morale chrétienne et conscience contemporaine* (Paris ; Colin ; 1900) p. 271.

dans l'Évangile, d'un *dualisme* que les subtilités des explications théologiques réussissent seules à nous voiler. « L'Ennemi, le Malin, Satan, le Diable, le Prince de ce monde, voilà, dit le Dr Flournoy [1], voilà sous la variété d'épithètes métaphoriques dont Jésus le décore, le principe et la source de tous les maux physiques et moraux et non pas Dieu. »

La suite, surtout, mérite d'être lue avec attention : « Mais voilà, me direz-vous, qui sent terriblement le dualisme. Si Dieu est dans l'origine en lutte contre un principe indépendant de lui et d'où vient tout le mal, il n'est donc pas l'Absolu, le Tout-Puissant, le Créateur et le Maître omnipotent de cet univers, et nous retombons fatalement dans la vieille doctrine des manichéens. — Je vous avoue que je ne suis pas assez théologien ni philosophe pour tirer tout cela au clair. Mais ce ne serait peut-être pas la première fois qu'une hérésie condamnée par les conciles se trouverait avoir raison contre eux et présenter plus de conformité avec la pensée du Christ que la tradition reçue. Quoi qu'il en soit, la notion d'un Dieu, limité sans doute, mais pure bonté, sans cesse à l'œuvre pour tirer tout le bien possible de maux dont il n'est pas l'auteur, et luttant contre des résistances étrangères pour introduire son règne d'amour dans le chaos primordial (ce qui serait la cause et le mot dernier de l'évolution), cette notion, dis-je,

---

1. *Le génie religieux*, discours prononcé à Genève le 19 septembre 1904 ; p. 40.

qui me paraît ressortir de toute la carrière de Jésus, me semble infiniment plus *généreuse* que la conception courante du Dieu morigéneur et vindicatif punissant sur les enfants l'iniquité des pères, et comblant ses créatures (et de préférence les meilleures) d'épreuves — dont elles devraient encore le remercier[1]. »

C'est, en somme, la plus vieille solution, le *dualisme*, que restaure le Dr Flournoy. Sous des formes chrétiennes (nous l'avions déjà rencontrée dans la citation de M. Miéville (p. 113), c'est une solution analogue à celle qu'ont admise les peuples primitifs. Le bien et le mal résultent de la lutte de deux frères : Osiris et Typhon (Set) chez les Égyptiens, Soskeha et Tawiscara chez les Hurons, ou de deux animaux-dieux : le loup et le corbeau chez les Tlinkits, la corneille et le cacatoès en Australie, ou de deux

---

1. Cfr. à la fin de la note II, p. 204 une déclaration analogue du pasteur W. Monod. Dans une intéresssante brochure; *Une religion rationnelle et laïque* (Dijon, Barbier-Marilier, 1901) L. G. Lévy, rabbin de Dijon, affirme que cette conception d'un Dieu limité par une matière rebelle n'a rien d'incompatible avec le judaïsme, et il cite, en effet (note p. 22) des affirmations très nettes du plus pieux des théologiens juifs Juda Halévy (*Kozary*, I, 65-67) et du plus profond, Maïmonide (*Guide* II, ch. xxv). — Lui-même, p. 23, risque l'hypothèse d'un Dieu qui se limite lui-même en se déterminant, en prenant la forme du fini, et qui se condamne ainsi, et nous condamne au mal. Il n'a pas pu faire autrement, son activité étant « spontanément productrice. » C'est voiler par des mots la terrible difficulté. D'ailleurs, p. 44, Lévy admet l'affirmation de Mendelssohn (*Lezioni di Teologica dogmatica israelitica* 1861, *Introduzione* § 4), à savoir qu'aucune croyance n'est imposée et que même le fameux : « Écoute, Israël, l'Éternel notre Dieu est le seul Éternel » (*Deutér.* VI, 4) n'est « qu'une exhortation. » — Ces diverses explications furent proposées, aux débuts du Christianisme, par les gnostiques et rejetées par l'Église : « Aut enim potuit emendare, sed noluit, répond Tertullien à Hermogène, aut voluit quidem, verùm non potuit infirmus Deus. Si potuit et noluit malus et ipse, quia malo favit... Aut famulus mali Deus, aut amicus. » Ch. x.

ordres de puissances supérieures : Devas et Asuras dans l'Inde, etc[1].

Une autre forme donnée à cette idée, c'est celle que suggère William James. Rien ne nous oblige, d'après lui, à admettre une *unité* centrale dans le monde ; l'univers est peut-être composé d'une *pluralité* de centres d'énergies, les uns bons, les autres plus ou moins mauvais ; tout ce que réclame la conscience religieuse, c'est de se sentir unie à meilleur que soi, d'espérer le triomphe final du bien, et d'y contribuer pour sa faible part[2]. Cette hypothèse, qui justifie l'existence d'un diable aussi bien que celle d'un Dieu, répond suffisamment, en effet, aux données de l'expérience religieuse moyenne. M. James avoue que les philosophes et les mystiques la rejettent au nom de « l'infinitist belief », mais il ne s'en émeut pas.

Voilà donc un polythéisme chrétien, après un dualisme chrétien. En somme, l'esprit humain, sur ces questions, tourne toujours dans le même cercle, s'imaginant pouvoir s'arrêter, accrocher son nid à telle ou telle hypothèse, et toujours débusqué, délogé, poussé plus loin par l'inévitable et implacable sentiment de l'insuffisance de la solution adoptée. Ce qui ressort, en tous cas, de ces efforts désespérés, c'est l'impossibilité, pour quantité de

---

1. Lang, *Mythes, etc* ; p. 168 ; 322 ; 310 ; 365-369 ; 371-374 ; 426 ; 442. — Ou bien la responsabilité du mal est reportée sur un démiurge. Cfr. Lang, *The Making of Religion*, p. 238, note ; 175, 208, etc.

2. *Varieties of religions experience* ; p. 132, 525.

consciences, et des plus hautes, des meilleures, de s'en tenir à la solution traditionnelle et le *divorce nettement réalisé entre la croyance à la personnalité divine et la croyance à la création « ex nihilo »*.

Nous ne saurions donner à ce chapitre une conclusion plus sage que ces paroles du Dr Flournoy ajoutées[1] à l'observation IV de M. D. :

« L'essentiel, dit-il, est de reconnaître que si les Leibniz et les Calvin sont incapables de se tirer d'affaire devant l'imbroglio de cet univers, de façon à satisfaire d'autres gens qu'eux-mêmes et ceux qui sortent du même moule, il ne faut pas se montrer plus exigeant envers les âmes simples : c'est perdre son temps que de les quereller sur les idées, encore qu'incohérentes et puériles en apparence, dont elles se servent pour exprimer tant bien que mal le fond de leur expérience en sa complexité, et il serait stupide et cruel à la fois de prétendre les maintenir dans la camisole de force d'un système qui n'est point fait pour elles.

« Il y a certainement nombre d'individus religieux, qui, à l'instar du bernard-l'ermite, n'ont d'autre abri intellectuel, leur vie durant, que les coquilles dogmatiques rencontrées toutes faites sur leur route ; il y en a aussi dont l'être spirituel semble n'avoir besoin d'aucune protection de ce genre. Mais il en est incontestablement beaucoup qui doivent se fabriquer eux-mêmes leur propre maison, comme l'escargot,

1. *Arch. de psychologie*, octobre 1903 ; p. 349.

et à qui ce serait causer d'intolérables souffrances que de vouloir soit les fourrer dans une enveloppe intellectuelle étrangère, soit les dépouiller de celle qu'ils se sont secrétée au cours de leur vie... L'effet psychologique d'un dogme — quelle qu'en puisse être d'ailleurs la vérité en soi, dont le psychologue n'a pas à s'occuper — peut varier du tout au tout suivant l'individu. La notion de l'absoluité et de l'omniprésence divine, par exemple, sera peut-être un aliment de vie pour un caractère foncièrement idéaliste et mystique, aux yeux duquel le mal lui-même, sous toutes ses formes, disparaît dans l'éclat final de la toute-sagesse et de la toute-bonté suprêmes ; mais elle pourra devenir une pierre d'achoppement, presque un coup de mort, pour certains tempéraments plus pratiques, sensibles surtout aux faits empiriques, et aussi incapables de fermer les yeux sur l'existence du mal que de le concilier avec l'existence de Dieu, à moins précisément de trouver une échappatoire, un truc intellectuel, pourrions-nous dire, tel que « l'absence de Dieu » de ce monde. »

L'admission de la légitimité de la méthode psychologique pour l'étude du sentiment religieux, entraîne avec elle, en effet, celle de la multiplicité des solutions hypothétiques. Elle suppose aussi, d'ailleurs, la possibilité d'une sélection, d'une préférence personnelle parmi ces hypothèses : nous essaierons d'établir et de justifier la nôtre dans le dernier chapitre et les conclusions.

CHAPITRE IX

LE PROBLÈME DE LA « GRACE ET DE LA LIBERTÉ »

« Thomisme », « Molinisme », « Jansénisme »; ces trois noms résument l'effort le plus acharné de la pensée humaine, en nos pays chrétiens[1], pour expliquer le rapport entre la volonté divine et la volonté humaine[2].

Le jansénisme supprime un des termes du rapport :

[1]. Discussions analogues dans l'Inde. Cfr. Barth. *Les religions de l'Inde* (Fischbacher) p. 119 et p. 135 : « D'un côté, on tenait pour l'argument *du chat* : Dieu saisit l'âme et la sauve, comme le chat emporte ses petits loin du danger ; de l'autre, on en appelait à l'argument *du singe* : l'âme saisit Dieu et se fait sauver par lui, comme le petit du singe échappe au péril en s'attachant au flanc de sa mère. » — Quant au mahométisme, M. Carra de Vaux distingue : 1° le fatalisme prédestination ; 2° le fatalisme physique (consistant à croire que ce genre de mort est fixé d'avance, superstition populaire répandue partout) et 3° l'abandon, la résignation (islam) à la volonté de Dieu. Ce troisième seul serait essentiel à l'islamisme, *Religions et sociétés* (Alcan 1905) p. 216.

[2]. Aux premiers siècles de l'Église, les Pères Grecs avaient énergiquement maintenu les droits de la liberté humaine contre les gnostiques ; par contre Pélage, au v° siècle, avait soutenu que la liberté suffit à l'homme sans action intérieure de la grâce divine. Saint-Augustin avait réfuté Pélage. Mieux vaut étudier ici le problème sous les formules moins anciennes et qui ont cours encore aujourd'hui.

Il y aurait à distinguer le problème au point de vue purement naturel (concours divin et liberté) et au point de vue surnaturel (grâce et liberté) ; mais le second point de vue renferme le premier et le dépasse ; c'est donc lui que nous choisirons.

Nous rappellerons que, d'après la doctrine catholique, la grâce n'est *absolument* nécessaire que pour les œuvres *surnaturelles* et que la fameuse proposition : « Toutes les œuvres des infidèles sont des péchés et les vertus des philosophes, des vices » a été condamnée par l'Église (15° propos. de Baius dans l'*Enchiridion* de Denziger. p. 242).

la liberté. L'homme l'a perdue depuis le péché originel. Il est donc semblable à une balance dont la concupiscence mauvaise, l'attrait vers le mal, entraîne invinciblement l'un des plateaux. L'homme n'ayant rien, rien de suffisant en tous cas, à mettre sur l'autre, Dieu seul peut y subvenir s'il y met sa grâce. Mais s'il l'y met, c'est avec une intensité toujours prépondérante, de telle sorte qu'elle obtient toujours son effet d'entraîner l'homme au bien. Il n'est donc jamais que grâces *efficaces*[1] auxquelles l'homme acquiesce *volontiers*, non *volontairement*, librement. L'Église condamna ce système en s'appuyant sur le fait que Dieu ne refusant jamais sa grâce, pourtant le bien ne se fait pas toujours — c'est le vieux :

Video meliora proboque, deteriora sequor.

L'homme peut donc, d'après la doctrine orthodoxe, résister à la grâce. Certaines grâces *suffiraient* si l'homme voulait, mais ne *suffisent* point parce qu'il ne veut pas. La grâce qui suffirait se nomme suffisante (malgré l'imperfection de l'expression qui prête à de faciles plaisanteries); quand l'homme y coopère librement, la grâce est *efficace*. Le concile de Trente avait nettement formulé ces principes contre Luther qui niait, lui aussi, le libre arbitre.

Tous les orthodoxes, thomistes ou molinistes, admettent la coopération de la grâce et de la liberté;

---

1. Arnauld admit de « petites grâces », secours qui suffiraient *dans d'autres circonstances.*

ils diffèrent dans la manière d'expliquer cette coopération.

Les molinistes[1] la comparent à celle de deux forces parallèlement appliquées à un mobile (deux chevaux qui traînent un bateau, une voiture) ; l'action de Dieu est *simultanée* à celle de l'homme ; selon que l'homme veut ou ne veut pas, le concours divin est *efficace*, ou demeure simplement *suffisant* — suffisant en puissance, pourrait-on dire.

En ce cas, répondent les thomistes, l'efficacité de la grâce divine vient *ab extrinseco*, de la volonté même de l'homme. L'acte méritoire et salutaire, en dernière analyse[2], est de l'homme ; l'acte bon de l'homme a donc l'homme pour seule cause et non Dieu.

Les molinistes répondent que Dieu, cause de la faculté, est cause de l'acte, mais les Thomistes, fidèles à leur principe[3] que la puissance, la faculté, ne peut passer à l'acte si elle n'est mise en mouvement par un être déjà en acte, trouvent cela insuffisant et affirment que le souverain domaine du Créateur — aussi bien que les droits de sa Providence qui crée les êtres et leurs facultés, mais aussi les dirige dans

1. Molina, jésuite espagnol (1535-1601). Ne pas confondre avec Molinos (quiétisme).

2. Les molinistes diffèrent des pélagiens, puisqu'ils admettent la nécessité, pour les œuvres surnaturelles, d'une action intérieure excitante et coopérante de la grâce.

3. On voit que l'une des bases de la théorie est déjà fort contestable : qu'est-ce qu'une faculté qui ne peut d'elle-même passer à l'acte, sinon une abstraction ?

leur exercice — ne sont satisfaits que si la causalité et direction divine s'exercent non seulement *avant* l'acte de liberté, mais *dans* l'acte lui-même.

La grâce demeure ainsi efficace par elle-même, *ab intrinseco*. L'action divine n'est pas une simple excitation, exhortation, une action morale, mais une motion réelle, « *physique* » (pour employer le langage de l'époque) et comme cette motion précède, non réellement, mais logiquement (*ratione*) l'acte libre, ils l'appellent *prémotion physique.*

Ces mots sonnent très mal à notre oreille, mais il faut être juste et reconnaître qu'il ne s'agit point là d'une action mécanique, comme celle de la vapeur sur le piston ; la grâce agit sur les facultés morales de l'homme, intelligence, cœur et volonté, sur toute cette vie « indélibérée », impersonnelle : désirs, tendances (nous ajouterions aujourd'hui : et inconsciente) qui prépare la détermination délibérée, personnelle et libre. Les thomistes plus récents, au lieu de chercher, comme les anciens, des expressions choquantes, empruntées aux métaphores orientales des Livres saints[1], mais devenant brutales dès qu'elles font partie du vocabulaire philosophique, comme : Dieu *fait nos œuvres,* Dieu *nous fait vouloir,* etc. (et d'ailleurs rien de plus déconcertant que l'expression même de *pré-motion physique*), emploient des termes adoucis. La terrible prémotion physique devient une

---

1. Is. XXVI, 12. — Ezéch, XI, 19. — Ezéch. XXXVI, 27. — Philp. II, 13 ; etc.

douce, une délicieuse caresse[1], une délectation victo-
rieuse (comme disent les Augustiniens). Question de
terminologie, en somme secondaire. De même ces
discussions : s'agit-il d'une grâce, la dernière d'un
ensemble, ou d'un ensemble même de secours de
toutes sortes par lequel Dieu assiège et sollicite
toutes nos facultés, de telle sorte que l'âme ne peut
plus ne pas se rendre? Le point intéressant, le seul
décisif et capital est celui-ci : l'efficacité de la grâce
divine est-elle *ab extrinseco* (Molinistes) ou *ab intrinseco* (Thomistes) ?

L'objection qui vient de suite à la pensée, c'est
que l'efficacité *ab extrinseco* ne laisse point place
à la liberté.

Les thomistes y répondent — verbalement du
moins — que Dieu meut chaque mobile selon sa
nature, donc librement le mobile libre : il nous fait
vouloir librement. Sans doute, sous la prémotion
physique, nous ne pouvons vouloir librement que
ce que Dieu veut que nous voulions, mais il en est
de même, ajoutent-ils, quand nous choisissons librement ; nous ne pouvons plus vouloir que ce que
nous avons choisi et nous le voulons cependant librement.

L'assimilation est sophistique, les conditions n'é-
tant pas les mêmes dans les deux cas ; dans l'un, en

---

1. « Lenis et blandus contactus, dit Massoulié, quo Deus blanditur
animæ, eamque, his immissis deliciis, in quam partem voluerit incli-
nat. »

effet, il y a deux causes : Dieu et la liberté, et la difficulté se pose ; dans l'autre, la liberté seule, et la difficulté s'évanouit ; la liberté pourrait toujours, en effet, cesser de vouloir ainsi, ce qui n'est pas possible avec la motion efficace.

Si nous laissons passer ce paralogisme, les Thomistes auront beau jeu pour sauver la justice divine. A l'objection : pourquoi Dieu donne-t-il aux uns la grâce efficace, à d'autres simplement la grâce suffisante, ils répondront : Il ne faut pas s'imaginer qu'il y ait là deux *espèces* de grâces appartenant, pour ainsi dire, à deux plans différents de la providence : « sufficiens semper ordinatur ad ipsum efficax ». Qui profite de la suffisante a toujours l'efficace ; ou, si l'on veut, le secours devient efficace pour celui qui y a coopéré dès les débuts, alors qu'on pouvait ne l'appeler que *suffisant*. C'est donc toujours de la faute de l'homme s'il n'a pas la grâce efficace.

Parfait — seulement nous tombons de Charybde en Scylla. Car tous les théologiens admettent comme de foi — et ils prétendent que le gouvernement providentiel deviendrait sans cela impossible, aléatoire, que Dieu prévoit toutes les actions libres de l'homme [1],

1. Sans l'obligation pour l'orthodoxe d'admettre une prévision *en détail* et une providence s'exerçant jusque dans ces moindres détails, il semblerait facile de concilier thomistes et molinistes. L'action divine, dirait-on (et on l'a dit, mais sans réfléchir à la susdite conséquence), nous fait vouloir le bien en général (« velle bonum universale »), mais nous demeurons libres de choisir les applications particulières de cette poussée générale (« velle hoc vel illud »). On pourrait de la sorte être *prémotionniste* sans être *prédéterministe*, comme l'a soutenu l'abbé Gayraud. Voir la réfutation par le dominicain Guillermin ; *Revue thomiste*, mai, septembre, novembre 1895.

Ou plutôt, il les *voit*, le temps n'existant pas pour lui. — Sans doute, le temps n'existe pas pour Dieu, mais il est de l'essence même du *fieri*, du devenir de la créature. Dire que Dieu voit la créature en dehors du temps, c'est dire qu'il voit le cercle en dehors de l'égalité de ses rayons. Le remplacement si commode du mot *prévision* par *vision* est donc un nouveau paralogisme.

Les thomistes, d'ailleurs, ne sont pas embarrassés, grâce à leur théorie qui fait de Dieu la cause de notre choix libre. Si l'on concède ce dernier point, il est sûr qu'il n'est plus difficile de concevoir comment Dieu prévoit les actes bons qu'il nous fait faire. Mais, ô fragilité de ces constructions verbales ! il n'en est pas de même pour les actes mauvais, car il n'y a plus là de sa part causalité productive ; il n'y a qu'un décret *permissif* ; Dieu *laisse* faire. Comment sait-il, puisqu'il ne « *fait* plus faire » ?

Les thomistes insinuent qu'il existe tout de même une sorte de « causalité *abstentive* », Dieu sentant qu'il *ne* sera *pas* cause des grâces que, à cause du mal par nous voulu, il ne nous donnera point. Mais ces deux mots : causalité abstentive jurent tellement d'être accouplés que bien des thomistes préfèrent avouer que la solution leur échappe. « C'est même là, à notre avis, dit le P. Guillermin, que réside le nœud du mystère qui enveloppe le problème de la science divine [1]. »

___

1. *Revue thomiste*, janvier-février 1903. Sic Kleutgen ; Delatte, etc.

Les molinistes ne sont pas plus heureux avec leur « supercompréhension » que Dieu possède des causes et la fameuse « science *moyenne* ». Dieu voit les possibles dans sa science de « simple intelligence », les réalités dont il est cause, dans sa « science de vision », les futurs contingents, les actes libres, dans une science particulière, qui tient le milieu entre les deux autres et que, pour cela, ils appellent « moyenne ».

Là encore, c'est voiler la difficulté par un mot. Toutefois, ne soyons pas trop sévères à leur égard, car ils nous mettent du moins sur la voie d'une solution.

Que nous prenions, en effet, le molinisme ordinaire, ou le *congruisme* de Suarez (où l'infaillibilité de la science divine vient du rapport de parfaite convenance, concordance entre la force de la grâce, les dispositions du sujet et les circonstances), nous nous heurterons à cette difficulté, que Dieu voit les divers choix possibles indéterminés, puisqu'il n'est pas cause de tel choix déterminé, comme dans le thomisme. S'il prévoit, s'il voit que la créature choisira tel parti plutôt que tel autre, c'est, répondent ces théologiens, qu'il est vrai que dans telles circonstances tel choix aura lieu, et tel autre dans telles autres circonstances. Or Dieu voit tout ce qui est vrai ; donc... Sans doute ces théologiens ont soin de dire : tel choix *libre* aura lieu dans telles circonstances, tel choix *libre* dans telles autres ; mais c'est toujours le même procédé : maintenir le *mot* en ruinant la chose, car il est précisément de l'essence du choix libre qu'il soit *indépendant des circonstances*.

Autrement — et c'est un point des plus importants à noter — on tombe dans un véritable *déterminisme des circonstances* [1], absolument équivalent au déterminisme des motifs et mobiles de nos contemporains. La liberté est remplacée (comme aussi chez Leibniz) par la spontanéité, le *volontaire* par le *volontiers*.

C'est bien là, en effet, que, d'une manière ou d'une autre, on en arrivera toutes les fois que l'on affirmera que l'acte libre est prévu : on ne pourra l'expliquer que par un *déterminisme* quelconque : ou de la prémotion, de la causalité divine, ou des circonstances.

Mais pourrait-on admettre Dieu omniscient et provident sans admettre cette prévision ?

Nous ne le croyons pas, du moins avec la conception que s'est construite la conscience chrétienne,

---

1. Que l'on en juge par les passages suivants d'un philosophe et d'un théologien :

« Omnis enuntiatio aut vera esse debet aut falsa ; siquidem quidquid verum non est, id falsum sit necesse est ; quod autem falsum est, contradictorium ejus erit verum. Quare in his duobus pronuntiatis : *Petrus in his aut his circumstantiis peccabit* ; *Petrus in his aut his circumstantiis non peccabit* ; disjunctionis ejus oportet partem alteram esse veram. Hanc igitur internoscet Deus. » (Liberatore ; *Institutiones philosophicæ* ; De attrib. Dei absolutis ; ch. iii, p. 437.)

... Scilicet « videre Deum futura libera quod hinc quidem illius intellectus, utpote infinitæ perfectionis summæ sit perspicax ac ad omne verum perspiciendum determinatus, adeo ut nulla particula veri eum effugere possit : inde vero negari nequeat, hæc futura veritatem habere determinatam ; semper enim verum erit, creaturam liberam hac illave conditione posita hoc illuve esse acturam. » (Hurter; *Theol. dogm.* II, 50.)

et de la Divinité et de la liberté. Constructions établies au point de vue *de la pratique* et avec lesquelles on a voulu ensuite, *en les prenant à la lettre*,
résoudre des questions *théoriques*. Les paralogismes
inévitables que nous avons signalés plus haut résultent tous de là.

Notre vie morale, en effet, s'offre à notre conscience inévitablement à un double point de vue : ce
qu'elle *est* en fait; ce qu'elle *devrait* être ; de là distinction inévitable elle aussi entre ce que l'on appellera la réalité et l'idéal — ou notre moi empirique
et notre moi supérieur — ou l'âme et Dieu — la
liberté et la grâce. Les dernières formules, théologiques, expriment les mêmes réalités intérieures que
les premières, plus psychologiques. Mais il ne faut
pas réfléchir longtemps pour se convaincre que l'intervention du mythe de la personnalité divine dans
les formules théologiques entraîne de suite avec elle
les images de causalité et de prévision *d'où découlent
les insolubles difficultés* que nous avons signalées[1] ».

D'autre part, à la constatation d'un travail interne
d'amélioration, d'un incessant effort de *libération* par
lequel nous dégageons notre vie supérieure des
formes inférieures (végétative, animale, purement
égoïste), effort qui, nous le sentons, ne saurait être

---

1. Devant cette impossibilité de concilier les deux termes, Colins, le
fondateur du « Socialisme rationnel », sacrifie le terme : Dieu. L'homme
n'est réellement libre que s'il est indépendant d'un créateur, donc pas
de créateur, mais seulement des âmes éternelles, absolues, raisonnables
et libres. Cfr. lettre de juin 1858 citée dans Hugentobler, *Extinction du
paupérisme*, p. 236.

ramené à des forces purement physiques et mécaniques et qui est certainement d'un autre ordre, s'est ajouté le mythe du *choix* auquel s'est attachée l'appellation de *liberté*.

Or, si nous y réfléchissons, nous comprendrons facilement qu'un choix aveugle, un choix pour le choix (c'est le seul qui mérite ce nom) est amoral, sans plus de valeur que des numéros tirés, à l'aveuglette, d'un sac. Mais il existe des motifs, dira-t-on, des motifs qui éclairent le choix. La difficulté n'est que reculée ; ou, c'est en effet, ledit *éclairage* dont l'influence détermine et déclanche le choix, ou, même sous cette influence, le choix trouve en lui-même sa raison dernière, ce qui équivaut au choix pour le choix, amoral, nous l'avons dit.

Il s'ensuit que la « liberté-choix » est un mythe par lequel nous distinguons des impulsions physiques, des tendances mécaniques et sans valeur idéale, ce travail de *libération* [1] morale qui s'opère sans cesse en nous et par nous. Il ne faut pas prendre

---

1. « Quomodo gratia te a te *liberat ?* Dimittendo peccata, donando merita, dando tibi vires ad pugnandum advorsus concupiscentias tuas, inspirando virtutem, dando cœlestem delectationem, qua omnis delectatio superatur. » Saint Augustin ; *Serm.* 42 *de Verbis Is.* c. 3.

« Hoc utique auxilio et munere non aufertur liberum arbitrium, sed *liberatur*, ut de tenebroso lucidum, de pravo rectum, de languido sanum, de imprudente sit providum. » Cœlestinus *Ep.* 26 *ad episc. Galliæ.*

C'est, dit Hurter, « libertas gratiæ, libertas *liberata* » (p. 60 ; 75).

Le mythe du « choix » transforme les *motifs* en petits luminaires distincts du moi qui choisit et éclairant son activité. L'action paraît dès lors être le conséquent, le motif l'antécédent ; le choix semble se faire ou aveuglément, ou par la loi du parallélogramme des forces — intrusion des catégories d'espace et de quantité dans le domaine de la qualité, comme l'a si bien montré Bergson, *Des données immédiates de la conscience* (Alcan).

davantage à la lettre le mythe *liberté-choix* que le mythe *personnalité divine.*

Il devient dès lors impossible de considérer comme pouvant aboutir à un résultat sérieux *théorique* toute discussion où ces constructions, ces images d'ordre pratique, sont acceptées et employées comme des notions spéculatives, ayant une valeur *théorique.*

L'Église catholique s'est prudemment abstenue de donner raison définivement aux thomistes ou aux molinistes. Ne vaudrait-il pas mieux, en effet, laisser de côté ces disputes stériles, ces mythes théoriquement inconciliables, nous bornant à étudier et analyser au point de vue psychologique notre « moi supérieur » et notre « moi inférieur » ainsi que les lois et les phases de notre *liberté-libération ?*

C.—PRÉDOMINANCE DE L'ÉLÉMENT ACTIF

CHAPITRE X

EXPÉRIENCES ET HYPOTHÈSES DES « ACTIFS »

Est-il possible d'appliquer à l'étude des questions religieuses une méthode strictement scientifique, positive ?

Il n'est de science que des phénomènes et de leurs rapports généraux. Dès là que le sentiment religieux s'exprime à l'état de phénomène dans la conscience, on a le droit et le devoir d'employer la méthode scientifique [1].

Cela semble fort clair. D'où vient la répugnance de certains esprits à admettre cette conclusion ?

On peut, disent-ils, faire de la physique et de la chimie sans s'inquiéter du « coefficient de réalité externe » qui accompagne nos représentations, sans trancher la question entre réalistes et idéalistes, atomistes et monadistes. Il ne répugne en aucune manière que la physique, que la chimie soit purement phénoméniste et relativiste. Mais une religion purement phénoméniste, relativiste, est une contradiction dans les termes ; qui dit : Dieu, dit

1. Cfr. *Les principes de la psychologie religieuse* du Dr Flournoy Archives de Psychologie, décembre 1902.

non pas un simple sentiment subjectif, une simple hypothèse, mais une réalité substantielle, objective.

Sans doute, répondrons-nous, mais qui dit *religion* ne dit pas nécessairement *Dieu*. Tous ceux chez lesquels prédomine l'élément *actif* du caractère seront enclins à considérer la définition de Dieu comme un pur système, une vue de l'esprit, et la religion comme une force, force pour la vie individuelle ou sociale, et d'une valeur indépendante de celle des dogmes ; les dogmes, ne valant que comme *symboles* de cette efficacité pratique ou comme procédés de suggestion.

Encore un nouvel aspect de la religion[1]. Nous allons donc examiner si l'on a le droit de ramener l'activité religieuse à l'activité morale, à l'activité subconsciente, à l'activité vitale en général, et nous chercherons ce qui doit être ajouté à ces théories si l'on ne veut pas qu'elles appauvrissent et altèrent la vie religieuse.

§ 1. — L'ACTIVITÉ RELIGIEUSE PEUT-ELLE ÊTRE CONFONDUE AVEC L'ACTIVITÉ MORALE?

On donne souvent le nom de *religion* à toute croyance à l'invisible, du moment que cette foi nous

---

1. La religion est donc habituellement présentée :

a) Ou dans le sens *large* de : toute forme supérieure de vie;

b) Ou dans le sens *strict* de : rapports personnels avec un dieu ou plusieurs dieux personnels ;

c) Ou comme procédé dynamique d'auto-suggestion supposant un ensemble de moyens spéciaux, mais non pas un sentiment *sui generis*;

d) ou comme supposant un sentiment *sui generis* indépendant, *en soi*, de toute représentation imaginative ou intellectuelle.

élève au-dessus des réalités utilitaires sensibles, palpables : « Nenn's Glück ! Herz ! Liebe ! Gott ! s'écrie Faust,

> Ich habe keinen Namen
> Dafür, Gefühl ist alles. »

« La vie primitive de l'humanité, dit Salomon Reinach[1], dans la mesure où elle n'est pas exclusivement animale, est religieuse ; la religion est comme le bloc d'où sortent tour à tour, par des spécialisations successives, l'art, l'agriculture, le droit, la morale, la politique et même le rationalisme qui doit, tôt ou tard, éliminer les religions. »

Historiquement, cela est très exact. Mais cette notion de la religion est tellement large qu'elle laisse sans réponse la question qui davantage nous préoccupe : parmi les « spécialisations » dont parle M. Reinach, n'en est-il pas une plus particulièrement *religieuse ?* Quand toutes ces spécialisations sont effectuées, reste-t-il encore quelque chose, *quelque chose qui serait précisément religion ?*

La question ne se pose guère relativement à l'agriculture, à la politique, etc., mais elle est fort souvent discutée relativement à l'esthétique[2] et à la moralité. Ces deux ordres de sentiments éveillant,

---

1. *Cultes, mythes et religions* (Leroux. 1905), tome I, *Introd.* p. VII. — Cfr. *Note X* sur la théorie sociologique de M. Durkheim.

2. « L'œuvre d'art est la religion rendue sensible sous une forme vivante », disait Richard Wagner : le « contenu idéal » des dogmes, c'est ce dont l'art cherche à nous donner l'intuition directe, le sentiment sans l'intermédiaire du concept. Cfr. notre Essai : *Le sentiment religieux dans l'art de R. Wagner* (Paris ; Fischbacher 1895). — Il nous paraît plus utile de traiter ici la question ou point de vue de la morale.

comme le sentiment religieux, le sentiment de *per-fectionnement* ou de *perfection*[1], il n'est pas étonnant que toutes ces émotions se mêlent dans des consciences plus synthétiques qu'analytiques.

Voici d'abord, à ce sujet, des réponses dubitatives, intéressantes précisément parce que l'on y constate une répugnance à l'égard de l'emploi du sens large:

Observation L de M. Arréat : « Ces élans vers l'idéal, le bien absolu, la beauté morale, et ce je ne sais quoi qui me sort de moi-même, peuvent-ils être appelés religieux? Ce que l'on appelle Dieu, la vie future, l'âme, n'y ont rien à faire[2] »

Observation J du même : « Je ne crois pas avoir actuellement l'esprit religieux, à moins que l'esprit religieux ne soit simplement une sorte d'élévation vers un idéal, produite par les émotions artistiques, les grands spectacles de la nature, les méditations de haute morale, etc.[3]. »

Par contre, l'identification est très nettement opérée dans ce passage d'une lettre à nous adressée par M. Ossip Lourié[4], et insérée, sur sa demande, dans *Le Peuple* du 17 janvier 1905 :

---

1. Cfr. § 5.
2. P. 146.
3. P. 144.
4. Russe naturalisé français, auteur de plusieurs ouvrages sur Tolstoï, Nietzsche, les philosophes et les romanciers russes. — Cfr. aussi l'observation J. de M. Arréat : « La foi positive me manque. Sur ces points (Dieu, l'âme, le monde futur) je ne nie rien, je n'affirme rien, je pense seulement que ces notions passent la puissance de compréhension de l'esprit humain. L'action n'a pas besoin chez moi d'émotion ou de pensée religieuse : les idées morales me suffisent. »

« J'admets que l'homme aspire vers quelque chose de supérieur, mais ce quelque chose de supérieur, aucune religion ne nous le donnera jamais, si nous ne le portons pas en nous-mêmes ; ce quelque chose de supérieur, c'est la voix de notre conscience, la voix du Bien, la voix de l'Amour ; si nous ne voulons pas écouter cette voix, aucune religion ne nous indiquera jamais le chemin à suivre. L'irréligion, dans le sens moderne, vient du besoin d'une religion, d'une religion vraiment pure et vraiment belle et nous ne pouvons la trouver que dans les profondeurs de notre être moral. Ma religion c'est la morale. Cette morale n'a rien de commun avec la morale dite chrétienne, ni avec la morale conventionnelle de la société actuelle : c'est la morale vraie, c'est-à-dire indépendante et fondée uniquement sur l'idée du devoir, de la conscience, et de la solidarité sociale.

Et je crois sincèrement que cette religion ou plutôt cette morale règnera sur la terre. Je crois personnellement en la perfectibilité de l'homme, je crois à la possibilité de la réorganisation de la société actuelle. »

Le rapprochement, la comparaison s'impose avec la fameuse définition que l'on prête à Matthew Arnold : la religion, c'est la moralité émue.

Voyons exactement ce que dit l'illustre écrivain[1] :

____

1, » Religion is morality touched with emotion. » Nous citons la traduction (p. 11) parue en 1876 chez Germer-Baillère (Félix Alcan) de

« La religion, c'est la morale élevée, embrasée, illuminée par le sentiment. Quand l'émotion s'applique à la morale, alors s'effectue le passage de la morale à la religion. Le sens vrai du mot n'est donc pas la morale, c'est la morale inspirée par l'émotion [1]. »

Mais — ce que l'on néglige trop de dire — la source de l'émotion, pour M. Arnold, n'est pas dans la morale elle-même ; elle est dans des croyances, des intuitions qui s'y joignent, la colorent, la revêtent de majesté et d'attraits :

« L'aperception de Dieu, ce non-moi dont l'humanité entière se fait toujours une conception quelconque, et qui était pour Israël l'Éternel qui veut la justice, avait fourni à la race hébraïque la révélation nécessaire pour rendre émouvantes les lois morales, et pour faire de la morale une religion. Cette révélation est le fait capital de l'Ancien Testament, et la source de sa grandeur et de sa puissance. »

Et plus loin, parlant de Jésus et de sa « douce raison » : « L'influence de celui qui était *plein de grâce et de vérité*, l'attachement qu'on éprouvait pour lui, assuraient ainsi aux hommes la joie et la paix que leurs prouesses théologiques, leurs raisonnements les plus fins ne pouvaient leur donner. Cette in-

---

» Littérature and Dogma » sous le titre : « *La crise religieuse.* » — « On applique parfois ce mot religion, continue-t-il, à toutes pensées, à tous sentiments élevés. Gœthe dit ainsi : « Celui qui possède l'art et la science possède aussi la religion. »…. Si bon nous semble, nous pouvons appeler religion la science ou l'art inspirés par l'émotion. » Mais il reconnaît qu'habituellement, les hommes, en parlant de religion, ont en vue l'activité qui s'exerce dans la conduite.

1. P. 73.

fluence, nous l'éprouvons tous sans savoir comment, nous ignorons le moment où elle nous envahit; comme le vent qui souffle où il veut, elle passe ici, elle ne passe pas là. Nous voici donc revenus à cet élément en dehors de nous et indépendant de nous, ce non-moi qui est la base, la racine de la religion, cet objet de vénération et de gratitude qui remplit d'émotion la religion, et en fait quelque chose d'autre, de plus grand que la morale. Ce n'est pas nous qui avons disposé l'ordre de la conduite ni le bonheur qui s'y rattache ; ce n'est pas nous qui portons nos cœurs à la justice [1]. »

Le cas de Matthew Arnold et celui de M. Ossip Lourié sont donc tout différents. Ce sont d'excellents exemples des deux tempéraments les plus largement répandus dans l'humanité ; les premiers ont besoin d'intensifier, de vivifier l'émotion morale par l'émotion religieuse [2] ; les seconds n'éprouvent pas cette nécessité : « L'action n'a pas besoin chez moi d'émotion ou de pensée religieuse ; les idées morales me suffisent » (Observ. J). En ce cas, le sentiment moral possède une vie indépendante, une activité se suffisant à elle-même. En réalité, ces derniers se rattachent au type *a-religieux*. Ce n'est plus que par analogie qu'ils parlent de sentiment *religieux*.

Mais ceux qui, comme Matthew Arnold, éprouvent

1. Cfr. Kant: *La religion dans les limites de la raison*, IV⁰ partie ; ch. 1 · regarder les lois morales comme des ordres divins accroît leur ascendant sur la volonté.

2. C'est la question de la *Morale indépendante*. Cfr. *Note* III, p. 201.

le sentiment religieux, ne le confondent point avec le sentiment moral (puisqu'ils distinguent *cette émotion spéciale* qui vient s'ajouter à la moralité). Il importe d'insister sur ce point et, contrairement au *sens large*, de distinguer soigneusement entre le sentiment moral et le sentiment religieux.

1° Parce qu'en fait ils peuvent exister séparés l'un de l'autre :

Le sentiment moral isolé du sentiment religieux : nous venons de le voir dans le cas de M. Ossip Lourié. Nous connaissons tous des athées qui sont des « saints laïques ».

Le sentiment religieux isolé du sentiment moral : rappelons-nous la piété de Louis XI ou des pires débauchés ; rappelons-nous aussi que bien des ivrognes ont le vin « pieux ». William James[1] nous parle de phénomènes mystiques obtenus au moyen du chloroforme et du protoxyde d'azote. On conçoit dès lors que l'émotion mystique puisse avoir une sorte d'existence séparée, survivre au naufrage des croyances, reparaître par hérédité, etc. L'observation O de M. Arréat (p. 155) que nous avons citée p. 134 fournit un bel exemple de cette survivance.

2° Parce que, pour certains esprits, les croyances

---

1. *The varieties of religious experience* ; p. 387 et suivantes. — Notre conscience normale n'est, dit-il, qu'une des formes que peut revêtir la conscience, mais il en est bien d'autres possibles. Si nous employons l'excitation voulue, elle apparaissent, sans liens avec la conscience ordinaire, représentant des types de mentalité qui probablement quelque part, dans d'autres conditions, se réalisent et d'une manière utilisable.

auxquelles correspond normalement le sentiment religieux, ne sont pas seulement, comme pour Matthew Arnold, des symboles qui expriment le sentiment moral ou le pénètrent « d'émotion », mais la *base nécessaire et indispensable* des sentiments moraux. Sur ces croyances, sur ces « notions », on « échafaude » la vie[1]. « Reconnaître l'un sans l'autre, la morale sans la religion, me paraît équivalent à supprimer les fondations d'un édifice. J'ai besoin d'un ensemble, d'un système qui s'impose[2]. »

C'est que la religion est une fonction de l'âme tout entière. Elle est une satisfaction « du besoin d'aimer, du besoin d'idéal », mais aussi, du « besoin de connaître »[3]. Que l'on doive, oui ou non, se sevrer de cette satisfaction intellectuelle, c'est une autre question. Psychologiquement, pour un grand nombre de natures, le besoin existe et l'histoire des religions prouve que des illusions mêmes suffiraient à le satisfaire.

3° Parce que, sans même faire du dogme la base nécessaire de la morale, bien des consciences distinguent entre les sentiments auxquels ils donnent naissance. « Quelle que soit la source de notre pensée

1. Arréat, p. 125, 126.
2. « Ma croyance m'est nécessaire parce que si je ne croyais pas que ma conscience est une chose de Dieu, si je pensais simplement que c'est une impression n'ayant pas plus de valeur que d'autres, j'en ferais bon marché et je ne suivrais pas ses impulsions, ni n'écouterais ses reproches. » P. 127.
3. *Ibidem* ; p. 125.

et de nos émotions, dit l'étudiant en médecine de l'observation E. de M. Arréat, s'il ne vient s'y mêler l'idée de Dieu, elles sont loin d'être religieuses[1]. »

C'est là, en effet, le sens habituel du terme, mais nous voilà en face de l'affirmation si répandue : sans Dieu, pas de religion ; il est donc indispensable que nous consultions l'expérience pour nous rendre compte si, oui ou non, la *personnalité* du Divin que l'on exprime habituellement par ce mot : Dieu, est postulée par la conscience religieuse.

§ 2. L'ACTIVITÉ RELIGIEUSE EST-ELLE EXPLIQUÉE PAR L'ACTIVITÉ INCONSCIENTE OU SUPPOSE-T-ELLE DES RAPPORTS PERSONNELS AVEC UNE DIVINITÉ PERSONNELLE ?

La conviction qu'il n'est de religion réelle que s'il existe des rapports personnels avec un Dieu personnel ou des dieux personnels est tellement répandue qu'il n'est pas besoin de l'attester ici par des témoignages particuliers.

Tout l'intérêt est de savoir, par contre, s'il peut y avoir sentiment religieux sans croyance à la personnalité divine. Rien n'est plus assuré au point de vue de l'expérience.

Matthiew Arnold reconnaît, certes, un « non-moi », un « élément en dehors de nous et indépendant de nous » que, très préoccupé de ne pas brusquer les choses, il continue à nommer *Dieu*. Mais quelle

---

1. P. 129.

définition donne-t-il de Dieu ? Celle-ci : « le grand courant des tendances qui poussent toute chose à accomplir la loi de son être [1], » la « puissance éternelle, en dehors de nous, qui tend vers la justice (cherche la justice, travaille pour elle : « makes for righteousness) » [2]. Tendance n'est nullement synonyme de conscience personnelle; les adversaires de Matthiew Arnold ne s'y sont pas trompés.

Pour lui, l'affirmation que Dieu est « une cause première et personnelle, le gouverneur moral et intelligent du monde... dépasse ce qui est vérifiable. Elle va beaucoup trop loin ; et s'il nous faut ici ce qui est vérifiable et ce que chacun doit reconnaître comme certain, il faut nous contenter d'un minimum [3] ». Ce minimum, c'est l'affirmation d'une « tendance », d'une « loi » — non d'une personne.

Mais c'est, pour Matthiew Arnold, une loi cosmique [4]. Les observations qui suivent montreront les consciences contemporaines moins ambitieuses encore.

---

1. *La crise religieuse*, p. 33 (F. Alcan). — En note : « On a objecté que, si cette façon de s'exprimer (Dieu) en personnifiant l'objet, est plus convenable, c'est qu'elle est scientifiquement plus exacte. La moindre réflexion nous fait reconnaître que cette objection est sans valeur. Wordsworth appelle la terre la puissante mère des mortels, et les géographes l'appellent une sphère dont les pôles sont aplatis. Les termes de Wordsworth expriment mieux ce que sentent les hommes au sujet de la terre, mais ils ne sont pas cependent aussi exacts scientifiquement que la définition des géographes. »

2. P. 199, 217, 218.

3. P. 33.

4. De même pour les Bouddhistes ; ils s'abstiennent de toute métaphysique, mais n'en ont pas moins une conception pratique du monde et de certaines lois (les sankhâras, le karman) qui le gouvernent.

Nous avons parlé déjà de M. E. (observation V du Dr Flournoy), pour lequel le divin est une forme de vie : « Je ne conçois rien de plus divin (que la vie toute de dévouement de Jésus) ou mieux encore c'est en cela que je conçois le divin »[1] ; mais la hantise d'une personnification de ce divin se trahit à plusieurs reprises, tandis qu'elle a disparu chez M. B... (observation II).

M. B. est devenu tout à fait agnostique. « Je reste, dit-il, devant l'énigme insoluble, et je n'ai aucun besoin de lui donner un nom pour en vivre. » — « Le sentiment religieux n'est pas pour moi un simple sentiment de *Schwärmerei* sentimentale ou d'exaltation mystique, mais une supplication instante de prière intérieure — et une réponse reçue — impliquant un effort et un acte de courage et de confiance[2] ».

Demande, réponse, cela n'implique-t-il point la personnalité de part et d'autre, les fameuses « relations personnelles » en lesquelles si souvent on fait consister l'essence de la religion ? L'expérience ici, prouve le contraire. Effort, courage, confiance, énergie reçue; c'est de la vie psychologique, de l'expérience psychologique, et, pour éprouver tout cela, M. B... n'a nullement recours à la croyance en une personnalité divine.

« Peut-être une expérience religieuse me donnera

---

1. *Archives psych.* octobre, 1903, p. 355.
2. P. 332.

le sentiment de la réalité objective de l'objet de la croyance ; en d'autres termes, le grand X de l'inaccessible qui est au delà de mon moi conscient s'incarnera plus nettement, plus complètement dans mon intellect et y prendra des formes plus précises. C'est possible, mais il me semble que même alors je ne pourrai oublier que ces formes intellectuelles ne sont que des formes et n'ont pas *en soi* de réalité hors de mon intellect... Précisément parce que je suis devenu agnostique, et que toute forme intellectuelle de l'inaccessible n'est plus pour moi qu'une simple représentation, sans valeur en soi, de la réalité, je me sens sur un terrain solide. Je fais, là l'expérience que je n'ai pas à *faire*, mais à *recevoir*[1] ; que je n'ai pas l'initiative, mais le devoir d'attendre et d'écouter ; que la source de la vie est au delà de mon moi conscient, pour moi, pour tous les hommes. Je *veux croire* que de cette source sort le bien et le bonheur (j'en ai fait même quelque incomplète expérience) ; voilà où ma volonté à moi intervient comme facteur ; c'est là mon *auto-suggestion*, puisque foi et auto-suggestion sont nécessairement synonymes ; mais il n'y a pas là chez moi de raisonnement, c'est un acte instinctif. »

Philosophie, dira-t-on, *et non religion !* — Osera-t-

---

1. P. 334 à 336. — Cette attitude *réceptive* (sans que d'ailleurs la question soit tranchée ou même agitée si c'est de quelqu'un ou de quelque chose que l'on reçoit) ne serait-elle pas une des caractéristiques du sentiment *religieux*, le sentiment *moral* étant plutôt une attitude d'*activité par initiative individuelle* ?

on le prétendre pour des millions de bouddhistes et de
jaïnistes qui ne se sont pas préoccupés [1] de l'existence
de Dieu ou l'ont formellement niée [2] ? Voilà certes,
à l'état de *faits* incontestables, la religion indépendante et la morale indépendante (indépendantes de
toute idée de personnalité divine).

On ne saurait donc s'étonner de la tendance
moderne à chercher dans les seules données psychologiques, l'explication des phénomènes religieux.
C'est ce que M. W. James a tenté après une longue
étude des « *variétés* » de l'expérience religieuse. Ne
peut-on, dit-il, isoler un « minimum » que toutes les
religions contiennent comme leur « noyau », et au
sujet duquel *tous* soient d'accord ?

Oui ; ce *minimum*, c'est le fait que la partie supérieure de notre nature est en rapport intime avec
« un *plus* » d'où peut lui venir un accroissement
de vie.

Nature de ce *plus*, de ce rapport, du mode d'union,
tout cela prête à interprétations et hypothèses d'où
résultent précisément les diversités irréductibles [3]

---

1. Cfr. Oldenberg, *Le Bouddha* (F. Alcan) 2ᵉ partie, ch. 11, p. 257, 279.

2. *Histoire des religions* de Chantepie de la Saussaye, p. 365 : « La
conception du monde des Jaïnas est, comme celle du Sânkhya, complètement athée. » — Doctrine analogue de Colins (« Socialisme rationnel ») et ses disciples : pour eux aussi, « la religion est le lien des
actions d'une vie à une autre vie » (Colins, lettre de juin 1858), mais ils
n'admettent pas l'existence de Dieu.

3. « If an Emerson were forced to be a Wesley, or a Moody forced to
be a Whitman, the total human consciousness of the divine would suffer.
The divine can mean no single quality, it must mean a group of qua-
lities, by being champions of which in alternation, different men may
all find worthy missions. » P. 487.

entre les formes religieuses, mais dès qu'il y a sentiment de ce plus et du profit que nous en tirons pour développer notre vie, il y a religion. Ce que l'on peut aussi affirmer, c'est que ce *plus* est la continuation subconsciente de notre vie consciente.

Il n'est pas besoin, à notre époque, de justifier cette affirmation : que nous ne prenons conscience que d'une portion restreinte de notre vie psychique totale, mais que cette prise de conscience peut s'enrichir sans cesse, soit d'une manière que nous appelons *normale :* la mémoire, par exemple ; soit d'une manière *anormale :* l'inspiration (artistique, morale, religieuse), ou encore ces invasions subites de l'inconscient sous forme de pensées, de paroles ou d'impulsions[1] si fréquentes dans la vie religieuse ; soit enfin d'une manière que nous ne saurions nommer anormale ou normale, que l'on pourrait peut-être appeler *méthodique*, puisqu'elle est déterminée par certains procédés spéciaux, tels que la réflexion, la méditation, la prière.

Or, que constatons-nous dans cette énumération ?

1. Cfr. les deux chapitres de W. James sur la *Conversion* (Lectures IX et X). La traduction française du livre par M. Abauzit vient de paraître chez F. Alcan. Les références au texte anglais y sont établies à la table des matières. — Cfr. Aussi *Arch. psych.*, octobre 1903 ; observat. IV du Dʳ Flournoy : « C'est un jeudi, entre quatre et cinq heures après midi, sur le trottoir de telle rue, devant telle entrée, que cette éclaircie s'est faite *soudainement* dans mon ciel obscurci. » Observ. V : « Et *soudain*, il me revint, comme un écho lointain, une parole que j'avais entendu citer : Il y a deux hommes en moi. »... « *Tout à coup*, j'éprouvai un sentiment de soulèvement au-dessus de moi-même, je sentis la présence de Dieu. » Observ. VI : « Une *force irrésistible* me poussait et contrebalançait toutes mes habitudes de mollesse. » Les récits de conversions surtout sont pleins de faits analogues ; ils abondent dans toute vie morale et religieuse un peu intense.

L'inévitable mélange de choses appelées religieuses
et d'autres dites non religieuses. Et nous voyons
par là-même qu'un commun phénomène réside en
elles toutes, donc que la religion possède, aussi bien
que les autres formes, une base expérimentale.

Cela paraît incontestable. Néanmoins, ce *minimum*, ce *nucleus* commun, très utile à déterminer
lorsqu'il s'agit d'établir un point de contact entre
la religion et les sciences devient tout à fait insuffisant s'il s'agit d'expliquer à nos consciences à nous
notre religion [1].

L'intervention de l'inconscient, du « *plus* » vital
qui augmente notre vie, est commune, nous venons
de le dire, aux phénomènes religieux et à des phénomènes qui ne sont point de cet ordre, comme la
mémoire. Le fameux *nucleus* est donc aussi insuffisant comme explication psychologique de la religion
que la notion de *vertébré* est insuffisante, au point
de vue physiologique, à exprimer la différence
entre un mammifère et un poisson. Enfin W. James
est le premier à remarquer que dans cette grande
région « subliminale et transmarginale », on trouve
de tout et « côte à côte, des dragons et des séra-

---

1. Une théorie analogue est exposée dans *Religions of primitive
peoples* de Daniel Brinton (New-York et Londres. Putnam's Sons 1897).
Mais, de même que l'auteur reconnaît que l'animal ne reçoit pas de
culte en tant que simple animal (p. 161), ni le fétiche en tant que simple
objet matériel (p, 132), nous répondrons : ce n'est point l'inconscient
(ou subconscient) en tant qu'inconscient, et ce n'est point *n'importe quoi*
venant de l'inconscient, qui est appelé religieux, mais ce qui apparaît
comme *meilleur*. C'est d'ailleurs par un acte de foi en l'idée de perfection vivante et agissante dans l'âme, même en dehors de toute person-
nalisation, que Brinton termine son étude.

phins ». L'intervention de l'inconscient n'est donc pas toujours heureuse. Cela permet, d'ailleurs, de comprendre pourquoi la conscience religieuse a cru au diable aussi bien qu'à Dieu. En effet, c'est une tendance naturelle à ceux qui éprouvent d'une manière plus ou moins intense et fréquente ces envahissements de l'inconscient, de les personnifier, de leur donner un nom[1], d'en parler à la troisième personne et de bien se défendre d'être la même personne qu'eux. Rien de plus naturel donc que la personnification des bonnes ou des mauvaises tendances : Dieu et le diable[2].

W. James l'a bien senti et il a complété la constatation psychologique par un « over-belief », une « hypothèse » personnelle :

Les dernières limites de notre être, dit-il, plon-

---

1. Cfr. P. Janet, *L'automatisme psychologique* 4ᵉ édit. (F. Alcan, 1903) p. 131 et suivantes.

2. L'ignorance des dédoublements de personnalité amenait nos pères à se croire obligés d'expliquer *surnaturellement* des phénomènes qui ne nous paraissent avoir rien que de naturel, celui par exemple de reprendre un écrit interrompu, sans voir ce que l'on avait fait déjà, et néanmoins avec suite dans les idées et les phrases (Cfr. pour Ruysbroeck, ch. XIII de sa Vie dans le *Livre des XII béguines* (Cuylits), p. 45 ; — pour saint François de Sales *Revue d'hist. et litt. relig.*, mars-avril 1906, p. 179). Cette ignorance persiste de nos jours. On emploie, avec candeur, tous les procédés de suggestion et l'on crie au miracle, comme dans ces lignes : « Il y a une puissance incomparable dans ces strophes entonnées spontanément, et qui sont reprises indéfiniment jusqu'à dix et vingt fois de suite, tantôt par une voix, tantôt par une autre..... C'est une succession ininterrompue de cantiques, de solos, de prières, de lectures, d'allocutions, sans que jamais il y ait ni arrêt, ni heurt, ni fausse note. S'il y a une fausse note, c'est-à-dire une allocution qui ne soit pas dans le ton et qui traîne en longueur, un chant entonné par n'importe qui a vite fait de la noyer dans l'harmonie. » Et après cet aveu dénué d'artifices, le pasteur Lorstch ajoute : « D'où vient cette unité extraordinaire ? C'est qu'il y a là quelqu'un d'invisible mais présent qui dirige. » (*Le réveil du pays de Galles*, Valence, Ducros, 1905, p. 59).

gent dans une tout autre dimension d'existence que
le monde que nous pouvons sentir et comprendre.
Nommons-le : mystique, surnaturel, comme l'on
voudra. Dans la mesure où nos impulsions idéales
ont leur origine dans cette région (et il en est ainsi
pour la plupart d'entre elles, car nous nous trouvons
les posséder sans pouvoir expliquer comment), nous
appartenons à cette région dans un sens plus intime
qu'au monde sensible, car nous appartenons dans
le sens le plus intime à ce à quoi appartiennent
nos idéaux. Pourtant, cette région invisible n'est
pas seulement idéale, car elle produit des effets
en ce monde. Lorsque nous communions avec elle,
l'action s'exerce sur nos personnalités finies :
nous devenons un nouvel homme et notre régéné-
ration a ses conséquences, relativement à notre
conduite, dans le monde naturel. Or ce qui
produit des effets dans une réalité peut être appelé
réalité, et il n'y a aucune excuse philosophique qui
permettrait d'appeler irréel le monde mystique et
invisible [1].

W. James a donc été forcé de compléter [2] son
explication, de transformer son genre vague en
espèce précise en distinguant dans nos tendances,
les tendances *idéales* des autres impulsions. L'intervention de l'inconscient n'explique le sentiment reli-

---

1. *The varieties of religious experience*, p. 516.
2. Et, dans ses dernières lignes (en note dans la traduction) il nous
promet un second volume sur ce sujet.

gieux que si nous l'envisageons *sub specie perfecti*.
Il faut toujours en revenir là.

§ 3. — THÉORIE BIOLOGIQUE DE LEUBA

Un autre penseur américain soutient que le sentiment religieux n'est pas un sentiment *sui generis*,
mais une synthèse *sui generis* des sentiments qui font
partie de la vie intérieure de l'âme humaine.

Leuba distingue quatre tendances dans la religio-
sité mystique :

1° Tendance à la jouissance organique[1].

2° Tendance à l'apaisement de la pensée par uni-
fication ou réduction[2].

3° Tendance à la recherche d'un soutien affectif[3].

4° Tendance à l'universalisation de l'action[4].

« La satisfaction de la première, dit-il, donne la
volupté ; celle de la seconde, la quiétude ; celle de la
troisième la force dans la confiance ; celle de la quatrième, la paix doublée d'un sentiment d'ennoblisse-
ment. On pourrait donc considérer le mysticisme
comme une des formes de la recherche du bonheur.
Ses Amants divins lui font sans contredit une rude

1. Cfr. *Revue philosophique*, novembre 1902.

2. Cfr. notre précédent volume : *Evolution de la foi catholique* (F.
Alcan, 1905), ch. IV et *Les maladies du sentiment religieux* de Murisier (F. Alcan, 1901),

3. Cfr. ci-dessus ; p. 126.

4. C'est-à-dire le passage du point de vue intéressé personnel à celui
d'un ordre supérieur, universel, désintéressé, dogmatiquement parlant :
la volonté de Dieu. Ce serait plus intelligible, dit Leuba, si l'on substi-
tuait au mot *Dieu* l'expression : *ensemble des principes altruistes*. *Rev.
phil.*, p. 21. Mais c'est là une définition trop étroite, qui ne tient compte
que du point de vue de la conscience morale.

chasse... Jusqu'ici, c'est-à-dire en ce qui concerne
ses motifs, la religion chrétienne, ou, si vous voulez,
le mysticisme chrétien est parfaitement rationnel,
et n'a rien qui puisse le faire accuser de transcendance, puisque la recherche de Dieu signifie essentiellement la recherche de la satisfaction d'une, de
plusieurs, ou de toutes les quatre tendances que
nous avons indiquées. »

Ce passage prouve qu'il n'est pas nécessaire que
toutes les tendances interviennent, ce qui explique
les formes inférieures de religion.

Dans un article antérieur du *Monist* [1], Leuba con-
signe et étudie quatorze cas, parmi lesquels quatre
nettement a-religieux (xi à xiv), trois autres qui, de
fait, le sont également (ii, v, vii) et sept autres qui
nous offrent toute la gamme, depuis la croyance
vague jusqu'à la farouche orthodoxie calviniste (x).

Que ressort-il de ces témoignages ?

Que la vie religieuse intérieure aussi bien qu'extérieure subsiste, même lorsque s'est affaiblie ou évanouie la croyance à la personnalité divine : la jeune
femme du cas i ne s'adresse qu'à une « personnalité
suprême vaguement appréhendée *et construite d'après
ses besoins* » — le principal besoin étant « d'identifier sa volonté propre à une volonté universelle » et
l'expérience lui ayant prouvé la misère vaniteuse de
la sienne propre. Dans ses expériences purement
émotionnelles, elle n'éprouve pas de réalisation dis-

1. *The Monist*, January et July 1901 (London, Kegan).

tincte d'une communion avec Dieu. Au point de vue réfléchi, dit-elle, « *j'emploie Dieu* comme ce en deçà de quoi, en raison, je ne puis aller [1], et j'agis *comme si je croyais réellement* en lui comme en un être personnel, *afin de satisfaire mes besoins intellectuels et esthétiques.* » — Le médecin du cas v prie, tout en disant : « Je ne sais pas si Dieu m'aide ; quelquefois, je crois qu'il m'aide » — sentiment que nous retrouvons dans le cas vi du Docteur en philosophie. On comprend dès lors la conclusion de Leuba : « La vie religieuse est impulsive et participe de la nature de l'instinct... La croyance, la foi, sont des attitudes téléologiques. La vérité, pour l'homme naturel, est ce qui procure le résultat dont il a besoin ; son criterium est l'efficacité affecto-motrice. Toute la considération que nous avons pour la vérité objective et la logique est évidemment due aux avantages pratiques que nous retirons en nous y conformant. Aussi sont-elles laissées de côté en faveur d'une croyance qui nous satisfait, chaque fois qu'une incompatibilité s'élève entre la vérité objective et des besoins subjectifs ; vivre, après tout, est le premier besoin de la vie... Les hommes s'efforcent de prouver l'existence de Dieu ; est-ce bien nécessaire vraiment ? Avec les preuves, beaucoup d'entre nous continuent à agir comme s'Il n'existait pas ; tout

---

1. Nous avions donc raison, au début du paragraphe, note 4, de trouver trop étroite la définition de Dieu ; voilà que reparaît le point de vue de la raison théorique : l'absolu.

comme sans les preuves, des milliers et des milliers se conduisent comme vivant en sa présence. C'est la raison qui est la servante de l'action, et non vice versa. »

Et plus loin (se servant d'une formule empruntée au témoignage 1) : « La vérité, en cette matière, peut être ainsi exprimée : Dieu n'est pas connu, il n'est pas compris, il est utilisé — utilisé[1] largement et avec un merveilleux dédain de logique conséquente, parfois comme pourvoyeur de nourriture, parfois comme support moral, parfois comme ami, ou comme amant. S'il se prouve utile, son droit à rester au service de l'homme est par là même justifié. La conscience religieuse n'en demande pas davantage ; elle ne s'embarrasse point avec les questions philosophiques : Dieu existe-t-il ? et comment ? et qu'est-il ? Ce n'est pas Dieu, c'est la vie, plus de vie, une vie plus large, plus riche, plus satisfaisante, qui est, en dernière analyse, le but de la religion. L'impulsion religieuse, c'est l'instinct de préservation et d'accroissement. Il n'y a donc pas, au fond, d'impulsion religieuse spécifiquement (distincte des autres) ; la préservation et l'accroissement de la vie sont l'impulsion motrice de l'activité séculière aussi bien que de l'activité religieuse. Ce n'est point dans les tendances, c'est ailleurs, que la différence doit être cherchée. »

Où donc ? Dans l'intelligence.

1. P. 571 : « *God is not known, He is not understood, He is used.* »

En effet, « qu'elles soient de Dieu, du monde, ou du diable, ces jouissances (cf. p. 17) ont la même base physiologique et elles procèdent des mêmes besoins : c'est toujours la chair qui veut vivre, vivre dans la quiétude, vivre dans les délices de l'amour, vivre dans la sévère mais profonde joie du devoir accompli. Ces jouissances sont cependant accompagnées chez le mystique *par d'autres idées*. Ce fait introduit dans la psychologie une différence qui nous paraît être de la plus haute signification. Si nous n'avons fait qu'indiquer vaguement la valeur de la substitution de la notion Dieu-Amour-Sainteté aux idées qui sont d'ordinaire liées aux mêmes plaisirs, c'est parce que nous réservons ce sujet pour une étude spéciale sur les moyens religieux, leur efficacité et leur valeur[1]. »

Et l'intelligence, la représentation intellectuelle agit, non pas seulement comme colorant la tendance d'une nuance spéciale qui permet de l'appeler religieuse, mais en tant qu' « *hypothèse active*[2] » exerçant sur la tendance une plus ou moins intense suggestion[3], l'aidant ainsi à s'exprimer par l'action,

1. Et plus loin : « Quel est l'élément qui différencie la vie religieuse de la vie séculière, car enfin l'une n'est pas l'autre ? C'est le ou les moyens que l'homme met en jeu pour obtenir la satisfaction de ses désirs et non pas ces désirs eux-mêmes qui séparent la religion du reste de la vie. Mis en termes psychologiques, ce n'est pas la volonté (au sens de Schopenhauer), mais la connaissance qui les distingue. » *Rev. phil.*, nov. 1902.

2. « Vorking hypothesis, » *The Monist*, July 1901, p. 553.

3. Après avoir montré que la dévotion ordinaire renferme, proportion gardée, les éléments de la transe extatique, Leuba conclut : « Puisque l'homme dans la transe est suggestible à un très haut degré, il s'ensuit

qui est le fruit dernier de tout le processus psychique intérieur[1].

Pas de sentiment religieux spécial, de tendance religieuse spécifique ; la religion procédé dynamique de préservation et accroissement de la vie, tel est en résumé, la conclusion de Leuba : « Nous n'avons découvert aucune tendance religieuse *per se*, mais simplement des tendances humaines qui remplissent la vie tout entière. Si on les rencontre dans la religion, c'est qu'elle est une partie de la vie humaine[2]. »

Ce n'est donc pas Dieu, c'est la vie qui est l'objet de la religion[3]. Leuba nous l'a déjà dit ; il va nous le répéter sous une autre forme :

que la sagesse empirique des nations a trouvé et mis en usage dans la religion un des moyens les plus efficaces de faire triompher les désirs les plus chers au cœur humain. » *Rev. phil.*, nov. 1902. — Que la religion nous apprenne à vivre, nous aide à vivre, se mêle à tous les événements de la vie (naissances, mariages, morts, actes de la vie sociale ou nationale, etc.) que Dieu soit considéré comme Vie et « vivifiant », que les sacrifices, sacrements, symboles, prières, communions totémiques et autres, aient pour but « vitam habeant et abundantius habeant », que la foi étende nos espérances de vie jusqu'à l'éternité, tout cela prouve bien que, sous un aspect, la religion est en fonction de notre vie. Le culte des astres, des esprits, des dieux, etc., n'existe qu'en tant que ceux-ci ont une influence réelle ou possible sur la vie. Tout cela est vrai, mais à condition de ne pas oublier que l'idéal désintéressé fait aussi partie de la vie et que, pour nous, la religion comprend aussi bien « *l'amour pur* » que *l'espérance* intéressée.

1. *The Monist*, January 1901, p. 213 ; Leuba ne veut pas que l'on rompe le processus pour faire d'un des fragments, sentiment, idée, activité, l'*essence* de la religion.

2. *Revue philos.*, novembre 1902 ; fin de l'article. — Cfr. *Note* IV : *Adaptation de la théorie biologique à la vie chrétienne par des théologiens et penseurs catholiques.*

3. « La religion des Puritains est faite pour l'homme et non pour Dieu. Leur propre prospérité leur semble la raison d'être de la Providence. Leur Dieu n'a pas d'intérêt distinct du leur. C'est un Dieu citoyen, comme ceux des cités antiques, ou comme celui des tribus bibliques... Deux siècles plus tard, Henry James écrira que « Dieu *n'est*

« La question de l'existence de Dieu n'est pas le réel problème ; ce qui en fait le vrai intérêt, ce qui est le vrai problème, a été perdu de vue, en partie du moins, par les penseurs de profession. Il en est résulté que les hommes en sont arrivés à se tromper eux-mêmes en se persuadant qu'ils s'intéressent vraiment à l'existence même d'une Première Cause personnelle ou d'un Ordre moral, tandis que ce qui les préoccupe est seulement leur rapport et celui du monde où ils vivent, avec ces existences possibles. Nous sommes absolument indifférents au sort de la cause première aussi longtemps que notre propre sort et celui du monde qui nous entoure et agit sur nous ne sont pas en jeu. Nous n'avons pas à rougir de ce trait tout à fait normal et rationnel. Les questions ultimes auxquelles nous avons besoin d'avoir des réponses quand nous considérons la question de l'existence de Dieu ou d'un Ordre moral, sont une ou plusieurs des suivantes : Obtiendrai-je le manger et le boire dont j'ai besoin et pour lesquels je prie ?

que ce qu'il *fait* », et qu'il ne devient vénérable qu'autant qu'il collabore au progrès de l'humanité « comme une personne sans privilège, comme un honnête ouvrier. » Il est au service de la colonie ; il en est le législateur et le policier. Quand il intervient, c'est pour rappeler aux autres serviteurs qu'il veille à l'intérêt commun. » Bargy. *La religion aux États-Unis*, p. 23. Cfr. *Note V*.

Pour H. James, dit encore M. Bargy (p. 158), Dieu « n'est plus qu'un symbole de la renonciation à soi-même ; et l'esprit social étant le principe et la fin de tout, Dieu en est, on ne peut pas même dire la personnification, puisqu'il n'est pas personnel, mais l'expression métaphorique : « Dieu, dit-il, est ce qu'il y a de plus humble, de plus dénué de vie consciente ou personnelle ; c'est le serviteur de l'humanité... J'avoue librement que je n'ai pas le moindre respect pour un Dieu qui se suffirait à soi-même ; n'importe quelle mère qui fait téter son bébé, n'importe quelle chienne qui allaite sa portée, présente à mon imagination un charme divin plus proche de moi et plus doux. »

Cet être que j'aime sera-t-il guéri par une main divine ? Obtiendrai-je l'aide morale, le sens de rapports affectueux après lesquels soupire ma faible chair ? Le droit finira-t-il par triompher ? La matrice de l'Univers est-elle seulement de chair, ou animée par un esprit apparenté au mien, un esprit qui a construit ce monde et le dirige de manière à satisfaire mes plus hauts désirs pour l'universelle harmonie ? Cela reconnu, le classique problème de l'existence de Dieu prend un nouvel aspect et offre de nouveaux points d'attaque. Les questions que l'on posera désormais seront celles-ci surtout : Qu'est-ce que l'homme peut attendre d'existences en lesquelles il aimerait à croire ? Les besoins de l'Humanité ne peuvent-ils être satisfaits que par l'existence de et la croyance en un Être ou Ordre, ou peuvent-ils être satisfaits autrement [1] ? »

Voilà donc le système : religion procédé pratique de vie. Théorie qui paraît d'abord plate, terre à terre, et rappelle jusqu'à un certain point la théologie de Riquet, le chien de M. Bergeret : « Mon maître me tient chaud quand je suis couché derrière lui dans son fauteuil. Et cela vient de ce qu'il est un dieu. Il y a aussi devant la cheminée une dalle chaude. Cette dalle est divine [2]. »

---

1. *The Monist*, January 1901, p. 209.

2. Anatole France, dans le volume intitulé *Crainquebille ; Pensées de Riquet*, p. 118. — « Une fois, dit Hartmann qu'on ne voit plus dans la prière qu'une illusion dont on a soi-même conscience, mais que cependant il est bon de pratiquer à raison de ses heureux effets psychologiques, on l'abaisse au niveau du juron énergique par lequel un porte-

Riquet est fidèle au point de vue dynamique. Sa religion est positive et scientifique. Elle ressemble fort à celle de nos ancêtres préhistoriques. Hâtons-nous d'ajouter que la théorie américaine ne s'arrête pas à ce niveau :

« Nous disions tout à l'heure que le mysticisme peut être envisagé comme une des formes de la recherche du bonheur. C'est un point de vue que l'on peut prendre pour n'importe quelle activité humaine. Seulement on ne dit vraiment rien en faisant cette affirmation indéniable, attendu qu'on en peut dire autant de chaque action consciente de toutes les créatures. Ce qui les distingue et ce qui les place dans l'échelle des êtres, ce sont les différentes espèces de bonheur qu'elles reconnaissent, les différentes sources d'où elles le tirent et l'ordre de préférence dans lequel elles les rangent [1]. »

Or qu'est-ce que cet « *ordre de préférence?* » Qu'est-ce aussi que ces « désirs *les plus chers* au cœur humain », ces besoins « *les plus élevés* de l'individu ou de la société », ces tendances qui peuvent être « *dignes* d'un caractère *sacré* [2]? » Qu'est-ce que cela, sinon des *jugements de valeur ?*

Et nous voilà ainsi au cœur même de la question.

---

faix s'excite lui-même à de nouveaux efforts pour charger un fardeau qui met sa puissance musculaire à une trop forte épreuve. » *La religion de l'avenir*, p. 118.

1. *Rev. phil.*, Nov. 1902, § V.

2. *Rev. phil.*, nov. 1902, § V : « valeur ressentie et non seulement conçue », de là son efficacité, comme lorsqu'on *sent* du dégoût pour un mets que d'autre part on *sait* indigeste. — Cfr. *The Monist*, July 1901, 573.

§ 4.

Dans son remarquable traité de Morale[1], Höffding ramène la conscience morale à la conscience
psychologique[2], la conscience morale consistant à
prendre conscience du besoin d'unité, de cohésion,
de synthèse entre le moi « empirique » et le moi
« véritable », c'est-à-dire « les fins ou intérêts vitaux
que l'individu considère *comme les plus élevés* ».

Mais c'est précisément le jugement qui nous les
fait affirmer comme *plus élevés*, qui nous permet
d'apprécier « l'élément bon et précieux de l'être[3] »,
qui constitue le jugement de conscience morale !
Que l'on fasse consister le *bien* en ce que l'on voudra,
on n'esquivera jamais la nécessité de porter, à un
moment où à l'autre, un jugement de valeur qui le
consacre comme tel et que l'expérience seule ne
suffit pas à justifier[4].

---

1. *Morale : Essai sur les principes théoriques et leur application aux
circonstances particulières de la vie* (F. Alcan, 1906).

2. *Op. cit.* IV, p. 62.

3. *Op. cit.* XXXI, p. 425.

4. Dans un récent travail sur l'*Organisation de la conscience morale*
(F. Alcan, 1906), M. Delvolvé objecte que la théorie de Höffding
« semble impliquer une extériorité de l'idéal par rapport aux éléments
inférieurs » et « supposer que l'idéal moral existe une fois pour toutes
comme une norme à laquelle l'individu rapporte toute sa conduite »;
mais cette critique me paraît atteindre bien plus les mots que le fond
de l'idée. En effet, M. Delvolvé parvient-il à l'organisation des instincts,
uniquement grâce à ces instincts eux-mêmes, ou grâce aux quelques
lois universelles de la nature vivante que les sciences nous font connaître (2e partie, ch. 1) ? Non. Il faut, en plus, « la compréhension
enthousiaste de la vie, de ses sources universelles, de la beauté de ses
adaptations humaines » (p. 111) et tout un ensemble d'idées monistes
d'où résulte « l'amour intellectuel de la nature, l'union réelle avec la
vie universelle » — et M. D. ajoute: « La notion de la nature n'est pas

Sur ces jugements de valeur est fondée la logique
émotionnelle (= logique des sentiments) que
M. Ribot a si nettement distinguée de la logique
proprement dite ou logique rationnelle. Je n'ai pas
à développer ici ces analyses et comparaisons des
deux logiques. Ce qui va directement au sujet, c'est
l'observation suivante : « Pourquoi donc cette forme
de raisonnement (la logique émotionnelle) persiste-
t-elle sans se laisser supplanter? Parce que la
logique rationnelle ne peut s'étendre au domaine
entier de la connaissance et de l'action. *Or l'homme
a un besoin vital, irrésistible, de connaître certaines
choses que la raison ne peut atteindre, d'agir sur certaines personnes ou choses, et la logique objective ne
lui en fournit pas les moyens* [1]. »

C'est bien un « besoin *vital* « qui est au fond des

différente ici de ce que la religion appelle Dieu » (p. 164). Jugements de
beauté, donc aussi jugements de valeur. Question de tempérament
plutôt esthétique. ou plutôt moral. Et dans le premier cas, l'attraction
de la beauté joue pratiquement le même rôle que, dans l'autre, l'obliga.
tion, le devoir.

1. *La logique des sentiments* (F. Alcan, 1905). P. 30 (C'est moi qui sou-
ligne). — « C'est le désir ou cœur, dit très bien M. Récejac, qui demande
à la raison ces affirmations d'Être et de Bien qui sont le fond vraiment
respectable de toutes les religions ; c'est le cœur aussi qui suscite les
images où ces affirmations prennent leur fixité pour vivre et rester en
nous comme les idées dans les mots. » *La philosophie de la grâce,
Revue philosophique*, août 1901, p. 166. — M. Ribot (*Logique des sentiments*, p. 46), rappelle la théorie de Höffding (*Philosophie de la religion*), d'après laquelle le fond commun des religions est « le principe de
conservation de la valeur ». J'écrivis à M. Höffding et lui demandai si
cela signifie bien « que chaque religion déifie, pose comme idéal, ce à
quoi la conscience, à cette époque et dans ce milieu, attribue la plus
haute valeur. Si c'est la force physique, on aura un Hercule, si c'est la
perfection morale, on aura un Dieu infiniment parfait. Une fois idéali-
sée ainsi, déifiée, la valeur est sauvegardée par le culte même qu'elle
inspire et elle acquiert son plein pouvoir de suggestion. ». M. Höffding
me répondit : « Vous avez parfaitement compris ma pensée. »
(15 mars 1905.)

croyances émotionnelles, des croyances religieuses. Leuba l'a déjà constaté, et lorsqu'il parle de la croyance, de la foi, comme d'attitudes *téléologiques*[1], cela correspond à la loi posée par Ribot : que toute la logique émotionnelle est fondée sur le principe de *finalité*, comme la rationnelle sur celui d'identité[2]. « C'est une logique vitale ; ce sont les conditions de la vie qui l'ont créée et qui la maintiennent ; elle ne pourrait disparaître que dans l'hypothèse chimérique où l'homme deviendrait un être purement intellectuel[3]. »

Mais pour l'un comme pour l'autre, la question capitale demeure non résolue : les *valeurs* sont-elles le domaine de la pure fantaisie, en tous cas, quelque chose de purement subjectif et individuel ?

On nous dit (Eisler, Tarde) : En objectivant la valeur, vous cédez à l'illusion de ceux qui objectivent la « force », la couleur[4]. — L'illusion n'est que dans un réalisme ou anthropomorphisme vulgaire,

1. Les mythes seraient donc des créations *téléologiques* de l'imagination, et non un simple jeu, comme la fiction proprement dite.

2. « Le raisonnement rationnel tend vers une conclusion, le raisonnement émotionnel vers un but ; il ne vise pas une vérité, mais un résultat pratique et il est toujours orienté dans cette direction. » P. 50.

3. P. ix et 39. — C'est le point de vue *positif* du procédé biologique dont M. Salomon Reinach a si bien expliqué le point de vue *négatif* : « Dans son principe, la religion est essentiellement un ensemble de freins spirituels qui restreignent l'activité et la brutalité de l'homme, c'est-à-dire un système de *tabous*. » (*Mythes*, etc., I, p. 27.) — « On appelle religion un ensemble de scrupules qui font obstacle aux appétits naturels de l'homme et entravent le libre exercice de ses facultés physiques. Aussi est-il vrai de dire que la morale, le droit, la civilisation elle-même sont des produits de la religion ; sans elle, l'homme n'aurait jamais appris à se contenir, à se gêner ; il serait resté à tout jamais un animal à deux pieds. » (P. 9t.)

4. Ribot, *Log. des sent.*, p. 38, 42.

que tout penseur exercé évite facilement. La plus lamentable illusion serait d'escamoter le problème lui-même grâce à l'introduction de ce mot *valeur*. Tarde a bien soin, d'ailleurs, de distinguer de la valeur-utilité (de l'économie politique) la *valeur-vérité* et la *valeur-beauté*[1], nous mettant ainsi en garde contre la confusion entre une identité et une analogie.

L'utilité *biologique*[2] ne pourrait fournir une solution adéquate que si l'explication adéquate de la raison et de la conscience se trouvait dans ce que nous appelons vie physiologique, ou matière. Ceux qui voient dans la vie physiologique non la *cause*, mais seulement la *condition* de la vie morale, répondront : Vous ne faites que reculer la question. Elle ne se pose pas seulement relativement au rapport entre la tendance et sa satisfaction, mais relativement à la tendance elle-même : « La vie vaut-elle la peine de la vivre ? »

D'ailleurs, M. Ribot le reconnaît : de même que la sensation a un aspect subjectif et un aspect objectif, la valeur se présente à nous, elle aussi, sous un double point de vue[3] : « Quant aux états de conscience désignés sous le nom de valeurs, ils sont assurément subjectifs, puisqu'ils sont l'expression directe

---

1. Tarde, *Psychologie économique*, I, p. 63 (F. Alcan).
2. Ribot, *op. cit.*, p. 38. Il ne s'agit, en effet, que des « éléments ultimes » et de leurs réactions, des « processus élémentaires », donc de la vie physiologique.
3. P. 10

de notre individualité et qu'il n'y a pas d'évaluation sans un sujet qui évalue. D'autre part, ces états de conscience supposent des êtres, des actes, des choses auxquels ils s'appliquent : phénomènes moraux, esthétiques, religieux, sociaux, qui existent en dehors de nous, indépendamment de nous. Ces phénomènes objectifs agissent comme *stimulus* ; ils excitent des réactions affectives et appétitives, selon la nature de notre individualité physique et psychique. »

Oui, selon notre nature — mais aussi selon *leur* nature. Comment n'y aurait-il pas, dans nos tendances, trace de l'action du *cosmos*, de l'ensemble ordonné, orienté, ou du moins s'ordonnant, s'orientant ?

Faut-il donc admettre d'autres tendances que les quatre indiquées par Leuba[1] ? L'expérience seule peut trancher la question. Ne trouverait-on pas, de fait, dans les *observations* rapportées par Leuba, traces d'autres tendances que celles qui composent le fameux quatuor ?

L'observation I fournirait à elle seule la réponse. La distinction y est nettement établie entre nos ten-

---

1. « Lorsque nous essayons de donner de l'origine et du développement de la conscience (morale) une explication naturaliste, la nature nous apparaît comme un foyer de forces idéales. Peu importe que la nature ait également produit autre chose, elle n'en a pas moins produit *cela*. Il s'est développé une poussée, une impulsion vitale d'une autre espèce que l'impulsion purement physique à la conservation de soi. La force que je sens en moi-même, dans ma conscience morale, est une force de l'univers tout comme celles qui se manifestent pendant les actions et réactions échangées mutuellement par les masses matérielles. » Höffding, *Morale*, XXXI, 3.

dances non religieuses qui peuvent toujours trouver
pleine satisfaction dans un objet, et le caractère jamais satisfait, insatiable, inlassable, de la conscience
religieuse. D'autre part, le désir que doit satisfaire
la pratique religieuse, ce n'est pas seulement celui
des choses de valeur, mais de « permanente valeur »,
de « valeur éternelle », c'est « *le désir de l'éternel
bien* [1]. »

Dieu, dit le médecin du cas V, c'est « l'Éternel
Pouvoir de Progrès ». La Vérité, le « Dieu infini », dira la femme très distinguée de l'observation VII.

Voilà les vieilles catégories d'absolu, d'infini,
d'éternel qui reparaissent, certainement dans le
premier cas, à l'état de *tendances*. Que serait-ce si
nous nous adressions aux mystiques chrétiens qu'é-
tudie Leuba dans son article de la *Revue philosophique* ! Il nous renvoie au *Traité de l'amour de Dieu*
de saint François de Sales. Mais dès les premières
pages (livre I, chap. v) François de Sales reconnaît
des inclinations supérieures qui ne sauraient être
ramenées aux affections « qui procèdent du discours
que nous faisons selon l'expérience des sens » ; il
distingue (chap. XIII) l'amour de bienveillance et
l'amour de convoitise. L'amour de bienveillance est
désintéressé, il ne désire pas pour soi, mais pour

---

1. « A desire for the *eternally good* » (souligné dans le texte). — Sans
parler de l'idée d'*absolu* si nettement exprimée par ces mots : « I use
God as that in reason behind which I cannot go. »

autrui, et si autrui possède déjà le bien désiré, c'est l'amour de complaisance, c'est l'admiration, l'estime qui, lorsqu'il s'agit de Dieu, infinie perfection, appelle l'adoration. Aussi le second livre : « *Histoire de la génération et de la naissance céleste du divin amour* », commence-t-il par ce chapitre : « *Les perfections divines ne sont qu'une seule mais infinie perfection.* » Et tout ce qui suit n'est que la description de l'amour de la perfection, de cette « inclination naturelle au souverain bien, en vertu de laquelle notre cœur a un certain intime empressement et une continuelle inquiétude, sans pouvoir en aucune manière se tranquilliser ni cesser de témoigner que sa parfaite satisfaction et son solide contentement lui manquent[1] ».

On répondra que ce n'est là qu'un raffinement d'égoïsme et que « se complaire dans le plaisir de Dieu infiniment plus que dans le nôtre », c'est toujours se complaire dans le plaisir, désirer une volupté.

L'inexactitude de saint François de Sales est dans la terminologie traditionnelle qu'il emploie, bien plus que dans sa pensée. Il a tort d'appeler *amour* l'admiration, l'estime, l'appréciation de la valeur objective d'un être et l'approbation indépendante de tout intérêt personnel, de tout retour sur soi-même, que lui donne la volonté. C'est évident qu'il n'y a

---

1. C'est tout à fait ce que nous trouvons fin du cas I.

pas d'amour désintéressé en tant qu'*inclination*.
Demander si une *inclination* (supérieure ou non) peut
être désintéressée, c'est demander si un cercle peut
être carré. Mais, du moment que la pensée distingue
le point de vue subjectif et le point de vue objectif,
elle peut se placer à l'un ou à l'autre de ces deux
points de vue. Quand elle juge et apprécie les qualités d'un être, son degré d'excellence dans la hiérarchie des êtres, elle se place au point de vue
objectif et voilà un élément désintéressé, non pas
séparé (je le reconnais) mais distinct du point de
vue strictement utilitaire[1].

Donc s'il n'est rien dans la religion que n'expliquent les tendances vitales, c'est à condition de ne
pas oublier ou mettre dans l'ombre la tendance
d'après laquelle la vie se juge elle-même et qui,
explicitement consciente, s'appelle raison pratique,
conscience morale. Sans doute, Leuba reconnaît l'in-

---

1. Feuerbach soutient que c'est la nature (l'homme y compris) que
l'homme adore en croyant adorer Dieu ; « la valeur que je donne à la
cause de la vie ne fait qu'exprimer la valeur que, sans en avoir conscience, je donne à la vie elle-même. » (*La Religion*, Essence de la religion, IV). Feuerbach ne fait que remplacer par le panthéisme la religion
d'un Dieu personnel. Et c'est toujours la même objection qui se présente : ce n'est pas la nature sous un aspect quelconque, l'homme
sous un aspect quelconque, que l'homme adore. De gré ou de force, il
faudra bien que reparaisse la notion d'infini : « Les chrétiens, dit-il
(§ XLVIII), n'ont point un Dieu borné, mais un Dieu infini, surhumain,
transcendant, c'est-à-dire, ils ont des vœux transcendants, infinis,
dépassant par leur portée l'homme et le monde.... Dieu et félicité sont
une seule et même chose. La félicité, en tant qu'objet de la foi, de
l'imagination, c'est Dieu ; Dieu, en tant qu'objet de la volonté, des
désirs, des aspirations du cœur, c'est la félicité. Dieu est un concept
qui n'a que dans la félicité sa vérité et sa réalisation. » On voit que
Feuerbach s'obstine à éliminer l'autre aspect des aspirations humaines :
la perfection.

tervention de l'intelligence, nous l'avons dit p. 198.
Mais ce rôle de l'intelligence est pour lui *un simple
procédé de suggestion*. Dans le processus complet de
l'acte religieux, la réflexion et l'intervention intellectuelle ne sont qu'un *lieu de transit* (*The Monist*, January
1901, p. 212) où l'activité se renforce. Il n'en est pas
ainsi. Ou, si l'on préfère, il y a lieu de transit et
lieu de transit : un corridor est un lieu de transit,
un tribunal aussi. Mais dans l'un, on juge, dans
l'autre on ne juge pas. Or l'intelligence n'a pas pour
seul effet de suggestionner, *elle juge*, d'après des lois
qui lui sont propres, comme nous le dirons au paragraphe suivant. Que l'on se reporte au cas VI de
Leuba. Ce docteur en philosophie est très porté
vers le culte catholique romain, à cause de la beauté
suggestionnante du décor ; il préfère cette mise en
scène à toute autre, mais il s'en tient éloigné parce
qu'il pense que le catholicisme est dangereux pour
la liberté. Voilà le rôle de *juge* exercé par l'intelligence[1]. Il faut donc, si l'on admet l'explication *biologique*, soigneusement distinguer les conditions d'existence de la vie *organique* et celles de la vie *psychique*
et se résigner, une fois de plus, à voir l'unité qu'on
avait cru saisir se résoudre en dualité.

---

1. Théorie analogue de Bargy : « La métaphysique est l'hypothèse dont
chacun s'aide pour découvrir la loi de l'action... ; *son effet sur l'énergie
la juge* » (p. 213). Le tort est de mettre de la sorte la pensée d'un côté,
l'acte de l'autre, comme deux objets juxtaposés dans l'espace : en
réalité, c'est une seule et même activité instinctive et obscure dans la
tendance, prenant conscience d'elle-même, se jugeant elle-même (*actio
« quœrens intellectum »*) dans la pensée réfléchie, et s'exprimant enfin
par l'acte.

§ 5. — LES NOTIONS DE « MIEUX » ET DE « PARFAIT »

Il résulte du § 1 que l'identification de la religion avec la morale proprement dite, avec l'esthétique proprement dite, avec toute forme supérieure de vie, ne donne de la religion qu'une notion analogique ; du § 2, que l'idée de rapports personnels avec une divinité personnelle n'est pas essentielle au sentiment religieux ; d'autre part, que l'explication purement psychologique (rapport de l'inconscient et du conscient) est insuffisante. Insuffisante aussi (§ 3 et 4) l'explication purement biologique (procédé dynamique, suggestion qui augmente la vie). Ces deux dernières explications (W. James et J. Leuba) sont vraies dans ce qu'elles affirment, mais incomplètes, comme le serait l'explication d'un animal supérieur par la seule affirmation du protoplasma, d'une statue par la seule détermination de la matière qui la compose.

Il faut, ce semble, y ajouter cet élément *suï generis*, inclus dans nos *jugements de valeur*, et que, sous les noms de *meilleur*, de *parfait*, nous n'avons cessé de constater dans tous les témoignages religieux [1]. Mais il est indispensable de préciser davantage le rapport qui existe entre ces deux notions.

Distinguons d'abord avec soin entre le mieux empirique : telle amélioration constatée, ou l'idée géné-

---

1. Cfr. p. 15, 33, 34, 38, 53, 60, 63, 71, 102, 103, 112, 128, 151, 194, 209 et ch. x, § 5.

rale d'amélioration, et ce qu'on peut appeler le mieux idéalisé, le Mieux. On sourira de la majuscule. C'est pourtant le moyen d'exprimer une nuance essentielle de la pensée, du moins pour certains esprits. La Vérité, la Justice, etc., ce n'est point, pour eux, la simple constatation de telle vérité, de tel acte juste, ni même l'*idée générale* de vérité, de justice (qui est déjà, en partie, une création de l'esprit), c'est la donnée empirique *repensée* par l'esprit, à sa manière, *sub specie perfecti.* De même le Mieux, c'est le mieux conçu comme *obligatoire*, comme loi, comme pouvant et *devant* être indéfiniment réalisé[1].

A la rigueur, il faudrait distinguer aussi entre telle sorte de perfection empirique : telle statue, telle symphonie, telle démonstration, « parfaites », et la Perfection idéale.

Ne pourrait-on pas établir entre le mieux empirique et la Perfection (ou le Mieux idéalisé) un rapport analogue à celui qui existe entre l'*étendue* telle que nous la donnent les sensations et l'*espace* idéal duquel les géomètres dissertent à priori? La seconde notion n'existerait pas dans notre esprit sans la première, mais celle-ci n'aurait été que l'occasion de la création de celle-là, par la pensée active[2].

---

1. Cela suffirait à faire comprendre comment il est une morale empirique, indépendante, et une Morale idéaliste.

2. « L'esprit a la faculté de créer des symboles et c'est ainsi qu'il a construit le continu mathématique qui n'est qu'un système particulier de symbolisme. Sa puissance n'est limitée que par la nécessité d'éviter toute contradiction ; mais l'esprit n'en use que si l'expérience lui en fournit une raison. » P. Poincaré, *La science et l'hypothèse*, p. 43. —

Subjectivisme? — Nullement. Si la pensée se crée ces formes, c'est que les idées générales empiriques ne lui suffisent point pour exprimer son expérience complète de la réalité. Et la réalité en est le contrôle comme elle en est l'occasion. Rarement l'esprit les considère à un point de vue abstrait ; c'est dans la vie réelle qu'il les expérimente, constatant qu'elles s'engrènent, qu'elles *mordent dans* le réel, l'y adaptent, l'en pénètrent. L'homme se sent donc le droit de *vivre* religieusement la forme du parfait, comme il se sent celui de vivre la forme de l'espace, quand même il serait à jamais incapable de dire (autrement que par hypothèse) ce qui peut bien correspondre objectivement à ces modes de la pensée.

Il ne s'agit point de les considérer comme des *portraits* de la réalité, de les substantialiser et personnifier au dehors. Leur raison d'être existe et dans l'esprit et dans l'objectif, c'est tout ce qu'on peut affirmer : voilà pourquoi ces croyances sont tout ensemble une sorte d'*expérience* et une sorte de *foi*.

Que l'on prenne bien garde surtout à la regrettable équivoque verbale due à l'emploi des termes : expérience, empirisme. Empirisme correspond à expérience des sens et expérience de la conscience psychologique *stricto sensu* ; expérience dépasse empirisme parce que l'on peut appeler expérience

Ne pas confondre cette expression d'un sentiment *sui generis* avec les procédés de formation de la notion d'infini par addition, ou par négation de la limite, que rejetait à bon droit Descartes, comme je l'ai dit p. 102.

d'ordre supérieur tout sentiment de « l'au-delà ». C'est une sorte d'expérience que les uns nient avec autant de conviction que les autres l'affirment : en pareille matière les négations ne sauraient détruire les affirmations; il s'ensuit seulement que tout le monde ne fait pas nécessairement les mêmes expériences dans cet ordre des choses qui ne sont point indispensables à la vie physique. J'ai déjà dit qu'il en est de même en esthétique. Bien entendu, cette expérience d'ordre supérieur nous est connue par la conscience psychologique, et donc par l'expérience dans le sens ordinaire du mot (de là nouvel embrouillamini); mais il est facile de sortir de cette confusion, en observant que l'expérience supérieure a dans l'autre sa *condition*, non sa *cause*.

Ces premières équivoques dissipées, nous en rencontrons une nouvelle : le *mieux* n'est-il que le mieux *utilitaire* (plaisir individuel, utilité proprement dite[1]), ou l'esprit met-il quelque chose de plus dans cette notion ?

Souvent, nous l'avons vu déjà (§ 3), il y met quelque chose de plus, à savoir ce qui nous oblige à établir une sorte de hiérarchie entre les êtres ou les actes, préférer, par exemple, la vie intellectuelle à celle des sens, l'intérêt du plus grand nombre (le *nombre* n'y étant d'ailleurs pour rien) à l'intérêt particulier, etc.

---

1. Les utilitaires seront toujours amenés à nous parler de la *qualité* du plaisir, ou de ce qui est *vraiment* utile à l'Humanité, et revoilà sous ces mots l'appréciation qualitative, le « jugement de valeur ».

On dira que c'est un élément *moral*. Oui et non. Non, en ce sens que la moralité est incluse dans la sphère de l'activité ; mais nos *jugements de valeur* peuvent dépasser cette sphère et apprécier les choses *en elles-mêmes*. Serait-ce de l'esthétique, alors ? — En réalité, c'est le point où esthétique, morale et métaphysique nous paraissent coïncider. Elles divergent ensuite selon les émotions qui s'y joignent et leurs diverses utilisations. Car tout, à un moment donné, peut devenir utilitaire, et voilà pourquoi, trouvant de l'utilitarisme partout, l'on est tenté de tout expliquer par l'utilitarisme.

Dira-t-on que la *valeur* (non utilitaire) n'est qu'un mode enveloppé[1], implicite, de ce qui, devenu plus conscient, s'appelle le *parfait?* En ce sens, ce serait, comme le voulait Descartes, par le parfait (mais obscurément connu, senti), que nous connaîtrions l'imparfait.

Verrons-nous donc là une connaissance immédiate de l'absolu, une sorte d'intuition ? La modification psychologique qui correspond en nous à ce que nous nommons le parfait serait d'ordre représentatif ; mais comment une représentation imparfaite pourrait-elle être celle du parfait ? Conscience directe,

---

1. « Ce n'est pas dans l'objet, mais dans la modification de la connaissance de l'objet, que les monades sont bornées. Elles vont toutes confusément à l'infini, au tout, mais elles sont limitées et distinguées par les degrés de perceptions distinctes. » Leibniz, *Monadologie* n° 60.

Et, n° 30 : « En pensant à nous, nous pensons à l'Être, à la substance... et à Dieu lui-même ; en concevant que ce qui est borné en nous est en lui sans bornes. »

alors ? Ce serait un fort argument en faveur du monisme.

Mais : 1° Il faudrait que ce que nous appelons l'*expérience de la réalité* ne fût pas, en si grande partie, composée d'émotions au sujet desquelles il nous est bien difficile de dire ce qui provient de l'action directe de la réalité et ce que, par suite d'un travail imaginatif, nous y ajoutons ; 2° S'il y avait réellement *intuition*, il y aurait connaissance se suffisant à elle-même, ayant un contenu propre, *sui generis*. Or, le parfait est impensable et demeure quelque chose de vide, si nous n'y versons ce que nous expérimentons comme meilleur, si nous ne le remplissons avec les notions d'intelligence, bonté, force, vie, être, etc., acquises par l'expérience. Ce serait donc plutôt une *manière de* penser la réalité, une *forme*, qu'une intuition.

Laissons, dira-t-on, ce terme d'intuition ; revenons à l'*attraction* aristotélicienne (cfr p. 112), attraction produisant en nous une orientation spéciale, des tendances, un genre d'émotion, irréductibles à tous autres, que nous intellectualisons ensuite et appelons notion du mieux, du parfait. L' « implicite vécu » précède « l'explicite connu », comme dit M. Blondel[1]. C'est parce qu'il ne réussit pas à développer,

---

1. Nous avons cité et expliqué ce passage dans l'*Évolution de la foi catholique*, p. 189. M. Blondel doit évidemment être rangé parmi les « actifs ». Un de ses principaux écrits est intitulé *L'Action*. — Mêmes tendances dans *La religion de l'effort* d'A. Kohler (Paris, Fischbacher, 1901).

épanouir suffisamment cet *implicite* qui existe, opère
déjà en lui, l'excite et le dirige, que le primitif s'arrête au « fétiche ». L'épanouissement se fera peu à
peu. Libre est-on de croire cela, sans doute, mais le
prouver, c'est autre chose, puisque les principaux
éléments du problème restent plongés dans l'inconscient. Tout aussi bien peut-on soutenir la création
des formes qualitatives par l'esprit, mais en remar-
quant que ladite création est déterminée par la tendance, a toute sa valeur dans la tendance, et, en
faisant très nettement l'aveu que les mots : création
et activité de l'esprit, renferment autant de mystères
que ceux de substance, d'intuition, d'attraction.
L'impossibilité de faire un choix exclusif entre ces
diverses hypothèses est une nouvelle raison pour
reconnaître dans ces phénomènes de notre vie mentale un caractère mixte d'*expérience* et de *foi*.

DEUXIÈME PARTIE

VUES GÉNÉRALES

CHAPITRE XI

DE L'ABUS DES TERMES « ÉVOLUTION » ET « SURVIVANCE » DANS L'ÉTUDE DES PROBLÈMES RELIGIEUX

On ne saurait trop se méfier, dans le voyage à travers les formes religieuses, des mirages d'unité, d'identité, de simplicité.

Souvent, en effet, on élude, on dissimule la complexité de pareilles questions : on s'attache à un élément, le plus facile à constater, le seul d'ailleurs qui puisse être pleinement atteint par des méthodes objectives, à savoir l'extérieur des rites, formules, institutions, et l'on oublie que l'on n'est nullement certain de connaître le *sens* exact que le sauvage, le primitif, attribuait ou attribue à ces croyances et pratiques ; on interprète comme l'on peut et l'on conclut quand même. Ou bien ce sont les analogies sur lesquelles on insiste sans mettre en lumière leurs limites : les différences sont voilées par les ressemblances, l'essentiel par l'accessoire.

C'est presque toujours le cas lorsqu'il s'agit des *survivances*. S'il fallait en croire certains *simplificateurs*, les croyances religieuses *ne* seraient *qu'*un legs de nos ancêtres sauvages ou préhistoriques. Ces formes imaginatives, enfantées par l'ignorance ou la terreur, ne pourraient plus, ne devraient plus faire partie de la vie d'hommes civilisés et devenus conscients des illusions de leurs pères. Elles ne seraient bonnes désormais qu'à servir d'objet à des études désintéressées ; il faudrait les considérer avec curiosité et un respect ému, comme les silex qu'utilisait, taillait ou polissait l'homme préhistorique.

Est-ce bien vrai ?

I

A. Remarquons d'abord qu'il est beaucoup de *survivances* purement *apparentes*[1].

Les mêmes causes, dans les mêmes circonstances, produisant les mêmes effets, il faut toujours se méfier de considérer comme emprunt, legs, transmission, ce qui est seulement *parallélisme*. Les sourds-muets, par exemple, en dehors du langage officiel qu'on leur apprend, ont un langage naturel de signes qui est pour eux comme une langue maternelle. On eut l'idée de faire venir au collège national des sourds-muets de Washington, en 1880, sept « Utes », Indiens chez lesquels les langages mimiques sont extraordinairement développés. On mit en rapport sept sourds-muets avec ces Indiens et les uns et les autres mimèrent, soit des signes isolés,

---

1. Je ne parlerai pas ici des survivances *toutes matérielles*, par exemple, les noms de Lune, de Mars, etc., conservés dans les jours de la semaine.

soit de véritables récits[1]. Or ils se comprirent parfaitement. Il n'y avait point là, cependant, transmission ni survivance, mais parallélisme : des causes analogues[2] dans des circonstances analogues produisent des effets analogues.

Rien d'étonnant, par conséquent, à ce que l'on constate que les interdictions sacrées, les *tabous* jouent le même rôle et revêtent les mêmes formes chez les Polynésiens, les Mélanésiens, les Malais, les Bantous, les Amérindiens du Nord, du Centre et du Sud, que chez les Malgaches, et qu'ils se présentaient sous les mêmes aspects chez les Islandais, Égyptiens, Juifs, Arabes, etc. « Le tabou appartient à un stade particulier de civilisation ; l'existence ou l'absence de cette institution ne peut jamais être invoquée comme une preuve de parenté ethnique ou de rapports sociaux[3]. »

Le stade de la conception anthropomorphique du

---

1. Dr Eugène-Bernard Leroy, *Le langage : Psychologie normale et pathologique* (F. Alcan, 1905), p. 34.

2. Ne pas oublier, par contre, que des causes différentes, dans des circonstances différentes, arrivent aussi à produire des effets analogues. Par exemple, dans l'art primitif, le zigzag est la stylisation de plumes, d'écailles, de dessins de vannerie, ou une pure question de technique (Grosse. *Les débuts de l'art*, p. 94, 120) ; les cercles concentriques peuvent désigner des arbres, des grenouilles, des yeux, des intestins d'homme ou d'oiseau, des œufs, etc, (Spencer et Gillen, *The native tribes of central Australia*, ch. v).

3. A. van Gennep, *Tabou et Totémisme à Madagascar*, Leroux, 1904, p. 9, et p. 7 : « Rien ne serait plus facile à démontrer qu'une parenté qui lierait un groupe humain à un autre, en se basant sur l'état des croyances et des coutumes : il suffit de faire une liste des ressemblances et de laisser dans l'ombre les différences : et pour les ressemblances, il suffit de considérer dans la coutume donnée les caractères généraux, superficiels, et d'ignorer les détails. » On ne saurait mieux formuler, la loi d'escamotage.

Divin amène aussi d'analogues et parallèles attitudes, gestes, paroles de respect, de prière, d'offrande[1].

Avec quel soin, donc, il faut se garder des simples
coïncidences[2], des calembours étymologiques[3], des
analogies superficielles ! En voici un exemple... criant.

Que le culte d'Adônis (et autres divinités analogues), de ses souffrances, sa mort et sa résurrection,
ait singulièrement facilité la prédication chrétienne
en Orient et l'adoption du culte de Jésus mort et
ressuscité ; surtout que les idées de mort et de
résurrection aient donné lieu à d'analogues manifestations de tristesse ou d'allégresse, rien de plus natu-

---

1. Cfr. H. Delehaye S. J. Bollandiste. *Légendes hagiographiques*, p. 169,
Bruxelles, Polleunis, 1905.— De même, il n'y a ni filiation ni survivance
dans les « *convergences* » d'adaptation, par exemple des plantes grasses
d'espèces différentes, de la baleine et des poissons, de la chauve-souris et
des oiseaux. — Sur la possibilité d'en dire autant de certains mythes
ou contes qui se répètent avec détails semblables, cfr. Lang, *Mythes*, etc.,
p. 615, 616. Je ne nie pas toutefois que certaines histoires, grâce aux
voyageurs, missionnaires, marchands, etc., aient pu faire le tour du
monde. — Des superstitions identiques apparaissent dans des milieux
indépendants l'un de l'autre : le mahométisme a son saint Antoine de
Padoue (Mahommed ibn Abou Taleb), un autre saint qu'on invoque
au moment des examens (Imam ech Chafaï), etc. Cfr. Bonnet-Maury,
L'islamisme et le christianisme en Afrique (Hachette, 1906), p. 231) et la
curieuse brochure, *L'esprit libéral du Coran* par César Benattar, El
Hadi Sebaï et Abdelaziz Ettéalbi (Paris, Leroux, 1905).

2. Cfr. Delehaye, *op. cit.* ch. VI : *Réminiscences et survivances païennes.*
Exemple de coïncidence : Culte de saint Élie (Ἡλίας) et culte du soleil
(Ἥλιος), p. 196. — La critique des légendes hagiographiques par le
P. Delehaye est courageuse, bien que non dépourvue de circonlocutions
et subtilités de plaidoirie. Nous demandons seulement qu'on l'applique,
comme l'a fait Loisy, aux évangiles qui sont, eux aussi, *du genre populaire édifiant,* donc *légendaires* (Cfr. *Revue de l'Université de Bruxelles,*
novembre 1905).

3. Exemple : dans la thèse de Jacolliot sur la vie de Jésus considérée comme un dérivé littéraire de la légende de Krichna, assimilation
des mots : *Christos* et *Krishna.* assimilation insoutenable, comme l'a bien
prouvé E. Monseur, *Rev. de l'Univ. de Bruxelles,* juillet 1898, p. 767.

rel, rien de plus exact. Mais qu'ose-t-on bien en
conclure ! Que les deux conceptions mythologiques
s'expliquent l'une par l'autre, que « seules, les formules extérieures ont été modifiées : sous la liturgie
qui s'élabore, dans les cérémonies et les traditions
du nouveau culte, la face souriante d'Adônis reparaît
et triomphe. La passion, la mort et la résurrection
de Jésus reproduisent fidèlement, servilement,
chacune des circonstances qui, depuis des siècles,
ornaient les récits mystiques de la Syro-Phénicie.
Adônis meurt dans la gloire de la jeunesse ; il dort
dans le tombeau, il ressuscite ; il se symbolise dans
toutes les forces et les défaillances de la vie ; et voici
Jésus l'Adônis renouvelé, mais qui n'a rien oublié
du mythe antique, le voici qui meurt et ressuscite
dans des conditions analogues et qui s'identifie, lui
aussi, à la vertu du soleil et aux énergies de la
nature [1]. »

C'est à croire que l'on se moque de nous !... Jésus
devenu un mythe solaire ou un mythe de la végétation !

Reconnaîtrait-on dans le récit de la passion bien des

---

1. Ch. Vellay, *Le culte et les fêtes d'Adonis-Thammouz dans l'Orient
antique* (Paris, Leroux, 1904), p. 178. M. S. Reinach est loin d'admettre
l'interprétation par les phénomènes astronomiques ou agricoles
(*Mythes...* II, p, 87, 101). Déjà saint Jérôme en contestait la valeur :
« Gentilitas hujusmodi fabulas poetarum, quæ habent turpitudinem,
interpretatur subtiliter interfectionem et resurrectionem Adonidis planctu
et gaudio prosequens : quorum alterum in seminibus quæ moriuntur in
terrâ, alterum in segetibus, quibus mortua semina renascuntur, ostendi
putat. » Saint Jérôme constatait les faits, mais la pensée d'une assimilation au Christ ne lui vient même point (Cfr. *Comment. in Ezechielem IX*
et *Epist.* 58 *ad Paulinam*).

traits sans valeur historique, admettrait-on même
que la crucifixion de Jésus est, d'après l'hypothèse
hardie de M. Salomon Reinach [1], une légende construite d'après le texte : « Ils ont percé mes pieds
et mes mains », le *sens* de la passion et de la mort
du Christ se rattacherait aux idées morales les plus
sublimes et n'aurait rien à voir avec les amours
d'Aphrodite ou les vicissitudes de la végétation.
M. Vellay est bien obligé de reconnaître que, « sur
les mêmes terres où avait fleuri Adônis, le christianisme a inauguré une morale et une conception de
vie où étaient préconisés et proposés des règles et
des principes nouveaux. » (p. 232.) S'il y a *nou-
veauté* (« principes nouveaux », « influences nouvelles »), pourquoi nous faire croire à une identité
dans la survivance?

B. Mais il est des *survivances réelles, et non
modifiées,* vrais blocs erratiques dans le domaine de
la conscience. Nous nous bornerons à citer les cas
suivants : Un Liégeois emportait au cimetière une bou-
teille de genièvre, se versait un verre et en répandait
un second sur la tombe de son camarade de beuverie.
— Un domestique, suivant le désir exprimé par son

---

1. *Cultes, mythes et religions* (Leroux. 1906), II, p. 437: *Le verset 17 du
psaume XXII.* — En fait, les Évangélistes n'ont pas cité ce texte. De
plus, le témoignage de saint Paul et ceux qu'il implique est antérieur
de quinze à vingt ans à celui des Évangélistes. De ce que Matthieu. XIII,
35, cite le verset 2 du psaume LXXVII, s'ensuit-il que Jésus n'a pas
réellement parlé en paraboles ? Les Évangélistes citent les prophéties,
pour obvier au « scandale » (I Cor. I, 23) causé par la mort ignomi-
nieuse de Jésus. — C'est évident. Act. III, 18 ; Marc, VIII, 31 ; Luc, XXIV,
26, etc..

maître, un Russe, lui apportait chaque jour, sur sa dalle, un exemplaire sous bande du journal auquel il était abonné [1]. — « Je connais une maison, m'écrit du Languedoc le Dr Lucien Roques, où, depuis des années, on dépose chaque soir sur le marbre d'une certaine commode, une pincée de tabac, à l'usage du grand-père défunt qui vient la priser pendant la nuit. La disparition du tabac et les traces de pas laissées par le revenant sont assurées par une fille hystérique faisant partie de la famille ; la superstition ambiante a déterminé chez elle cette fraude plus ou moins inconsciente qui fortifie les autres dans leur croyance. » — « Un vieil homme de notre connaissance, le vieux Cadet, dit Loriot, de Payrac, se désolait l'an passé d'avoir oublié de jeter dans la bouche béante de la margelle sa coutumière offrande, un verre de vin et un morceau de pain. Et le puits de la Borie menaçait de tarir [2]. »

Voici encore un joli exemple cité par E. Bertaux : ce sont des couplets composés en 1891 par un vieillard de Rionero in Vulture, Raffaele Tirico [3] :

1. E. Monseur, *Bulletin de folklore*, juillet-décembre 1898, p. 104. — Cfr. nombreux exemples de la croyance aux vertus fécondatrices des menhirs, dans Sébillot. « Le culte des pierres » (*Revue de l'École d'anthropologie de Paris*, 1902, p. 175).

2. L. de Nussac. *Les fontaines en Limousin* (Bulletin archéologique, 1897, p. 162).

3. *Revue des Deux Mondes*, 15 octobre 1897 : *Sur le chemin des pèlerins et des émigrants*.

« Il ne savait pas écrire, le bon Raffaele,
Le Seigneur lui a donné le sentiment.
Il a prié le soleil, la lune et les étoiles
Pour composer l'histoire de la petite Vierge [1].

. . . .

. . . .

Trois saints on dit qu'il est de par le monde
Et nul ne sait quelle est la vérité :
Le premier est le saint Archange de la Pouille (saint Michel).
Puis Marie de Pierno, enfin la Trinité. »

On ne saurait désirer un plus curieux amalgame.

Que notre attention s'absorbe dans cet aspect de la réalité, et nous en arriverions à conclure avec M. Vernes :

« L'homme dit civilisé croit, en somme, ce que croyait son ancêtre de l'époque quaternaire et il ne croit pas autre chose. Il n'a pas éliminé des vues considérées comme ayant cessé d'être d'accord avec l'état général des connaissances, il n'a pas corrigé, il n'a pas rectifié ses croyances du début, sa foi aux vertus des sources, des arbres, des rochers. » Voilà certes une généralisation forcée. Elle vient de ce que M. Vernes met une sorte de cloison étanche entre l'instinct religieux, d'une part, l'intelligence réfléchie de l'autre, entre le culte et la théologie. Dès lors, cette dernière n'est plus qu'une « nomenclature sans conséquence sérieuse » : la religion, la vraie, celle qui n'évolue pas, « est dans le culte »[2] et

---

1. Il s'agit de Sancta Maria di Pierno, pèlerinage célèbre près d'Atella, en Basilicate.

2. *Revue de l'École d'anthropologie*, mai 1903, p. 152 (F. Alcan).

« consiste dans l'hommage rendu aux *vertus surnaturelles* qui se sont fait reconnaître comme attachées
à tel objet ou à telle personne [1]. » Il n'est que trop
de faits en faveur de la thèse de M. Vernes, mais
beaucoup d'autres, par ailleurs, prouvent que l'intelligence peut éclairer l'instinct, le diriger et améliorer. Sans quoi, le culte en « esprit et vérité » serait
donc un non-sens? On me rappellera ce paysan de
l'Ardèche qui s'est fait tuer dans les bagarres des
inventaires et qui disait aux gendarmes : « Vous
venez voler le bon Dieu de X... » Je répondrai par
les paroles d'un paysan du Lauraguais : « Qu'on
prenne l'église, cela ne m'empêchera pas de prier. »
(Lettre du Dr Roques.)

Ne pas oublier non plus l'importante remarque
de M. Th. Reinach : « Tel chrétien de Syrie, tel
bédouin du désert, qui invoque du bout des lèvres
Jésus ou Allah, adresse, en même temps, à Mar
Djirdjis ou à tel *weli* local sa prière supersti-
tieuse et son offrande sanglante; mais il se cache
pour le faire et, devant l'étranger, conteste qu'il
le fasse : aveu involontaire que la vieille religion, s'il la croit encore efficace, lui paraît à lui-
même inférieure en dignité à la religion nouvelle [2]. »

---

1. *Revue de l'École d'anthropologie*, mai 1903, p. 149,

2. *Religions et sociétés* (F. Alcan, 1905) dans l'article *Du progrès en religion*, p. 18. Quant à la théorie de M. Th. Reinach : « le progrès en religion est essentiellement la mise en harmonie de la religion avec le
progrès séculier » (p. 20), c'est cela, mais ce n'est *que* cela. Il y a, de
plus, son harmonie avec le sentiment même que nous avons de l'inconnaissable — l'inconnaissable étant tel pour les catégories logiques de
l'intelligence, non pour le sentiment.

Les croyances si répandues aux sorciers, au « mauvais œil », trouveraient ici leur place naturelle. Il semble pourtant qu'elles aient subi des transformations. Par exemple, dans le cas du « mauvais œil », on croit plutôt à l'exercice de quelque puissance occulte qu'à la méchanceté de la « pupilline », de la petite personne qui vient regarder à la fenêtre des yeux, prête à pénétrer par l'ouverture sombre de votre œil pour vous aller ronger le cœur [1]. Nous sommes donc amenés au troisième cas :

C. Survivances modifiées. — A l'ancien élément qui survit s'ajoute un élément *nouveau*, une idée *nouvelle* qui 1° ou bien remplace l'ancienne, ou bien 2° coexiste avec elle.

1° Nous prenons le deuil comme nos ancêtres, mais ce n'est plus pour dérouter les esprits ou pour préserver nos semblables du fluide léthifère que nous a communiqué la proximité du mort, c'est pour exprimer notre tristesse ; le fait de la survivance du rite n'explique nullement le *fait nouveau*, l'idée nouvelle qui a remplacé les anciennes.

De même pour la succession des interprétations mythologiques des vieux rites. Autre chose le vieux rite qui survit, autre chose l'interprétation que crée la conscience en s'affinant. Les Orphiques par rapport aux cérémonies barbares, Plutarque par rapport

1. E. Monseur, *L'âme pupilline et l'âme poucet* (*Revue de l'hist. des religions*, janvier-février et mai-juin 1905).

aux mythes grecs, Sabatier et Loisy par rapport aux dogmes chrétiens, créent ou fixent des sens nouveaux[1] qu'il serait déloyal de dissimuler derrière les éléments du passé qu'ils conservent.

Le « symbolisme » actuel (protestant ou catholique) n'est pas plus identique au vieux dogme — qu'on le demande aux théologiens ; Rome d'ailleurs l'a dit clairement — que ma pensée n'est identique à celle de mes ancêtres quand je dis : le soleil se couche[2].

2° Souvent, toutefois, il y a coexistence des deux croyances. Un bizarre mélange se produit (où la logique proprement dite n'a rien à voir) de la doctrine officielle de l'Église, par exemple, et de la pratique populaire. J'en suis convaincu, les fidèles qui déposent des cornets remplis de *clous* en fer devant la statue de saint Guidon[3], pour être préservés des furoncles, joignent un procédé de magie sympathique à la foi en l'intercession du saint. Ce qui prouve bien cette survivance de l'ancienne

---

1. Cfr. Decharme, *La critique des traditions religieuses chez les Grecs, des origines au temps de Plutarque*, Paris, Picard, 1904 ; Goblet d'Alviella, *Eleusinia* (Leroux, 1903) ; S. Reinach, *Cultes, mythes et religions* (Leroux, 1906), t. II, p. 85. *La mort d'Orphée*, etc. — L'Église a employé plus d'une fois ce procédé à l'égard des anciens cultes populaires. On le lui rend en ce moment : « *Noël rouge* », « *Pâques humaines* », etc. Cfr. Haeckel, *Enigmes de l'Univers*, p. 456, la curieuse page sur « l'Église moniste » de l'avenir.

2. Comme on le croit encore littéralement en Californie. Cfr. Lang, *Mythes*, p. 122.

3. A Bruxelles dans la jolie église du Sablon. — On trouvera des exemples presqu'à chacune des pages du *Calendrier belge* de Reinsberg-Duringsfeld, singulier mélange, bien humain, de sauvagerie et de poésie !

croyance païenne chez nombre de chrétiens[1], c'est, par exemple, l'idée des paysans du Limousin que les morts ou les saints « *vous en veulent* », que le malade est « toucat del sente » et qu'il faut apaiser ledit saint par un vœu. Le même mot « *nauja* » (*noxa, nocua*, chose nuisible) désigne à la fois les lieux de pèlerinage et la maladie[2].

Mais que l'ancienne idée et la nouvelle idée qui accompagnent le rite ou la formule se juxtaposent, ou que la nouvelle élimine l'ancienne, toujours est-il qu'il y a une idée *nouvelle*, un fait *nouveau*. La donnée n'est donc pas simple et toute solution unilatérale serait déloyale et artificielle. La seule objection que l'on puisse faire est celle-ci : le « nouveau » n'est-il pas de l'ancien transformé? La grande loi de l'*évolution* s'applique-t-elle à ces questions? Comment et dans quelle mesure?

II

Le terme *évolution* se prend fréquemment comme synonyme de *fieri*, ou d'histoire de ce *fieri*. Moi-même m'en suis servi dans ce sens lorsque j'ai esquissé

---

1. L'*émotion* primitivement associée au rite et à la croyance peut rester associée au *rite* une fois la *croyance* évanouie. De là souvent, le plaisir à accomplir certains rites héréditaires, jadis expressions de telles ou telles croyances disparues, aujourd'hui simples sources d'émotion. De là aussi les craintes superstitieuses qui demeurent associées à certains jours, à certaines choses. Cela prouve bien la nécessité d'étudier à la fois historiquement et psychologiquement de pareilles questions.

2. Louis de Nussac, *Op. suprac.*

l' « *Évolution de la foi catholique* ». Ceux qui l'emploient en cette acception peuvent se dispenser de lire le présent paragraphe. Il est écrit à l'intention d'un certain nombre de personnes pour lesquelles *évolution* est une sorte de mot magique, comme autrefois création, et qui n'en demandent pas plus long lorsqu'elles lisent ou entendent dire, par exemple, que le monothéisme est une évolution du polythéisme, etc.

Ne serait-ce pas la confusion d'une analogie avec une identité? En langage courant, on dit : les silex taillés sont une évolution des silex simplement utilisés, les silex polis une évolution des silex taillés, tout comme : les mammifères et les oiseaux sont une évolution des reptiles. Pourtant l'essentielle différence saute aux yeux : les silex ne sont pas vivants et ne se produisent pas les uns les autres par génération. Ils ne *se* transforment pas, ils sont transformés (sens passif). En est-il de même des rites, des croyances? La réponse sera différente suivant qu'on les considérera objectivement, tels qu'ils sont mis sous nos yeux dans un traité d'histoire ou d'anthropologie, ou subjectivement vivants dans les consciences.

Examinons, en effet, comment se présentent les choses. L'histoire de l'Égypte, par exemple, nous fournit des croyances diverses au sujet de l'âme et de la vie future : croyance grossière à la continuation d'une existence souterraine analogue à celle

menée avant la mort, où le « double » mange, boit
travaille, chasse, etc., etc., indépendamment de la
valeur morale positive ou négative de l'individu, —
croyance en un jugement[1], en une pesée du cœur,
et détermination du sort de l'âme d'après la conformité ou non-conformité de ses actes à la règle de
vérité et de justice[2]. Mêmes divergences relativement aux dieux : divinités animales et divinités
anthropomorphiques. Faut-il voir là une série de
transformations ?

Bien des auteurs préfèrent l'expliquer par une *jux-
taposition* et amalgame de croyances, venant des
peuples divers[3] qui, à différentes époques, ont envahi
la vallée du Nil : tribus de chasseurs nomades, sans
doute du type nègre, peuplades lybiennes, populations asiatiques, celles surtout (probablement sémi-

---

1. Le Minos de l'Odyssée (XI, 567) continue à juger dans l'autre
monde, comme Orion continue à « chasser dans la prairie d'asphodèles
les bêtes fauves qu'il avait tuées autrefois sur les montagnes ». Mais
l'important n'est pas l'idée de jugement, c'est l'idée d'un jugement
d'après la valeur morale de chaque vie.

2. Je résume, bien entendu, et n'ai point la prétention d'exposer
toutes ces croyances. Cfr. Maspero, *Histoire ancienne des peuples de
l'Orient* (Hachette), p. 45 à 49. Le défunt « s'est concilié Dieu par son
amour. Il a donné des pains à l'affamé, de l'eau à l'altéré, des vêtements
à qui était nu, une barque à qui était arrêté dans son voyage,.. » La
pesée des âmes apparaît nettement entre 1500 et 2000 ans avant notre
ère, mais il existe des traces bien antérieures d'un jugement. Cfr. au
musée du Cinquantenaire, à Bruxelles, le tombeau de Béba (sixième
dynastie, 3500 av. J. C.) : Je serai jugé par le dieu grand, etc.

3. Les choses, dira-t-on, ont pu se passer autrement ailleurs : il n'est
pas nécessaire que des races distinctes apportent des explications distinctes ; il suffit que l'on parte de phénomènes divers (l'ombre, l'image
dans la pupille, le reflet sur l'eau, etc.), pour que soient construites
des théories diverses. — Je ne le nie point, mais dans cette explication
non plus, une théorie n'est pas l'*évolution* de l'autre ; elles sont
parallèles, puis s'enchevêtrent.

tiques et apparentées aux Chaldéens), qui apportèrent en ces pays la civilisation pharaonique, l'écriture hiéroglyphique, un art plus stylisé, des idées supérieures[1]. Pas d'hiatus, parce que les nouveaux venus se répandent lentement, par infiltration et non comme un flot dévastateur. Souvent les tribus consacrent leur alliance en mariant leurs dieux : Osiris, par exemple, avec la déesse Isis primitivement indépendante ; Horus devient leur fils, et si ce dernier est l'ennemi de Set auquel il fut d'abord associé, c'est par suite d'hostilités avec la tribu dont Set était le dieu spécial. Questions de politique donc[2] et non d'évolution (dans le sens des sciences naturelles). De là aussi ces hétéroclites statuettes mi-animales, mi-humaines des divinités : le dieu animal n'a pas plus évolué en dieu anthropomorphe que le menhir n'a évolué, dans la Bretagne, en la croix qui le surmonte.

Même résultat si nous étudions les mythes grecs. La très pure Artémis d'Hippolyte n'est nullement l'évolution de la barbare déesse-ours de Brauron ou de Munychie[3] ; l'identité des noms attribués, d'après des analogies plus ou moins lointaines, à des divinités d'ailleurs très dissemblables ne doit point nous faire illusion ; Dionysos n'est pas davantage l'évolution de Zagreus. Le culte du taureau déchiré et dévoré

1. Cfr. J. Capart. *Les débuts de l'art en Égypte* (Bruxelles. Vromant, 1904). Ch. vii.
2. Petrie, *Religion and conscience in ancien Egypt* (1898), p. 55, etc..
3. Cfr. Lang. *Mythes, cultes et religions*. (F. Alcan).

vivant serait demeuré un rite de cannibales, sans les
interprétations, additions et substitutions des Orphiques : « Partout, en religion, dit à ce sujet M. Goblet
d'Alviella, *on superpose* (plus qu'on ne remplace)[1] ».
Superpositions donc, et non *évolutions* (dans le sens
scientifique). Sans doute ce mot *superposition* n'est
pas à prendre à la lettre, dans son sens spatial et
mécanique. — Le terme *évolution* non plus, dira-
t-on. — Mais c'est tout ce que je demande ! — On
insiste : Vous oubliez qu'il y a *assimilation* du nouveau par l'ancien. — L' « assimilation » par l'esprit
peut-elle être presque identifiée ainsi avec l'assimilation physiologique ?

---

1. *Eleusinia* (Leroux, 1903), p. 109. — « The usual law is that one
religion does not supplant another, but is only *superadded to it* ».
Petrie, *op. cit.*, p. 23. — « L'analyse des parties constitutives du
mithraïsme nous montre, comme la coupe géologique d'un terrain,
les stratifications de cette masse composée d'étages lentement superposés. Le fond de cette religion, sa couche inférieure et primordiale,
est la foi de l'ancien Iran, d'où elle tire son origine. Au-dessus de ce
substratum mazdéen, s'est déposé en Babylonie un sédiment épais de
doctrines sémitiques, puis en Asie Mineure les croyances locales y ont
ajouté quelques alluvions. Enfin une végétation touffue d'idées helléniques a grandi sur ce sol fertile, et dérobe en partie à nos
recherches sa véritable nature. » Franz Cumont. *Textes et monuments
figurés relatifs aux mystères de Mythra*, I, 240. — « Si nous possédions
plus de documents sur l'ancienne histoire du Mithraïsme, nous y
trouverions un enseignement d'une haute portée et tout à l'honneur
de la nature humaine : un polythéisme naturaliste lentement transformé *par une idée morale*, finissant par se simplifier et se concentrer
dans un dieu unique de miséricorde et d'amour. » (S. Reinach,
Cultes, mythes et religions, t. II, p. 222) — « La légende d'Orphée
contient beaucoup d'éléments que la conception primitive de l'animal
divin ne suffit pas à expliquer. Sur cette idée de l'animal bienfaisant
s'est greffée celle du héros civilisateur, qui n'a pas été nécessairement
suggérée par elle, mais par la conscience qu'ont eue les hommes des
progrès accomplis dans le passé et le désir, non moins naturel, d'en
faire remonter le bienfait à l'un des leurs. » *Ibid.*, p. 120. La « stratification » des divers cultes dans la religion grecque est bien résumée par
J. Ellen Harrisson, *The religion of ancient Greece* (London. Constable,
1905).

Je fais sur ce point toutes sortes de réserves. Il suffit de rappeler que ce n'est pas toujours l'ancien qui s'assimile le nouveau, *mais le nouveau qui s'assimile l'ancien, à sa manière* : l'âme-ombre, l'âme pupilline, etc., ne s'est pas assimilé l'âme pur esprit. mais l'âme pur esprit s'est assimilé l'âme-ombre, l'âme pupilline, etc, *à l'état d'images et de métaphores.* De même actuellement, le sens littéral des dogmes se dissout dans la conscience moderne, s'assimile, et reparaît à l'état de purs *symboles.*

Et ces dogmes eux-mêmes supposent, dès l'origine, les « nova » ayant absorbé les « vetera[1] ». Comment, en effet, le : « Dominus meus et Deus meus! » du IVe Evangile[2] serait-il contenu, caché, implicite, dans les paroles de Jésus réprimandant le jeune homme : « Pourquoi m'appelles-tu bon ? Dieu seul est bon[3] ! » Ce sont, en réalité, deux impressions différentes. L'une a supplanté l'autre, la plus récente remplaçant l'ancienne. Le microbe a digéré le phagocyte, non le phagocyte le microbe.

Simple comparaison, mais qui permet à ceux que le mot *évolution* contente trop vite de s'apercevoir qu'ils ont toujours à se poser la question : *D'où vient le nouveau?* C'est à ce point seul que je tiens, le reste étant affaire de nomenclature.

Les observations récentes relatives à l'évolution

1. Matth. XIII, 52.
2. XX, 28.
3. Marc. X, 18 ; Luc, XVIII, 19.

non plus par addition d'infinitésimales variations, mais par « mutations brusques[1] », facilitent certes l'application du terme évolution aux sujets que nous étudions. Les trouvailles du talent, les créations du génie, en tout ordre de choses, peuvent être considérées comme des mutations brusques qui, loin d'interrompre, réalisent l'évolution.

Mais les diverses théories de l'évolution sont trop obscures encore et discutées, pour que l'on puisse tracer nettement les limites de l'application des termes scientifiques aux questions psychologiques et morales. L'essentiel est que l'on soit averti que l'emploi de termes analogues ne suppose nullement celui de méthodes identiques.

En effet, lorsqu'il s'agit d'observations botaniques ou zoologiques, les dites observations doivent demeurer purement et strictement *objectives*.

Le savant doit s'abstraire de tout ce qui est psychologie, à plus forte raison métaphysique de la plante ou de l'animal, et se renfermer dans les conditionnements mécaniques de l'organisme et du milieu. S'il fait intervenir des tendances, des désirs, des facultés, etc., sa besogne est gâchée. Il doit, par méthode, s'en tenir à ce qui s'observe extérieurement et s'exprime en fonction de l'espace et du nombre. C'est ainsi qu'il pourra construire ces merveilleux

---

1. Cfr. *Note* VI, p. 303 et un excellent résumé des expériences de De Vries dans *Une leçon de darwinisme*, par Leo Errera (Bruxelles. Lamertin, 1904).

schémas d'une importance pratique toujours plus considérable.

Impossible de s'en tenir là dans les questions religieuses [1]. Que serait un rite, une formule, isolés de leur signification ? Comment comprendre la signification sans notions psychologiques et sans l'analyse minutieuse de ces notions? Notion, par exemple, de la valeur morale de la vie humaine (dont nous parlions à propos de la conception de la vie future chez les Égyptiens), notion toute différente de la simple idée de continuation de l'existence ; notion du parfait, élément essentiel de l'idée du Dieu que nous a légué la tradition helléno-chrétienne. De même, raréfiez, subtilisez, tant que vous voudrez la matière du « double », ou il ne restera plus rien, ou ce qui demeurera sera toujours matière : la notion âme-esprit a donc une autre origine, une explication psychologique. Nécessité, par conséquent, de l'obser-

---

1. On arrive à des conclusions analogues dans toutes les matières où la vie psychique joue un rôle capital. On a voulu, par exemple, faire de la linguistique purement objective (Bopp, Schleicher). Bientôt on s'est aperçu qu'il fallait tenir compte et des lois physiologiques et des lois socio-psychologiques. Car « par delà le corps sonore, il y a l'âme du mot, l'association qui relie au son nos sentiments, nos idées, nos désirs ». Et l'influence sociale de l'imitation, et l'esthétique, etc. Cfr. de Reul, *Les lois phonétiques.* (Bruxelles. Lefèvre, 1899.) « Nous ne comprenons guère, dit très justement E. Vandervelde, ce que l'on veut dire, quand on affirme que les symphonies de Beethoven et de Mozart, les métaphysiques de Kant ou de Spinosa, les religions de Mahomet ou du Christ, sont des « produits » du milieu social qui les vit naître. C'est à peu près comme si l'on disait que les plantes sont des produits du sol parce que leur graines ont besoin du sol pour se développer. De même que les plantes n'existeraient pas sans le sol, les œuvres d'art, les religions et les philosophies n'existeraient pas sans les conditions économiques, qui rendent leur apparition possible ; mais elles n'existeraient pas non plus *sans l'esprit humain qui les crée.* » *Essais socialistes* (F. Alcan, 1906). p. 20.

vation *intérieure*, de l'étude de la pensée, de la conscience et de ses lois propres.

Donc deux méthodes différentes (mais nullement contradictoires et hostiles), deux sens différents dans l'emploi du mot évolution.

Une femme d'une rare intelligence [1] avait posé à Darwin toute une série de questions relatives à Dieu et à la liberté morale. Darwin lui fit observer qu'il s'agissait de problèmes en dehors de l'objet de ses études. « Vos difficultés, ajoutait-il, ne peuvent trouver une réponse que dans un témoignage bien différent de la science, par ce que nous appelons la conscience intérieure. »

Ramener l'évolution de la conscience à celle de l'organisme, c'est assimiler la vie psychique à la vie physique. Or les données actuelles des sciences positives n'autorisent en aucune manière l'identification [2]. Lors donc que l'on a mis l'étiquette « évolution » sur un ensemble de phénomènes religieux, on a *constaté*, décrit, classifié, situé historiquement, on n'a pas vraiment *expliqué*. Les éléments de survivance qu'implique l'évolution ou le milieu ne sont, en effet, que des *conditions*, non la *cause*. C'est le cas de s'approprier le mot de Leibniz et de dire :

---

1. Cfr. *Vie et correspondance de Darwin*, II, p. 364 à 367. Cité plus haut p. 84.

2. « On a déclaré que la pensée et le sentiment moral sont les produits, les sécrétions, a-t-on dit, de l'organisation : ce qui n'est ni clair, ni logique. Car, entre les deux, il n'y a point de commune mesure possible. » M. Berthelot, Discours à l'inauguration des cours de l'École de psychologie, à Paris, janvier 1905 ; reproduit dans *le Peuple* (Bruxelles), du 16 janvier 1905.

Tout est expliqué, sauf l'essentiel : « *nisi ipse intellectus* », sauf la source de toute croyance, de tout « jugement de valeur », sauf l'inlassable créatrice de nouveau et de mieux, la conscience religieuse elle-même.

———

CHAPITRE XII

SUR LA MANIÈRE DE POSER LES PROBLÈMES D'ORIGINE ET TRANSFORMATIONS DU SENTIMENT RELIGIEUX

Les documents relatifs à certaines pratiques religieuses : *totems, tabous*... ne sont pas assez complets encore pour permettre des synthèses et conclusions définitives. Immense cependant cette collection d'informations et chaque jour grandissante. Est-il possible du moins d'entrevoir comment s'est éveillé dans la conscience humaine et comment s'est développé le sentiment religieux[1]? Du moment que l'on n'oublie point les lacunes documentaires et que l'on s'interdit, en conséquence, tout dogmatisme, il n'est pas défendu, certes, d'esquisser une ou plusieurs hypothèses.

§ 1.

L'explication chrétienne traditionnelle de l'existence de la religion grâce à une *révélation primitive*

---

[1]. Il y a longtemps que l'on a fait justice de la théorie des peuples *sans religion*. Le tout est de s'entendre relativement au mot religion. Sans quoi l'on arrive à des témoignages en apparence contradictoires comme le suivant : « Il n'existe aucune religion chez les Sakaras. Ils ont une individualité N'goumba à laquelle ils attribuent tous les malheurs qui leur arrivent ; pour combattre l'influence de la divinité, ils ont des fétiches, des amulettes, etc. » Commandant Balat, *Congo illustré*, 1895, p. 151.

faite par Dieu au premier homme et transmise de génération en génération, semble abandonnée comme insuffisante par les catholiques même les plus orthodoxes : « Le fait de la révélation primitive, si raisonnable en soi et que nous admettons sans hésiter sur la foi de nos livres saints, dit le R. P. Prat, jésuite, est maintenant bien éloigné de nous ; peut-être est-il obscurci et oblitéré ; il est douteux qu'il ait laissé, dans ce monde plus vieux qu'on n'est généralement disposé à le croire, des traces encore visibles ; et s'il en restait des vestiges, comment les discerner aujourd'hui des produits spontanés de l'esprit humain[1] ? »

« Pour peu qu'on y réfléchisse, dit de son côté l'abbé Loisy, et quelles que soient les circonstances extérieures auxquelles se sont rattachés l'éveil et les progrès de la connaissance religieuse dans l'homme, ce qu'on appelle revélation n'a pu être que la conscience acquise par l'homme de son rapport avec Dieu[2]. »

Cette conformité de vues entre la droite et la gauche des théologiens catholiques nous permet de ne pas insister. La question de l'éveil de la conscience religieuse doit être traitée comme toute autre question d'histoire et de psychologie.

---

1. *La science de la religion et la science du langage d'après Max Müller*, p. 8 ; cité et approuvé par le R. P. Lagrange, dominicain, dans ses *Études sur les religions sémitiques* (Paris, Lecoffre, 1903), p. 3.

2. Loisy, *Autour d'un petit livre* (Paris, Picard, 1903). Lettre VI, p. 195.

Malheureusement l'on se trouve arrêté dès les premiers pas.

Pour donner une solution vraiment scientifique et qui s'impose, il faudrait que fût résolu d'abord le problème des origines de l'Humanité. Où et comment l'Humanité a-t-elle fait son apparition ici-bas?

1° Où ? C'est-à-dire n'a-t-il existé qu'un seul couple originel, ou plusieurs ? L'on n'en sait rien jusqu'alors.

Il est donc impossible d'affirmer que l'éveil de la conscience religieuse s'est fait dans des conditions uniques et d'une seule manière.

D'autant que les documents positifs font, au point de vue religieux comme aux autres, absolument défaut. L'on est forcé d'*identifier* la condition du sauvage actuel avec celle des premiers hommes. Identification nécessaire si l'on veut ouvrir la bouche sur ces questions et que nous admettons, certes, mais qui, après tout, devrait comporter quelques réserves [1].

2° Comment s'est opérée cette évolution ?

Se réclamera-t-on de l'argument fondé sur la *continuité* de l'évolution?

Mais c'est là encore une hypothèse. Le schéma

---

1. « Les Australiens sont au degré le plus bas de la civilisation. Gerland, cependant, croit trouver dans leur état présent des vestiges d'un passé meilleur. » *Histoire des religions*, par Chantepie de la Saussaie, p. 29. Et p. 16 : « On croit trouver chez les Cafres des traces d'une ancienne civilisation. »

d'une évolution linéaire procédant d'une manière
continue par changements infinitésimaux peut être
une conception commode, très commode, mais il
n'y faut voir qu'une méthode d'exposition ou de
recherche scientifique. En effet, ce que nous appelons *infinitésimal* n'est tel que *relativement* à nos
grossiers moyens d'observation. Entre les divers
individus la variation est toujours discontinue, au
sens propre du mot, puisque deux organismes ou
deux organes quelconques présentent toujours entre
eux, non des différences infiniment petites, mais
des différences finies [1], et de plus, les espèces sont
sujettes, nous l'avons dit, à des crises de mutation
séparées par de longs intervalles d'immutabilité
spécifique plus ou moins complète, et qui se traduisent par des variations accentuées et « surgies
brusquement ».

On peut donc admettre que l'homme est une de
ces brusques mutations d'un type simio-anthro-
poïde. Dès lors, impossible de raisonner par *analogie* et de conclure que ce qui se passe ou s'est passé
dans la conscience du premier ou des premiers
hommes doit s'expliquer uniquement par ce qui se
passe dans la conscience des animaux [2]. Les circons-

1. L. Errera. Cfr. ci-dessus p. 240.
2. « Le sentiment de la dévotion religieuse est très complexe : il se
compose d'amour, d'une soumission complète à un être mystérieux et
supérieur, d'un vif sentiment de dépendance, de crainte, de respect, de
reconnaissance, d'espoir pour l'avenir, et peut être en encore d'autres
éléments. Aucun être ne saurait éprouver une émotion aussi complexe,
à moins que ses facultés morales, et intellectuelles n'aient acquis un
développement assez considérable. Nous remarquons néanmoins quelque

tances n'étant plus les mêmes, l'analogie est remplacée par une argumentation hypothétique. Une
« mutation » survenue au cerveau humain suffisait
pour que, par exemple, devînt possible à l'homme
tel degré d'attention qui eût été à jamais impossible
à l'ancêtre animal. Cette attention pouvait, elle-
même, rendre possible une *liaison active* des idées,
au lieu des *associations purement passives* auxquelles
semble soumise l'intelligence des animaux. Lors
donc que l'on affirme que l'homme *a dû* débuter
par des associations très simples de ressemblances,
et conséquemment par la magie imitative ou sympathique[1], on formule une simple hypothèse. La
« mutation » qui l'a constitué *homme* peut tout aussi
bien l'avoir rendu capable d'éprouver tel sentiment
profond (sentiment vague mais puissant d'infini, de
dépendance), comme le veulent Müller, Hartmann,

analogie, bien faible, il est vrai, entre cet état d'esprit et l'amour profond qu'a le chien pour son maître, amour auquel se joignent une soumission complète, un peu de crainte et peut-être d'autres sentiments.
La conduite du chien, lorsqu'il retrouve son maître après une absence,
et, je puis l'ajouter, celle d'un singe vis-à-vis de son gardien qu'il
adore, est très différente de celle que tiennent ces animaux vis-à-vis de
leurs semblables. Dans ce dernier cas, les transports de joie paraissent
être moins intenses et toutes les actions manifestent plus d'égalité. Le
professeur Braubach va jusqu'à soutenir que le chien regarde son
maître comme un dieu. » Darwin, *Descendance de l'homme*, I part.
ch. III.

1. La magie *sympathique* consiste à influencer de loin, à son gré,
toute personne et tout objet dont on possède une simple parcelle. Mais,
d'une part, on complète très souvent ladite parcelle au moyen, par
exemple, d'une image en cire, en paille, etc., faite *à l'imitation* de la
personne ou de l'objet. D'autre part, l'*imitation*, remarque très bien
Frazer (*Rameau d'or*, p. 5) est censée dépendre d'une certaine influence
ou sympathie physique reliant la cause à l'effet (« l'effet *ressemble* à la
cause qui l'a produit »). La distinction entre les deux espèces de magie
n'a donc rien de rigoureux.

ou d'organiser et d'appliquer au monde un raisonnement, si enfantin qu'on le voudra, de causalité.

Hypothèses gratuites, dira-t-on ! — Elles n'ont pas d'autre but que de rappeler qu'en une matière où la solution rigoureusement expérimentale est impossible et où l'on est réduit à *interpréter* tant de faits, les théories absolues, exclusives, sont illégitimes. Le problème de l'origine *première* restera sans doute toujours, comme tant d'autres, insoluble.

§ 2.

L'impossibilité où se sont trouvés jusqu'à présent les savants de s'entendre relativement au phénomène qui sert de point de départ à l'évolution religieuse est la meilleure preuve de la réserve avec laquelle il faut procéder en pareille matière.

Mettra-t-on la *magie* ou le *totémisme* à la base des religions ?

Mais il n'est nullement prouvé que tous les peuples aient été totémistes. Les Esquimaux et les Hottentots ne le sont point. Pourtant ils ont une religion, qui ne vient donc pas du totémisme. Puis, le totémisme, s'il peut aboutir à un culte du totem et devenir ainsi religieux à proprement parler, n'est point, par lui-même, une vraie religion : « Le totémisme pur est démocratique, dit Frazer[1] ; c'est une religion d'éga-

---

1. *Le totémisme* (Schleicher, 1898). Il peut y avoir des cultes thériomorphes sans totémisme. Exemple : culte des buffles chez les Todas du haut plateau du Deccan. Cfr. Marillier, *Rev. des religions*, t. II, 1897, 1er article.

lité et de fraternité ; chaque individu de l'espèce en
vaut un autre. Si, par conséquent, un individu de
l'espèce s'élève à la dignité de frère aîné, d'esprit
gardien, s'il occupe un rang supérieur en dignité à
tout le reste, le totémisme est pratiquement abandonné et la religion s'achemine, en même temps que
la société, au monarchisme. » Aussi Marillier a-t-il
insisté sur ce point, que le totémisme est « rebelle
à toute transformation, à tout progrès ; il doit subsister tel qu'il est, ou cesser d'être[1] ».

Le règne de la *magie* semble avoir été universel[2].
Mais les savants ne sont pas d'accord sur l'interprétation des pratiques magiques.

Pour Frazer, la magie n'est pas une religion ;
c'est une *science* embryonnaire : La religion, dit-il,
« est en opposition avec la magie et la science qui,
toutes deux, tiennent le cours de la nature pour
dirigé, non par les passions ou les caprices d'êtres
personnels, mais par des lois immuables agissant
mécaniquement. En magie, certes, l'idée est seulement implicite, tandis qu'elle est explicite dans la
science. Il est vrai que la magie a souvent affaire à
des esprits, agents personnels de même nature que
ceux que l'on invoque en religion ; mais dans ce
cas, elle les traite comme des agents inanimés, c'est-
à-dire qu'elle agit sur eux par force et par contrainte,

---

1. *Revue des religions,* 1897, II, p. 368.
2. On en trouve les vestiges dès le sommet du paléolithique. Cfr.
lettre de M. Rutot, *Note* VII.

au lieu d'agir par conciliation et par propitiation, comme le ferait la religion [1]. »

On le voit, Frazer ne méconnaît point les cas complexes où le sorcier cherche à agir sur l'esprit à la fois par coaction et par prière [2].

Le P. Lagrange répond à Frazer : « Le sauvage a deux manières de tuer son ennemi : l'assommer d'un coup de massue ou percer son image à l'endroit du cœur. Dira-t-on que ces deux actions *lui paraissent également naturelles?* Lorsque l'homme cuit la viande, bâtit, sème, accouple des animaux, il essaie déjà de tirer parti de la nature par des procédés scientifiques issus de l'observation. En cela aucune magie. Au contraire, les rites destinés à faire tomber la pluie, à multiplier le grain, à obtenir la fécondité des animaux, ont en eux-mêmes quelque chose d'artificiel. Y avoir recours *c'est déjà confesser son impuissance par les voies ordinaires* [3]. »

Il n'est pas si évident que semble le croire le P. Lagrange que le sauvage lorsqu'il bâtit, sème, etc., croie se mouvoir dans l'ordre naturel; de plus, les mots que nous avons soulignés expriment seulement une différence entre *l'ordinaire* et *l'extra-ordinaire*, entre ce que peut tout homme et ce que peuvent certains hommes particulièrement doués,

1. *Le rameau d'or*, ch. III, p. 67 et ch. IV.

2. Cfr. ch. III de Frazer, et Marillier, *Revue des religions*, 1897, p. 343; 1898, p. 353.

3. *Etudes sur les religions sémitiques*, p. 13.

non entre ce que peut l'homme et ce que pourraient seuls des êtres supérieurs à tout homme.

Mais la principale difficulté est celle qu'ont signalée MM. Mauss et Hubert. Ils ont montré que la magie ne repose pas uniquement sur les lois de l'association passive des idées, mais sur la foi en une sorte de force et de milieu magiques ; ce serait là une de ces croyances non rationnelles que crée l'imagination de l'homme vivant en collectivité[1]. Il en serait de même de la croyance au « sacré », base des religions[2].

MM. Mauss et Hubert n'ont pas encore suffisamment développé cette dernière affirmation. Nous serions curieux de savoir comment, à leur avis, se différencient les deux notions autrement que par les catégories qualitatives dont nous avons parlé au chapitre précédent.

En fait, les habitants des îles du Pacifique expri-

---

1. Cfr. note X. Hypothèse de M. Durkeim.

2. *Esquisse d'une théorie générale de la magie*, dans l'*Année sociologique* de 1902-1903, et, même volume, p. 200, 203. 209. — Se reporter au ch. IV des *Études sur les religions sémitiques* du P. Lagrange : *Sainteté et impureté*. « Chez les Sémites, le saint était opposé au profane qui comprenait à la fois les choses pures et les choses impures. Ce qui est à la fois profane et pur est susceptible de devenir sacré; ce qui est impur, ne peut en aucun cas devenir sacré, tandis que ce qui est sacré peut très bien devenir impur et doit même le devenir dans une religion différente exclusive, puisque tout ce qui est sacré dans un culte est nécessairement une abomination pour ceux qui le condamnent » (p. 141). La ressemblance négative commune : nécessité de les éviter (*tabou*), ne doit pas faire oublier que saint et impur ont des caractères positifs tout différents : l'impur, ce serait, en langage scolastique, le « vitandum *per se* », le saint, le « vitandum *per accidens* », car l'impur est le dangereux (réel ou imaginaire), le saint est le meilleur et plus grand que nous, donc. au fond, désirable, mais devant être évité pour tel ou tel motif accidentel.

ment ce quelque chose de supérieur à l'homme par
un terme impersonnel : *mana*[1], « pouvoir surnaturel
en vertu duquel agissent sur la nature et les événements » tant les esprits des morts que les esprits
(*vui*) qui n'ont jamais habité un corps[2]. Chez les
Indiens d'Amérique, nous retrouvons cette notion
impersonnelle sous les noms de *wakan*, *mahopa*,
teotl, *manito*, *huaca*, etc.[3].

De même, jadis, chez les Égyptiens, sous le nom
de *sa* : « un fluide mystérieux, le *sa*, qui circulait à
travers leurs membres (des dieux) y portait la santé,
la vigueur et la vie. Tous ne pouvaient pas également s'en charger, mais il y en avait plus chez les
uns, moins chez les autres, et leur puissance d'action
se proportionnait à la quantité qu'ils en contenaient.
Les mieux pourvus en déversaient volontiers le trop-
plein sur ceux qui en manquaient et tous le trans-
mettaient à l'homme sans difficulté. La transfusion
s'en opérait couramment dans les temples. Le roi
ou le mortel ordinaire qu'on voulait imprégner se
présentait devant la statue du dieu et s'accroupissait
à ses pieds en lui tournant le dos : elle lui imposait
alors la main droite sur la nuque, et le fluide qui

---

1. Daniel Brinton, *Religions of primitive peoples* (London, Putnam's
Sons 1897 ; p. 62. — Cfr. *Histoire des religions* de Chantepie de la Saussaye, p. 30.

2. Cette constatation et d'autres analogues prouvent que Spencer a
tort de prétendre que le culte des morts est la croyance une, « homo-
gène » d'où les autres sont dérivées par voie d'évolution.

3. Brinton, *op. suprac.* p. 102. — Cfr. aussi l'*orenda* des Hurons, etc.,
dans Hubert et Mauss, *op. cit.*

s'écoulait d'elle pendant les passes s'amassait en lui comme un récipient. La cérémonie n'avait qu'une efficacité temporaire et l'on devait la renouveler souvent, sous peine d'en perdre le bénéfice. Les dieux eux-mêmes épuisaient **leur** *sa* de vie par l'usage qu'ils en faisaient : les moins **vigoureux** s'en approvisionnaient auprès des plus forts, **et** ceux-ci allaient en puiser une plénitude nouvelle dans un étang mystérieux du ciel septentrional qu'on appelait l'*Étang du Sa*[1]. »

De nos jours encore chez les nègres, « la valeur d'un gri-gri est relative : elle dépend de celle de son fabricant et n'a d'action que sur les gris-gris renfermant une force moindre. La puissance[2] du charme

---

1. Maspero, *Histoire ancienne des peuples de l'Orient.* Égypte et Chaldée, p. 110. Cfr. *Études de mythologie et archéologie égyptiennes*, I, p. 308. — Comparer avec le *brahman* chez les Hindous : « C'est la parole qui précise l'acte, qui détermine l'objet et lui assigne en quelque sorte sa direction. Elle est ou en elle est l'énergie cachée qui le rend efficace. Cette énergie ou le brahman, proprement la croissance, l'invigoration, mot fameux entre tous et dont l'histoire est en quelque sorte celle même de la théologie hindoue. Dans les Hymmes, brahman est très souvent le nom même de la prière, et en ce sens il peut prendre le pluriel mais sans jamais perdre sa signification de force, d'énergie subtile et en quelque sorte magique. » (Barth, *Les religions de l'Inde*, p. 27). — Se rappeler aussi les nombreux cas où le contact est requis médiat ou immédiat avec le prêtre, le magicien, la chose sainte, sortes de réservoirs ou condensateurs du fluide mystérieux. (Cfr. V. Henry. *La magie dans l'Inde antique* (Dujarric, 1904), p. 45 ; *Le Parsisme* (1905), p. 183, 229). Et les nombreux rites de communion par lesquels on s'incorpore cette sorte de fluide vital en s'assimilant ce que l'on considère comme « charged with divine energy ». (R. Smith. *Religion of the semites*, p. 141).

2. De même encore : « Par *puissance*, il ne faut pas entendre ici la force brutale. Il s'agit d'une puissance invisible, inhérente aux choses et aux êtres, dont on ignore la nature mais dont on affirme à coup sûr l'existence parce qu'on en ressent les effets. Cette propriété est dite *mana* en Mélanésie ; les Malgaches la nomment *hasina*. Les dictionnaires définissent tous ce mot ainsi : « vertu intrinsèque ou surnaturelle qui rend une chose bonne et efficace ; la vertu, l'efficacité d'un

est en fonction de la puissance du charmeur [1]. »

Dieux, esprits de toute sorte, sorciers, etc., se servent donc de cette force *qui, en fin de compte, est supérieure à tous et à tout*, puisqu'on ne la dirige qu'en lui obéissant.

Nous sommes là en face d'une croyance primordiale, *expérience et croyance tout ensemble :* expérience, puisque l'individu (primitif ou civilisé), qu'il s'agisse de l'activité physique ou de l'activité morale, constate qu'il met en œuvre à certains moments des énergies qui ne font pas partie de son *moi* normal, quotidien ; croyance, parce que ces énergies restant inexpliquées, mystérieuses, se prêtent aux effusions du sentiment, aux jeux de l'imagination.

Ne serait-ce point là le *protoplasma* psychique d'où, selon la diversité des tempéraments et circonstances, sont sorties les pratiques *magiques* et les pratiques *religieuses?*

Il y eut surtout *magie*, lorsque prédomina la ten-

remède ; la véracité, vérité d'une parole, d'une prophétie ; la sainteté de quelque chose ; la vertu des amulettes, enchantements », etc. L'adjectif masina signifie « saint, sanctifié, puissant, efficient ». C'est sur les deux notions de *tohina* (contagion) et de *hasina* (puissance extra-naturelle) que repose à mon avis le *fady* (tabou ma'gache). » Van Genepp, *Tabou et totémisme à Madagascar*, p. 17. — La définition de M. Hubert : le *mana* ou « l'ordre des efficacités » comme le temps, l'ordre des concomitances possibles (*Étude sommaire de la représentation du temps dans la religion et la magie.* Fischbacher, 1905), exprime sous forme de catégorie *abstraite* ce qui est *senti* par le primitif. — A rapprocher de la δύναμις qui « sortait » de Jésus et guérissait les malades qui le « touchaient » (Luc. VI, 19 ; VIII, 46 ; Marc III, 10 ; V. 28 ; VI, 56). Dieu et son Esprit ayant été idéalisés par la conscience, la « puissance de Dieu », sous un de ses aspects, deviendra la « grâce sanctifiante. » (Comparer Jug. XIV, 6, 19 avec Isaïe, XI, 2, Tim. I, 7 ; Galat. V, 22).

1. Lettre de Franz de Zeltner, Kayes (Sénégal), 28 mai 1905.

dance pratique qui mit l'homme sur la voie d'observations réelles, lui permettant d'acquérir par son propre effort et d'utiliser à son gré un certain nombre de notions et recettes empiriques qui, sans être encore de la science, devaient conduire, aboutir aux sciences véritables [1].

Il y eut surtout *religion*, lorsque prédomina la tendance imaginative et idéaliste. D'où l'emploi d'images anthropomorphiques auxquelles se joignirent le sentiment d'une dépendance plus ou moins étroite et les rites d'invocation et de propitiation. Sous l'action de la conscience, le *plus fort* que l'homme devint le *meilleur* que l'homme, la force morale se substituant à la force magique, en passant par ce stade intermédiaire dont la Moira des Grecs peut fournir un exemple.

La religion ne vient donc pas de la magie, ni la magie de la religion. Mais la communauté d'origine suffirait à expliquer que ces deux formes aient été constamment — et soient encore [2] — mélangées et difficilement séparables.

1. C'est ce qu'il y a de vrai dans la théorie de Frazer. Sir Alfred Lyall dans ses *Études sur les mœurs religieuses de la société de l'Extrême-Orient* (Paris, Thorin, 1885) a finement analysé la psychologie du sorcier (Chap. IV) et montré qu'en lui se manifeste moins la tendance à pratiquer une méthode scientifique, qu'un certain sentiment « d'insubordination qui place dans l'homme lui-même le pouvoir d'influencer les choses et qui travaille vaguement à faire dépendre l'homme de ses propres facultés » indépendamment de l'action divine.

2. Même, hélas! en plein catholicisme: le docteur Lucien Roques, dans une lettre du 12 juin 1906, sur les superstitions du Languedoc, m'écrit : « Dans presque tous les conseils donnés par les sorciers, est inclus celui de faire dire des messes. Le plus célèbre sorcier du pays porte un crucifix à son cou ; mais, particularité qui agit énormément

Quant à l'animisme [1], il a constitué un des premiers efforts intellectuels [2] pour *expliquer* ce que l'homme ressent d'abord sous forme impersonnelle. Je ne prétends pas, certes, que ce fût une hypothèse métaphysique *a priori :* l'animisme était fondé sur quantité d'observations ayant donné lieu à des interprétations inexactes, mais qui n'en formaient pas moins un rudiment de psychologie et de théologie. C'était déjà *fides quærens intellectum.* La croyance primitive eut donc comme processus empirique de développement la *magie,* comme processus explicatif l'*animisme;* nous allons insister sur le processus *religieux.*

§ III

Voici quelques hypothèses relatives à la succession des phases de ce processus.

D'après Max Müller, Hartmann, les hommes ont pu débuter par une sorte de monothéisme inconscient qui aurait dégénéré en animisme, puis en fétichisme. Il s'agit pour eux de l'absolu, de l'infini confusément *senti,* et non *pensé* d'une manière abstraite. On ne les réfute donc pas en les traitant

sur l'esprit des gens, ce crucifix est suspendu de manière que le Christ a la tête en bas. »

1. Animisme dans le sens habituel = culte des esprits. La croyance au *mana, sa,* etc., dont nous venons de parler est évidemment plus large que la croyance aux esprits. Les dieux eux-mêmes dépendent du *sa* et non le *sa,* des dieux.

2. C'est ce que reconnaît très nettement Tylor, *La civilisation primitive,* t. I, p. 495; t. II, p. 461.

de métaphysiciens[1]. Ils ne font pas plus de l'homme
primitif un métaphysicien qu'ils n'en font un géo-
mètre en lui accordant le sens de l'espace. Mais si
nous analysons cette sorte de foi amorphe dont
nous parlions tout à l'heure à propos des sauvages
mélanésiens, américains, etc., nous n'y trouverons
pas la notion de personnalité. Aussi M. Brinton a-
t-il soin de nous faire observer que la croyance au
mana, *wakan*, etc., n'est point le « témoignage d'un
monothéisme primitif[2] ». C'est d'une sorte de *monisme*
— tout de sentiment, je le répète, et nullement abstrait — qu'il faudrait plutôt parler.

Toutefois, même sous sa forme de sentiment, le
monisme suppose un sens de l'*unité* de toutes vies
qui sera difficilement accepté comme réellement primitif. Il est vrai qu'il ne le faut pas prendre au sens
métaphysique, mais comme un sentiment résultant
de la croyance aux métamorphoses, par exemple,
donc à l'équivalence des diverses formes de vies.

1. Il est trop commode de crier ainsi à la philosophie, à la métaphysique (Leuba, *Introd. to a psychol. study of religion; Monist* de
janvier 1901) dès qu'il est question d'infini ou de parfait.

2. *Religion of primitive peoples*, p. 63 et 48. — C'est la solution à
laquelle semble se rattacher le P. Lagrange. « Ce que le sémite pensait
exactement (en parlant de son El), nous ne le savons pas, dit-il, mais,
de son langage nous concluons beaucoup plus légitimement à l'unité
du divin qu'au polydémonisme... Il est plus vraisemblable que El
c'était d'abord le divin, et que, lorsque le nom devint personnel, peut-
être au moment où d'autres noms propres furent proposés comme par-
ticipants au divin, un autre nom fut créé pour signifier spécialement
la nature divine comme commune à plusieurs êtres... A l'origine, tous
les sémites avaient un même nom et un seul pour désigner le divin,
conçu comme distinct du reste des choses et, par conséquent, ils le
considéraient comme unique d'une certaine façon. » *Et. sur les religions
sémitiques*, p. 78.

Le point de départ semble être plutôt celui que nous constatons chez l'enfant : l'enfant croit vivant tout objet qui l'impressionne, vivant d'une vie analogue à la sienne, lui voulant du bien ou du mal — sans distinguer encore, bien entendu, entre son corps et son esprit. L'homme primitif paraît avoir traversé cette phase (que l'on appelle souvent *animisme*[1], que A. Réville a nommée *naturisme*[2] et Guyau[3] *naturisme, fétichisme, panthélisme*).

Vue systématique de l'esprit? Je ne le pense pas. « Castren, dit Tylor, décrit le culte que les Sibériens rendent à la nature; or, selon lui, l'exemple le plus extraordinaire, celui qui indique le degré de civilisation la plus infime, se rencontre chez les Samoyèdes, qui adorent directement les objets pour eux-mêmes[4] ».

Exemple tiré du culte des arbres : « Au commencement, un arbre attire le respect comme un être à craindre, doué de sensibilité et possédant une puis-

1. « *La croyance à l'animation de la nature entière.* » Tylor, *La civilisation primitive*, chap. VIII. t. I, p. 326. — Cfr. le chap. III de Lang (*Mythes*, etc.) sur l'état mental des sauvages.

2. Cfr. *Les religions des peuples non civilisés* (Fischbacher, 1883). Tome II. p. 222. 225, etc.

3. *L'irréligion de l'avenir*, p. 29. Il fait remarquer qu'en ce cas, on ne suppose point dans l'objet matériel la présence d'un esprit *distinct de l'objet lui-même* (sens fréquent du mot *fétiche*, par exemple chez Spencer). « Le mot *panthélisme*, s'il n'était un peu barbare, exprimerait mieux cet état de l'intelligence humaine, qui place tout d'abord dans la nature, non pas des *esprits* plus ou moins distincts des corps, mais simplement des *intentions*, des *désirs*, des *volontés* inhérentes aux objets mêmes » (p. 31). L' « esprit » lui-même, d'ailleurs, demeurera, pour bien longtemps encore, composé d'une matière subtile. « Il n'y a d'incorporel que ce qui n'est pas », dira Tertullien! (*De carne Christi*, chap. XI). Et il appliquera ce principe à Dieu (*Contra Praxeam* VIII).

4. *La civilisation primitive*, chap. XV, t. II, p. 319.

sance mystérieuse, dont il témoigne par l'ondulation de ses branches et par des sons fantastiques.
Puis les arbres à fruits sont honorés pour l'excellence même de leurs produits qu'ils accordent chaque
année en quantité plus ou moins grande, suivant
quelque caprice dissimulé que l'on pourra peut-être
se rendre propice ; plus tard, une espèce particulière se trouve consacrée à un dieu célèbre ; un
énorme tronc solitaire devient la demeure d'un esprit
impalpable et sans nom, qui peut habiter aussi un
bouquet de bois sombre ou un épais fourré [1]. »

Mais, dans les deux derniers cas, est déjà franchi
le stade primitif : l'homme a distingué en lui — pour
des motifs que je n'ai pas à développer ici [2] — le
corps et l'esprit ; il a distingué aussi corps et esprit
en tout ce qui l'entoure ; c'est le passage du *naturisme* à l'*animisme* proprement dit (culte des *esprits*
incarnés ou non dans quelque objet ou être).

Mais avant d'en arriver là, remarquons que le primitif — comme l'enfant [3] et très rapidement —
généralise — bien entendu de cette généralisation
dont parle M. Ribot, qui est plutôt le *vague* que le
général, un état intermédiaire entre le particulier

---

1. Sir Alfred Lyall. *Études sur les mœurs religieuses et sociales de
l'Extrême-Orient* p. 24. Le chapitre I renferme une intéressante étude
sur les formes religieuses dans une province centrale de l'Inde, le Bérar.

2. Cfr. l'opuscule d'E. Monseur cité p. 232.

3. Suzanne F. (11 mois), à qui l'on a dit tic tac en lui faisant voir et
entendre une montre et une horloge, dit tic tac en montrant, dans une
chambre où on la porte, une pendule (qui, d'ailleurs, ne marchait
point).

et le général, « participant de la nature de l'un et de l'autre, une simplification confuse[1]. »

Ne serait-ce pas l'explication de cette croyance primitive à *une* énergie, diront les partisans de Muller et de Hartmann, en tout cas à *de* l'énergie expérimentée comme plus puissante que l'homme individuel ou que les groupements d'hommes, l'explication donc de la croyance au *mana*, au *sa*, etc., à cette force supérieure à tous et à tout, qui, diversement envisagée, aurait donné lieu, avons-nous dit, à l'emploi des formes magiques et des formes religieuses ?

Mais le développement intellectuel de l'homme l'amena à l'animisme proprement dit. Il paraîtrait naturel d'ajouter, avec Guyau, que l'animisme polydémoniste a pu devenir l'hénothéisme[2], puis le monothéisme, lequel, de nos jours, évoluerait vers le monisme.

Ces schèmes bien ordonnancés, exercent sur l'esprit une puissante séduction. Mais leur propre architecte nous a laissé voir le côté artificiel de son plan. Nous ne nions pas que les choses aient pu se passer comme il le prétendait ; nous constatons seulement que lui-même suggérait une solution *double*, au lieu d'un processus *unique*. Il nous indique, en effet, comment l'homme a pu passer directement de la première phase « panthéliste » à une sorte de monothéisme :

1. *L'Évolution des idées générales*, p. 40 (F. Alcan).
2. Cfr. *Note* VIII.

« Les animaux vulgaires, dit-il, sont à peu près
dépourvus d'attention, ce qui fait que, pour créer
en eux une idée durable, il faut la répétition prolongée
d'une même sensation, il faut une habitude. Aussi,
dans leur intelligence encore grossière ne se gravent
que les faits les plus fréquents ; ils sentent passive-
ment au lieu d'observer. Du moment où, avec
l'homme, l'esprit d'observation entre en scène, tout
change. Un fait exceptionnel, par la même raison
qu'il doit s'effacer rapidement de l'intelligence de
l'animal, doit pénétrer plus avant dans celle de
l'homme. En outre, l'homme a une sphère d'action
beaucoup plus étendue que l'animal, conséquemment
un champ d'expérience beaucoup plus vaste ; plus
il modifie la nature, plus il est capable de reconnaître et d'observer les modifications qui s'y produisent sans son intervention. Il acquiert une notion
toute nouvelle, inconnue à l'animal, celle des choses
artificielles, des résultats obtenus de propos délibéré
par une volonté sachant ce qu'elle fait. L'homme,
connaissant l'art du feu, verra, par exemple, d'un
tout autre œil que l'animal une forêt embrasée par
la foudre : l'animal se sauvera sans autre sentiment
que l'épouvante ; l'homme supposera naturellement
l'existence d'un *allumeur* procédant en grand comme
il procède lui-même. De même, si tous deux rencontrent une source d'eau bouillante, ce phénomène
dépassera trop l'intelligence de l'animal pour le
frapper vivement ; au contraire l'homme habitué à

faire chauffer l'eau sur le feu, imaginera un chauf-. feur souterrain [1]. »

Malgré la difficulté qui existe pour nous à inter-. préter exactement la pensée d'un sauvage ou celle de l'homme primitif, il est difficile de ne pas trouver là, en partie du moins, l'explication de la croyance de tant de sauvages a un fabricateur du monde, à un démiurge, sinon à un créateur proprement dit [2].

Mais alors Guyau aurait dû renoncer à la forme *rectiligne* de son schème d'évolution religieuse. Il aurait dû reconnaître que du protoplasma « panthélique » peut sortir soit l'animisme polythéiste, puis le monothéisme, d'une part — soit de l'autre, *sans passer par le culte des esprits*, le culte d'un ou plusieurs *ouvriers* divins, donc le polythéisme, et peut être un monothéisme grossier.

A priori, on ne peut donc rejeter l'hypothèse d'une

1. *L'irréligion de l'avenir*, p. 39, 40 (F. Alcan).

2. Pour saint Thomas, l'essentiel, dans l'idée de création, n'est pas le commencement dans le temps (1ª pars, q. XLVI, art. 2). *L'ex nihilo* dépasse-t-il l'imagination du primitif qui attribue au sorcier un pouvoir sans limites ? Non, peut-être : avec quelques réserves Lang cite la réponse d'un Boschiman Qing, qui n'avait jamais vu d'homme blanc que dans les combats. Il prétendait que la Mante a tout fait par sa seule volonté (*Mythes*, etc. p. 161). Or Lang reconnaît que Cagn (= la Mante = I Kaggen) est aussi un sorcier (p. 331). « Les Samoans ont aussi une cosmogonie à demi mythique, à demi physique, qui part du rien. » (p. 181). Un point essentiel, dans l'idée de création, c'est le rapport établi par la pensée entre le relatif et l'absolu : l'être imparfait a la raison d'être de *tout* son être dans le parfait. Nous ne prétendons pas que cette idée s'impose (cfr. p. 117) ; nous affirmons que c'est là l'élément *nouveau* qui ne saurait provenir des mythes sauvages ou autres *par évolution* mais est une *addition* de la pensée judéo-chrétienne. Il s'est compliqué d'un mythe psycho-métaphysique : substantialité distincte et personnalité du parfait, liberté de la création, etc.

telle religion monothéiste, aussi primitive que les formes animistes (dans le sens de : culte des esprits) et *n'en dérivant pas.*

Guyau est d'ailleurs le premier à nous mettre en garde contre « la naturelle tentation de classer systématiquement les diverses métaphysiques religieuses et de les faire évoluer selon une loi régulière, conformément à des cadres plus ou moins déterminés [1] ». Dans son chapitre [2] sur la Création, il cite un exemple qui permet d'assister, pour ainsi dire, à la naissance de la foi en un fabricateur du monde : « J'ai eu, dit-il, un exemple de métaphysique naïve dans la conversation suivante, dont je puis garantir l'authenticité.

Les deux interlocuteurs étaient une petite paysanne de quatre ans qui n'était jamais sortie de sa campagne, et une jeune fille de la ville, la propriétaire de la ferme. Toutes deux étant descendues au jardin, où depuis le matin de nombreuses fleurs s'étaient épanouies, la petite paysanne entra dans une vive admiration et, s'adressant à la jeune fille, pour laquelle elle avait depuis longtemps une sorte de culte : « Dites-moi, maîtresse, s'écria-t-elle, c'est vous, n'est-ce pas, qui avez fait ces fleurs ? »

Si l'on appelle *principe de causalité* le rapport susénoncé (note p. 263), entre l'imparfait et le parfait,

1. P. 77.
2. P. 73.

n'est pas réductible à l'expérience sensible ; mais il il est une notion de la causalité qui n'est qu'une condensation, un résumé de l'expérience de tous les jours. « Si l'homme n'avait aucune action sur le monde, dit Guyau, il ne se demanderait pas qui a fait le monde... (Si la petite paysanne dont nous parlions tout à l'heure n'avait pas vu son père réparer ou fabriquer ses outils de travail, faire le feu, faire le pain, labourer la terre, elle ne se serait pas demandé qui avait fait les fleurs du jardin) ; la truelle du maçon et la scie du charpentier peuvent revendiquer une bien grande part dans la formation de la métaphysique religieuse [1]. »

Que l'homme, admettant « des chauffeurs et des allumeurs en grand, se soit demandé une fois s'il n'y avait pas quelqu'un qui agissait en très grand », comme le remarque le P. Lagrange [2], c'est une hypothèse tout aussi plausible, en effet, que celle de l'évolution du culte des esprits. Quand a eu lieu cette « fois », c'est autre chose !

Cette expression « une fois » semble prouver que, dans l'esprit du P. Lagrange, ce monothéisme anthropomorphique n'est pas absolument primitif. L'enthousiasme d'une peuplade pour un chef très puissant ou quelque saint, ou héros civilisateur [3], a

1. P. 75.
2. *Études sur les religions sémitiques*, p. 23.
3. Cfr. Lang, *Mythes*, etc, p. 101, 113, 118, 385, etc. — On trouvera de nombreux exemples de ces canonisations ou plutôt déifications populaires (qui montrent ce qu'il peut y avoir de vrai dans l'*évhémérisme*) dans l'ouvrage cité plus haut de Sir A. Lyall.

bien pu (comme il serait facilement arrivé dans le cas d'affection passionnée de la petite paysanne dont nous avons parlé) déterminer le phénomène. La solution polythéiste demeure néanmoins la plus probable hypothèse. « Un chef puissant Te-Heu-Heu, de la Nouvelle-Zélande, indiquait en ces termes à M. Taylor que chacun des dieux est préposé à un département spécial : « N'y a-t-il donc chez les Européens qu'un seul fabricant? L'un n'est-il pas charpentier, l'autre forgeron, un troisième constructeur de navires? Ainsi en était-il dans les commencements : l'un a fait ceci, l'autre cela ; Tane a fait les arbres, Ru les montagnes, Tangarou les poissons et ainsi de suite[1]. »

M. Ribot nous parle d'un sourd-muet qui « croyait, avant d'être instruit, que la Bible était un livre qui avait été imprimé dans le ciel *par des ouvriers* d'une force herculéenne. C'est la seule interprétation qu'il donnât aux gestes de ses parents qui essayaient de lui faire comprendre que la Bible contient une révélation venant d'un Dieu tout-puissant qui est dans le ciel ». Par contre, il est vrai, un autre, ayant pu entendre de très violents coups de tonnerre et interrogeant son frère qui lui montra le ciel en simulant le zigzag de l'éclair avec son doigt, « en conclut à l'existence d'*un géant* céleste dont le tonnerre est la voix[2] ».

---

1. Lang, note 2, p. 318.
2. *Évolution des idées générales* (F. Alcan), p. 55, 56.

§ IV.

Les Sémites anciens, se demande le P. Lagrange[1], étaient-ils polydémonistes ? Le nom divin El ou Il « appartient, dit-il, au plus ancien fonds des langues sémitiques... Elohim est certainement une des formes les plus secondaires, puisque le Phénicien dit Elim et que seuls les Araméens ont une formation analogue. D'êtres plus ou moins confusément groupés, mais cependant pluriels, il n'y a pas trace dans le vieux mot El commun à tous les Sémites. » Sans prétendre que El ait représenté pour eux « une seule personnalité nettement accusée », il estime « qu'à l'origine tous les Sémites avaient un même nom et un seul pour désigner le divin, conçu comme distinct du reste des choses et que, par conséquent, ils le considéraient comme unique d'une certaine façon, n'éprouvant pas le besoin de le déterminer davantage, tandis qu'il est de la nature du polythéisme que tout être divin soit distinct des autres par une note spéciale, aucun d'eux n'étant suffisamment désigné par le seul prédicat du divin ».

Cette question de l'antériorité de l'expression El ou Elohim n'est pas de ma compétence. Je remarquerai seulement que l'argument du P. Lagrange contre ses adversaires : « On aura peine à nous faire admettre en France une somme sans unités » est de médiocre valeur. « A l'origine, dit très bien

M. Ribot, il n'y a pas perception claire de l'unité
d'abord, de la pluralité ensuite... Il y a un état
confus, indéfini[1]. » Les partisans d'une sorte de
monisme primitif que réfute le P. Lagrange[2], pourraient lui répondre que leurs Elohim n'ont pas, eux
non plus, « une personnalité nettement accusée »,
que « chacun d'eux tend à se perdre dans l'unifor-
mité amorphe de l'ensemble », comme le dit Oldenberg des dieux védiques[3]. L'interprétation *moniste*
paraît très soutenable, à condition que l'on ne fasse
pas de ce monisme un système métaphysique et que
l'on reconnaisse enfin nettement qu'avant de se figer
en abstraits métaphysiques, les systèmes vivent en
nous à l'état de sentiments et d'images. On s'en rend
bien compte en lisant cette définition donnée par
F. C. Baur : « Le *monisme* est la simple conscience
du divin en général... nous ne pouvons la nommer
monothéisme que lorsque la représentation du divin
a rempli la totalité de la conscience comme entièrement indivisible, et qu'aucun signe ne doit séparer ;
il (le monisme) est comparable à la simple vue qui
précède toute abstraction et réflexion[4]. »

C'est tout ensemble la *représentation* du divin qui
nous intéresse ici, et le *sentiment* du divin qui la

1. *Évolution des idées générales*, p. 460. Et p. 39 : « La seule formule
convenable est celle-ci : l'esprit va de l'indéfini au défini. Si l'on fait
indéfini synonyme de général, alors on peut soutenir que ce n'est pas
le particulier qui apparaît au début, mais ce n'est pas non plus le général, au sens exact du terme; c'est le vague. »
2. Marty, Hellmuth-Zimmerman.
3. *La religion du Véda*, p. 81 (F. Alcan).
4. Cité par le P. Lagrange, *op. cit.* Note 1 p. 78.

remplit et vivifie. Si monothéisme et polythéisme
c'est, au point de vue philosophique, question intellectuelle, au point de vue religieux proprement dit,
n'est-ce pas surtout question de tempérament sentimental ? Ne pourrait-on dire que, de même qu'en
certaines natures le sentiment amoureux devient
exclusif dès qu'il est intense, tandis qu'en nombre
d'autres, l'intensité se nourrit plutôt de la variété
des objets aimés, de même le sentiment religieux
en s'exaltant, peut, ou multiplier les objets d'adoration, ou les unifier, au contraire ?

Et de même que l' « amoureux » aime plutôt l'a-
mour, l'« amant » l'être uniquement « adoré », ainsi
ceux des mystiques qui se délectent surtout dans le
sentiment religieux attacheront peu d'importance à la
question de la personnalité divine et volontiers seront
panthéistes. Mais ce n'est pas à une image vague
ou multiple que s'adressent de pareils cris d'amour :

« Comme une biche soupire après l'eau des
sources, ainsi mon âme soupire après toi, ô Dieu !
Mon âme a soif de Dieu, du Dieu vivant !... O Dieu,
je pense à toi sur ma couche, je médite sur toi
pendant les veilles de la nuit. Car tu es mon secours !
Et je suis dans l'allégresse à l'ombre de tes ailes.
Mon âme est attachée à toi ; ta droite me soutient »...
« Quel autre ai-je au ciel que toi ? En toi seul sur
terre je prends plaisir. Dieu est mon partage à
jamais[1] ! » Ici le sentiment s'attache à *une* person-

1. *Psaumes* XLI (XLII) — LXII (LXIII) — LXXII (LXXIII).

nalité : l'amour divin serait inférieur à l'amour humain s'il n'aboutissait à l'Unique exclusif. L'intelligence pourra dès lors intervenir et justifier après coup le sentiment par un système : monothéisme, créationisme (avec le revers de médaille que l'on sait).

Cette sorte de mono-idéisme de l'amour unique peut provenir de l'instinct, et aussi être voulu parce que jugé plus noble. Et, de même, la représentation religieuse exclusive du monothéiste peut être instinctive, et aussi voulue parce que jugée la meilleure.

C'est le cas des Prophètes juifs[1]. Est-ce parce qu'ils ont *conçu* la morale comme universelle qu'ils ont *conclu* à l'unité divine ? Déduction bien philosophique ! Contentons-nous de dire que leur passion pour la justice, la moralité, était trop violente, intransigeante, exclusive donc, pour qu'ils ne considérassent pas leur idéal comme devant être l'unique universellement accepté et réalisé. Et puisque le bien, c'est la volonté de Iahvé[2], Iahvé est pour eux et doit être pour tous l'incomparable, l'exclusif :

1. C'est aussi par l'intensité de son sentiment de la moralité et de l'unité du divin, et non en faisant « évoluer » Zeus, que Xénophane dépasse le niveau religieux de ses contemporains. « We are often told that the supremacy of Zeus was the « first step to monotheism. » Xenophanes reached his goal by a shorter road. » J. E. Harrison, *The religion of ancient Greece* (Constable, 1905), p. 61.

2. Le bien devient ainsi la seule vraie religion : encore une conclusion de cette sentimentalité exclusive :

    « Avec quoi me présenterai-je devant l'Éternel ?
    Me présenterai-je avec des holocaustes ?
    L'Éternel agréera-t-il des milliers de béliers,
    Des myriades de torrents d'huile ?...
    — On t'a fait connaître, ô homme, ce qui est bien,
    Et ce que l'Éternel demande de toi :
    C'est que tu pratiques la justice,
    Que tu aimes la miséricorde. »

Michée, VI, 6-8 (.viii° s.); cfr. Osée, VI, 6; Isaïe, I, etc.

Qui a sondé l'esprit de l'Éternel
Et qui l'a éclairé de ses conseils ?
Qui lui a appris le sentier de la justice ?
Qui lui a enseigné la sagesse ?...
Toutes les nations sont devant lui comme un rien,
Elles ne sont pour lui que néant et vanité.
A qui voulez-vous comparer Dieu ?
Et quelle image ferez-vous son égale ?...
A qui me comparerez-vous pour que je lui ressemble,
Dit le Saint[1].

Et l'on entrevoit en même temps comment le sentiment du *rien*, du *néant* de ce qui n'est pas Dieu[2] pourra se systématiser plus tard en la théorie de la création *ex nihilo*[3].

M. Chantepie de la Saussaye l'a très bien dit :

« Il ne suffit pas de caractériser (le monothéisme ou le polythéisme) par l'opposition numérique de la multiplicité et de l'unité : *poly* et *mono* en composition n'indiquent pas seulement des nombres, mais répondent à des qualités. Les dieux du polythéisme sont immanents dans l'univers. Ils y personnifient

---

1, Isaïe (2⁰ Isaïe), XL.

2. « Éternel, ma vie est comme un rien devant toi ! » *Ps.* XXXVIII, (XXXIX), 6. — Analogue annihilation sentimentale de l'être fini, pour le panthéiste qui n'est pas troublé par les « modes » imparfaits de la substance parfaite, pour l'Indou qui traite le monde de pure illusion, de « rêve » de Brahma, pour le mystique qui proclame le « néant » de la créature, la non-réalité du mal. C'est toujours la même loi : l'intelligence ne se préoccupe point de ce qui n'intéresse plus le sentiment, de ce qui *n'existe plus* pour lui. — La substitution du néant proprement dit à la matière première fut encore favorisée par l'habitude platonicienne d'appeler la matière *ce qui n'est pas* = ce qui n'a pas *la vraie* réalité, ce qui n'est pas *intelligible*. Cfr. 2 *Macchab* ; VII, 28 ; 2 *Clément.* I, 8 ; *Clément. homil.* III, 32 ; Philon, *De justitia*, VII.

3. Je regrette maintenant de n'avoir pas réuni dans un seul paragraphe les diverses remarques relatives à l'idée de *création* que l'on trouvera p. 100, 115, 128, 136, 137, 139, 150, 160, 163, 263 à 266.

les forces et les opérations divines ; nous y trouvons un riche et poétique développement de mythologie. Le Dieu unique du monothéisme est, au contraire, un dieu spirituel et transcendant. C'est pourquoi il ne faut pas appeler monothéistes les tendances vers une conception monarchique de la divinité, tendance à la monolâtrie ou à la conception de l'unité divine. Comme religion vraiment monothéiste, on ne trouve que la religion juive avec ses deux filles : la religion chrétienne et la religion mahométane[1]. »

Toutes les cosmogonies se ressemblent : Avant toutes choses, dit Hésiode, fut Khaos et puis Gaia au large sein... et Gaia enfante Ouranos et avec lui engendre les Titans, parmi lesquels Kronos et Rhea. Voilà seulement les parents de Zeus et des grands dieux ! Et les dieux ne sont immortels que grâce à l'ambroisie. Aucune évolution ne fera sortir de là, *si la pensée ne l'y ajoute*, l'élément : perfection, qu'implique désormais, avec tant d'autres, notre idée de Dieu.

---

1. *Introduction* du *Manuel de l'hist. des religions*, p. 11. A moins que l'on ne reconnaisse, avec Muller, Hartmann, Jastrow (*The Study of religion* London, Scott, 1901, p. 191 à 198), et d'autres, que le sentiment de l'infini existe déjà implicitement, même dans les formes religieuses les plus rudimentaires. — Etymologie du mot *dieu*, cfr. Note IX.

CONCLUSIONS

Des expériences et critiques qui précèdent me paraissent découler les conclusions suivantes :

I

Tout d'abord, insuffisance d'une méthode strictement objective qui n'atteindrait que l'extériorisation, l'expression sensible du sentiment religieux, non le sentiment lui-même.

Le « phénomène », le « fait » est fonction de la sensibilité, de la pensée et de ses lois ; mais, outre cette vérité générale trop souvent oubliée, il est certain qu'en pareille matière, l'expression isolée de sa *signification* serait de nulle valeur. Or la *signification* ce n'est plus seulement de l'histoire, de la description, de la comparaison, c'est de la psychologie.

Psychologie, les lois de l'habitude et de la mémoire qu'impliquent les survivances (Chap. XI, § 1) ; psychologie, l'invention créatrice qui intervient dans toute évolution (Chap. XI, § 2) ; psychologie, ces notions de « mieux » ou de « parfait », ce « jugement de valeur » que, diversement symbolisés, l'analyse décèle dans les croyances religieuses (Chap. X, § 3, 4 et 5).

Psychologie ou métaphysique ? Le nom importe peu. On n'en est plus à prouver, après les Paul Janet, les Boutroux, les Bergson [1], que la métaphysique, dans ce qu'elle a de positif, n'est qu'une psychologie plus réfléchie, mieux analysée.

Aux observations historiques, ethnographiques, physiologiques, doit donc se joindre l'observation psychologique.

II

« De même que nos perceptions sensibles possèdent un *coefficient de réalité externe*, une sorte d'indice de valeur indépendante, qui nous fait croire à l'existence de leurs objets, de même on peut dire que les phénomènes religieux possèdent aussi un coefficient de réalité ou un indice de valeur, mais de valeur ou de réalité *transcendante*, c'est-à-dire dépassant le monde ordinaire perceptible à tous les hommes et échappant par conséquent à ceux qui n'ont point fait ces expériences spéciales... Ces opinions individuelles [2] sur l'essence de la religion et la réalité d'un monde invisible n'ont pas plus à interférer chez le psychologue avec ses recherches d'ordre scientifique que l'opinion particulière d'un phy-

---

1. Cfr. par exemple, Bergson. *Introd. à la métaphysique* dans *Revue de métaphysique et de morale*, janvier 1903.

2. J'objecterai au Dr Flournoy que le sens de l'objectivité du divin est beaucoup moins « individuel » que telle disposition : sentiment du péché, besoin de la prière, conversions, etc., dont s'occupe cependant la psychologie religieuse.

sicien sur l'existence ou la non-existence en soi du monde matériel ne saurait contrecarrer ses travaux de laboratoire [1]. »

Cette précaution, est, en effet, indispensable et je ne songe pas un instant à en contester l'opportunité. Seulement, ne perdons jamais de vue que ces jugements de transcendance, sont, au même titre que le reste, de la réalité psychologique [2]. Par conséquent, nous avons là un exemple frappant de la nécessité où se trouvent toutes les méthodes scientifiques d'accommoder, en la simplifiant, la réalité, laissant de côté ses aspects gênants parce qu'ils ne se réduisent pas soit en formules numériques, soit en concepts généraux.

Pourvu qu'ensuite *on ne prenne pas l'abstraction pour la réalité concrète*, un procédé méthodique pour une thèse, ledit procédé méthodique a des avantages incontestables ; mais certains savants sont enclins à ne plus distinguer entre leurs schèmes abstraits et les consciences vivantes, et, d'autre part, ceux qui ne sont pas initiés aux méthodes scientifiques protestent à grand bruit — et à grand tort — parce qu'ils ne trouvent plus dans les représentations scientifiques tout le contenu de leurs consciences.

Il est donc nécessaire de rappeler sans cesse que

1. Dr Flournoy. *Archives de psychologie religieuse*, décembre 1902; p. 7 et 9 du tirage à part : *Les principes de la psychologie religieuse*.

2. M. Blondel a fort bien fait ressortir la chose dans une lettre adressée à la Société française de philosophie (Cfr. *Bulletin de la Société*, etc., janvier 1906, p. 19), à l'occasion d'une discussion sur le mysticisme de sainte Térèse.

s'il n'est de *science* que du général, il n'est de *vie* que de rapports d'individus à individus. Si les caractères particuliers ne sont rien pour le savant, ils sont tout pour l'homme : « Si on me presse de dire pourquoy je l'aimoy, je sens que cela ne se peult exprimer qu'en respondant : parce que c'estoit luy ; parce que c'estoit moy. » On connaît ces paroles si vraies de Montaigne à propos de son ami La Boëtie, et ces autres non moins justes : « Quand bien nous pourrions être sçavants du sçavoir d'aultruy, au moins sages ne pouvons-nous estre que de nostre propre sagesse [1]. »

Il serait donc aussi déraisonnable de chercher dans les résultats des méthodes scientifiques une religion complète, adéquate à ce qu'elle est vraiment pour les âmes vivantes, que d'espérer retrouver avec tous ses charmes et influences l'enivrante nature dans les traités de physique, botanique, zoologie, etc. On n'a pas le droit d'opposer sciences et vie, mais il est nécessaire de les bien distinguer pour que jamais plus, de part ni d'autre, on ne crie à la faillite.

III

Que l'on n'isole point ce que je viens de dire de ce qui suit :

1. *Essais*, L. I, ch. xxvii et ch. xxiv. — Dans un article où il résume très clairement les idées de M. Poincaré (*Rev. de Paris*, 15 février 1906) M. Ragcot définit ainsi l'objet des sciences : « des rapports sans supports ». La vie réelle ne peut faire abstraction de ces supports ; voilà pourquoi les sciences sont et demeureront non moins insuffisantes que nécessaires. Nous l'avons déjà dit (p. 145).

Bien que les sciences n'envisagent que certains aspects de la réalité, ces abstractions, si travaillées soient-elles ensuite par l'esprit et marquées de son empreinte, n'en correspondent pas moins à des caractères *réels*, à des rapports *réels ;* d'où leur efficacité réelle, leur merveilleuse fécondité pratique.

Quand bien même les sciences historiques, physiologiques, psychologiques, fidèles à leur point de vue de généralité, n'auraient rien à nous dire sur ce qui a constitué la nuance spéciale de l'émotion esthétique d'un Rembrandt ou d'un Wagner et le caractère personnel, nouveau, unique, de leur inspiration créatrice, du moins elles ne restent pas muettes sur le sentiment esthétique en général, l'imagination créatrice en général. Et de même, si la croyance individuelle échappe, en son fond, aux plus subtiles analyses, il est, dans les phénomènes religieux, des caractères généraux extrêmement importants à observer, à nettement préciser, déterminer. Ils permettront, en effet, de se rendre compte à quels organes, à quelles lois de la vie psychique correspond le sentiment religieux, et, par suite, s'il est plus ou moins *accidentel* ou *essentiel* à cette vie.

Or qu'avons-nous constaté par l'analyse psychologique ?

Tout d'abord, une incontestable diversité dans les résultats de l'expérience religieuse. Vouloir *unifier*[1] à

---

1. « La même détermination (ne pas toucher à une flamme, p. ex.), peut être inspirée ou par une simple association d'idées personnelle-

tout prix, ne serait-ce que par une définition unique,
toutes ces formes, serait un pur jeu d'esprit. La
religion où il n'est pas question de Dieu, le bouddhisme par exemple, n'est pas une avec celle qui
parle d'un « Père céleste ». Impossible de ramener
à une réelle unité les religions qui admettent simplement des êtres supérieurs, sous quelque rapport,
à l'homme (esprits, dieux...) et celles où apparaît,
d'une manière ou d'une autre, le sentiment du Parfait, de l'Idéal. C'est parce que ce sentiment a débar-
rassé le christianisme — autant que le permettait
l'humaine misère — des formes naturistes réalisant
le culte du mieux, mais toujours de l'imparfait, que
le Christianisme a supplanté même les « Réformes »
du paganisme : Orphisme, culte de Mithra, moins
complètement dématérialisées. L' « Agneau » de Dieu
était un pur symbole, ce que l'on ne pouvait dire
des Taureaux divins. Dans le Christianisme, la conscience morale sentit affirmée sa domination entière
sur les instincts qu'elle doit coordonner et diriger.
La crise actuelle a pour cause un effort qui tend à le
perfectionner encore : il s'agit de tirer les conclusions pratiques de grandes maximes restées dans le
vague : justice, amour ; il s'agit aussi d'éliminer
l'interprétation littérale de croyances erronées que

ment acquise, ou par instinct transmis, ou par suite d'une induction
logiquement formulée. Ainsi le même acte religieux peut être le produit de religions d'ordre différent. Si l'on persiste à mettre de l'*unité*
entre elles, ce n'est donc que par suite d'une hypothèse à priori qui
permet, par exemple, de voir en toutes un vague monisme, un sens
obscur de l'infini, etc.

partageaient — si l'on en croit ses interprètes —
Jésus lui-même, et certainement les peuples auxquels
fut prêché et adapté l'Évangile.

Ceux qui redoutent que l'on n'aboutisse de la sorte
à un « esprit » religieux sans corps et sans action,
devraient penser qu'il est, du moins, plus honnête
de chercher à incorporer cet « esprit » dans telle
réunion de Maison du peuple ou d'Université populaire, par exemple, que dans une assemblée catholique ou protestante orthodoxe dont on ne peut plus
faire partie qu'en jouant sur les mots et en trichant
sur leur sens.

A ces espèces différentes de formes religieuses
peut-on attribuer un élément psychique commun ?
Est-il plus sage de maintenir, comme Darwin dans
les dernières lignes de l'*Origine des espèces*, la possibilité « d'une ou plusieurs formes primitives » ? Si
l'on ne désirait qu'une satisfaction de clarté, une
division s'offrirait à l'esprit : d'un côté, les formes
religieuses auxquelles a donné naissance l'interprétation imaginative des phénomènes et des influences
du monde extérieur, de l'autre, celles qui proviennent
de la conscience morale ; ou encore : celles qui
pourraient s'expliquer, à la rigueur, par l'épanouissement, chez un être réfléchi de sentiments existant
déjà chez l'animal [1], et celles où la notion du *parfait*
a remplacé la notion du *plus grand* ou du *mieux*
empirique. Mais, dans la réalité, en cet être com-

1. Cfr. citation de Darwin, p. 247.

plexe qu'est l'homme, toutes ces formes se présentent irrémédiablement enchevêtrées, la forme inférieure pouvant coexister près de la supérieure à laquelle elle sert d'image, de symbole. A quel moment le moral est-il devenu pleinement conscient, distinct du purement utilitaire ?... A quel moment le physique est-il devenu « symbole » du suprasensible, la lumière, par exemple, symbole de la vérité et du bien ?... C'est la même difficulté que lorsqu'on se demande à quel moment un sentiment vraiment esthétique a jailli du sein des motifs utilitaires magiques, qui paraissent suffire à expliquer les premières parures. Précisions actuellement impossibles. Ce qui est certain, si nous en jugeons par les efforts moraux qu'a réalisés l'Humanité, et qui, certes, ne découlaient logiquement ni de ses mythes, ni de ses rites, c'est que les tendances sous l'influence desquelles elle « cherchait Dieu », selon le beau mot de la Bible, étaient bien supérieures à ses croyances. Le processus idéalisateur inspiré par ces tendances se confond avec le processus même du devenir humain.

En effet, ce n'est pas uniquement par procédé pratique, utilitaire [1], pour amplifier l'autorité du « jugement de valeur » et lui donner sa pleine force de suggestion, que nous le projetons en dehors et au-dessus de nous par la croyance religieuse. C'est, en plus, pour témoigner que nous mettons à part (nous *consacrons*) cet élément d'*obligation* morale que rien

1. Ch. x, § 4 et 5.

dans notre expérience n'arrive à suffisamment expliquer[1] et dont nous sauvegardons ainsi l'originalité irréductible[2].

L'ἀνάγκη στῆναι n'a-t-il pas les mêmes droits? La raison pratique seule serait-elle religieuse, « sacrée »? Nous ne le pensons point, mais l'immense majorité sera toujours plus frappée de l'affirmation de la conscience morale que de celle de la raison théorique. La conscience morale nous livre un détail précis et comme un échantillon maniable, observable, analysable, du *fieri*; le reste demeure environné de trop de mystère. Les mythes personnels : Dieu créateur, Dieu législateur seraient de peu supérieurs à ceux des primitifs, si nous n'y avions incarné le sentiment du Parfait; or, beaucoup ne prennent pleine conscience du sentiment que s'ils le *vivent*, c'est-à-dire dans la sphère morale. Mais ce n'est pas comme sèche et formelle règle d'action qu'il se fait sentir, c'est comme manifestation d'un

---

1. « Le jour où la Morale aura fini de se constituer rationnellement sous le nom de Sociologie, on ne voit plus bien à quoi Dieu, tel du moins que nous le concevons encore, pourra servir. » H. Guyot, l'*Infinité divine*, p. vi). — C'est précisément la possibilité de cette constitution rationnelle que je mets en doute, à moins que l'on ne confonde la *science descriptive des mœurs* avec le sentiment vivant et actif de l'obligation morale.

2. M. Récejac fait, à ce propos, une ingénieuse distinction : « Il y a deux manières d'être *objet*, si l'on veut que ce mot soit identique à celui de *vrai* : ce qui ne se détache pas de nous par voie d'*extériorité*, pourra s'en détacher d'une manière qu'on nous permettra d'appeler *excessivité*. » *Essai sur les fondements de la connaissance mystique* (F. Alcan, 1897, p. 286). — Projection de l'homme sur le ciel, dira-t-on avec Feuerbach. — Solution purement verbale, répondrai-je, car ce n'est pas l'homme empirique, c'est l'homme *idéal* que l'on projette ainsi, et revoilà posé le problème de l'idéal.

nouvel ordre de choses, d'une vie plus profonde, plus riche que la vie physique, et dont beauté et bonté ne sont que de partielles expériences.

On nous demanderait donc en vain une séparation rigoureuse entre les aspects divers de la vie psychique : morale, esthétique, métaphysique, religion. La vie réelle ne connaît pas ces cloisons étanches. Mais elle fournit des motifs suffisants à des distinctions. En morale, surtout on agit ; en esthétique, on admire ; en métaphysique, on explique ; en religion, on s'unit, on reçoit, on s'accroît. Les religions nous mettent en rapport direct et comme en contact vivifiant avec ce qui est, par ailleurs, senti ou considéré comme la raison d'être objective des jugements de valeur et des catégories qualitatives ; le dosage des éléments émotifs, intellectuels, actifs, étant d'ailleurs très variable, selon les divers tempéraments. Du moins, en se rattachant ainsi à la réalisation du bien, qui est de l'essence de la vie humaine, en tant qu'humaine, les religions ont-elles une solide base d'ordre expérimental.

IV

L'affirmation de la persistance des formes religieuses dans l'avenir se rattache à la même constatation psychologique.

A moins d'admettre, en effet, une Humanité devenue purement utilitaire (et nous avons vu que l'uti-

litarisme n'est *qu'un* aspect des choses) ; ou bien
une Humanité chez laquelle s'atrophieraient et dis-
paraîtraient — supposition toute gratuite[1] — ces
organes spirituels : les formes du « mieux » et du
« parfait » ; ou bien encore de prétendre que ces
formes ne sont que des fétiches spirituels, des « mensonges vitaux », des illusions (ce qu'on peut dire,
ce que, de fait, on a dit du temps, de l'espace, du
monde extérieur qui sont, eux aussi, les manières
dont l'esprit humain traduit son expérience du réel,
son sentiment de la vie), on doit admettre que les
mêmes causes produiront les mêmes effets.

Cette conclusion relative à la légitimité et à la pé-
rennité des croyances religieuses[2] est seule de notre
ressort ; mais nous avons le droit de faire observer
que l'analyse psychologique nous a contraint de nous
placer, en ces dernières pages surtout, à un point
de vue trop *individualiste*.

La religion est « affaire privée » au point de vue
du gouvernement et à celui de la gestion des inté-

---

1. Voilà, sur ce point, l'avis d'un philosophe positiviste : « J'incline
à penser que l'activité religieuse est la manifestation la plus complète
de la logique des sentiments. » (p. 45.) Or cette logique « est au service de notre nature affective et active et elle ne pourrait disparaître
que dans l'hypothèse chimérique où l'homme deviendrait un être purement intellectuel » (p. ix). « La logique affective doit-elle s'atrophier
ou disparaître ? Quoi qu'en disent beaucoup d'intellectualistes, je ne
vois aucune raison pour l'affirmative. » (Ribot, *Logique des sentiments*.
p. 191.)

2. Qu'on ne s'arrête point au cas de « cloisons étanches », de « foi
cultivée en serre chaude ». etc. Nous connaissons tous des exemples
de croyance de la part d'esprits qui sont admirablement au courant des
résultats des sciences, des critiques, font toutes les comparaisons voulues et n'acceptent en leur conscience aucune contradiction. C'est le cas-
type de l'avenir.

rêts matériels; elle l'est également en ce sens que
l'individu individualise nécessairement toutes choses
et, dans une certaine mesure, adapte les créations
sociales à son tempérament propre, mais il n'en
reste pas moins vrai qu'un groupement, une association, sera normalement la condition la plus favorable au développement des phénomènes religieux.

Si quelque jour, un génie religieux doit aider ses
frères à prendre, sous forme nouvelle, conscience
de leurs croyances et espérances, il ne demandera
ni aux psychologues, ni aux savants, ni aux historiens, la permission de se manifester, lorsque son
heure sera venue. La fonction créera l'organe. Mais
il faut d'abord que le peuple ne soit plus ni absorbé
par l'urgente création d'organes économiques ou
politiques, ni surmené par un labeur excessif, et
recouvre l'instinct de cette fonction. Une crise d'in-
croyance sans doute était inévitable, jusqu'à ce qu'il
pût expérimentalement constater la nécessité de
remédier, sous un nom ou sous un autre, aux insuffisances d'un « phénoménisme » pratique.

Tout le temps qu'un mouvement de fond ne se
produira pas en ce sens, les efforts individuels auront peu d'efficacité. Quelle action aurait exercé
Jésus, malgré ses dons incomparables, si le milieu
n'eût été travaillé depuis des siècles par les espérances messianiques[1]? Le Christianisme fut encore
plus un *spéisme* qu'un *fidéisme* : en un sens très

---

1. Pour le Bouddha, cfr. Oldenberg, *Le Bouddha*, Introd. ch. III (F. Alcan).

réel, c'est l'espoir d'une vie future juste et heureuse, le désir du « jour du Seigneur », du « règne de Dieu », qui ont donné sa principale solidité à la certitude de la foi en Dieu. D'après Kant, la raison pratique postule la vie future avant de postuler Dieu. C'est souvent très exact psychologiquement. Il ne faudrait toutefois rien exagérer : la religion juive, pendant bien des siècles, ne parla point de vie future. Les formes religieuses de l'avenir seront-elles, de la sorte, terrestres et purement sociales ? On renoncerait aux perspectives individuelles d'immortalité que nous avaient ouvertes les mystères antiques et le Christianisme. La religion deviendrait toute *pragmatique*, comme disent les Américains : les images, les dogmes n'auraient plus la prétention d'*expliquer* l'inconnu, mais d'*exprimer* et suggestionner le sentiment intime, précieuse force vitale. Pures conjectures que tout cela !

On conçoit, certes, que l'altruisme suffise à vivifier une conscience, à remplir, à embellir toute une vie. J'en connais des exemples ; mais il est possible, d'autre part, que l'ardeur, l'enthousiasme de la lutte apaisés, les hommes s'aperçoivent *que l'individu ne s'explique point exclusivement par une origine et une finalité sociales*. L'individualisme religieux apparaîtrait comme le nécessaire et bienfaisant contrepoids de l'universelle socialisation.

La valeur propre des œuvres altruistes, comme celle des sciences, de l'esthétique, ne serait en rien

diminuée parce que l'on constaterait d'autres tendances de la conscience humaine qu'elles ne sont
pas plus aptes à satisfaire que l'eau n'est apte à nourrir, le pain à désaltérer. Libre à ceux qui se permettent de décréter *a priori* que l'Humanité de l'avenir sera *exclusivement* scientifique, de se montrer
ainsi plus unilatéraux et intolérants que ne l'ont
été les théologiens.

Les formes religieuses traditionnelles ont trop
souvent, il est vrai, cessé d'être « le sel de la terre
et la lumière du monde », transformées en procédés
de justification et conservation de privilèges égoïstes.
Aussi le peuple n'est-il pas tenté d'y revenir, pas
plus qu'à notre art qui ne le touche guère. Il n'ignore
pas que les dites formes ne sont plus, pour ceux qui
pensent et savent, qu'un « symbolisme » dont la
compréhension suppose tout un entraînement, une
formation spéciale qu'il n'a pas reçue, qu'il ne rece-
vra jamais. Ne préférera-t-il pas se créer [1] des formes
religieuses et artistiques selon sa propre sensibilité ?
La formule marxiste serait vraie, de la religion
comme de tout le reste : « L'émancipation des travailleurs sera l'œuvre des travailleurs eux-mêmes. »

Ce qui ne veut pas dire que le changement des
conditions économiques fasse sentir son action
autrement que sur les expressions du sentiment
religieux. Ce ne sont pas les conditions économiques

---

1. Cela ne signifie pas que l'on doive tenir pour non avenue l'expérience religieuse du passé. S'en servir sans s'y asservir.

qui ont donné à la conscience chrétienne ce sens
profond, enthousiaste, exigeant, de la perfection
morale qui a fait du Christianisme, malgré toutes
les superstitions qui s'y mêlèrent dès l'origine, un
si admirable effort spirituel. Les conditions économiques influent sur la manière de se représenter,
de *s'imaginer* les choses : c'est en ce sens que « le
monde religieux n'est que le reflet du monde réel » :
elles influent sur la mythologie, mais pas plus sur
le sentiment religieux lui-même que sur les formes
psychiques du temps ou de l'espace. L'esprit, l'activité
créatrice des formes n'en conserve pas moins ses
propres lois et catégories. En vertu de quelle nouvelle sorte de magie s'attendrait-on à ce que la nature
humaine subitement dépouillât son égoïsme, débor-
dât d'enthousiasme, volât à tire d'ailes vers le Bien,
uniquement parce que l'on aurait prononcé tel mot
ou réalisé enfin telle organisation économique ?

Un des meilleurs documents que l'on puisse consulter à ce sujet est l'étude sur le « *Socialisme et la
religion* », du leader des socialistes belges, Emile
Vandervelde [1]. Voici les trois idées principales qu'il
développe :

1° On ne peut établir de cloison étanche entre les
Églises, d'une part, le socialisme, de l'autre. Il y a

---

1. *Essais socialistes*, Paris, F. Alcan, 1906. — « Si nous plaçons, dit
E. Vandervelde. p. 123, les solutions économiques au premier plan de
notre action, c'est parce que nous les considérons comme indispensables
aux libérations intellectuelles et morales qui sont au premier plan de
nos préoccupations. »

contact nécessaire, interpénétration des doctrines
sur le terrain mixte des questions morales.

2° De fait, il existe opposition, guerre déclarée
entre les formes *autoritaires* religieuses et le socialisme. Le socialisme jouerait un rôle de dupe, s'il
observait à l'égard des religions *d'autorité*, une
attitude passive, sous prétexte que « la religion est
affaire privée ».

3° Ce n'est pas un anticléricalisme injurieux et
grossier qui avancera les choses, mais l'instruction
et l'éducation intégrales enfin données aux classes
populaires. Elles échapperont ainsi à l'esclavage des
religions d'autorité, dont la critique historique et
philosophique démolit de jour en jour les exorbi-
tantes prétentions.

Mais la ruine de ces formes *autoritaires, despo-
tiques*, n'entraîne nullement la ruine du sentiment
religieux, ni de toutes formes religieuses[1]. C'est
bien certain, si l'on conçoit la religion comme un
mouvement vers l'idéal : en ce cas même, « le socialisme, dit-il, envisagé sous un certain angle, devient
une religion » (p. 111). Mais c'est exact aussi en ce
sens qu'aucune transformation sociale et qu'aucune science (si loin soit-elle poussée) n'empêchera
l'homme de l'avenir de se demander ce que c'est
que la mort, ce que c'est que la vie. Et dans la vie
spirituelle comme dans l'existence quotidienne,

---

1. C'est ce que j'ai cherché à montrer dans le précédent travail : *Évolution de la foi catholique.*

l'homme prendra l'habitude d'agir d'après des hypothèses et des probabilités, sans l'enfantin besoin de
formules absolues. « Aussi longtemps qu'il y aura
des hommes, c'est-à-dire des êtres réduits, par la
constitution même de leur esprit, à ne connaître
(par les sciences) *que l'aspect phénoménal des choses*,
ces questions resteront posées. » Et « des groupements religieux pourront subsister et se fonder
librement, entre ceux qui auront le même idéal, la
même conception de la vie et du monde. Mais il n'y
aura plus *une* Église et *une* religion, considérée
comme *la seule* base possible de la morale et de la
société » (pp. 180 et 181) [1].

On ne saurait mieux dire, ni dire plus. Essayer
de préciser les formes religieuses que se pourra
créer l'Humanité serait aussi oiseux que de prétendre deviner et déterminer les formes d'art de
l'avenir.

1. Même conclusion dans Guyau : *Irrélig. de l'avenir*, IIIe partie (F. Alcan).

NOTE I

CHAPITRE PREMIER

DE DIEU, CRÉATEUR DE TOUTES CHOSES

« La sainte Église catholique, apostolique, romaine croit et confesse qu'il y a un Dieu vrai et vivant, Créateur et Seigneur du ciel et de la terre, tout-puissant, éternel, immense, incompréhensible, infini en intelligence et en volonté et en toute perfection ; qui, étant une substance spirituelle unique, absolument simple et immuable, doit être déclaré comme réellement et par essence distinct du monde, très heureux en soi et de soi, et indiciblement élevé au-dessus de tout ce qui est et peut se concevoir en dehors de lui.

Ce seul vrai Dieu, par sa bonté et sa vertu toute-puissante, non pas pour augmenter son bonheur, ni pour acquérir sa perfection, mais pour la manifester par les biens qu'il distribue aux créatures, et de sa volonté pleinement libre, a fait de rien, dans le commencement du temps, l'une et l'autre créature, la spirituelle et la corporelle, c'est-à-dire les anges et le monde, et ensuite la créature humaine comme réunissant dans sa constitution esprit et corps (Conc. de Latr., IV, c. I. *Firmiter*).

Or, Dieu protège et gouverne par sa Providence tout ce qu'il a fait, atteignant avec force d'une fin à l'autre et disposant toutes choses avec suavité (Sagesse VIII, 1), car toutes choses sont à nu et à découvert devant ses yeux (Cfr. Hébr., IV, 13) et même celles qui doivent arriver par l'action libre des créatures.

CANONS

I. — *De Dieu créateur de toutes choses.*

I. — Si quelqu'un nie un seul vrai Dieu, Créateur et Maître des choses visibles et invisibles ; qu'il soit anathème.

II. — Si quelqu'un ne rougit pas d'affirmer qu'en dehors de la matière il n'existe rien ; qu'il soit anathème.

III. — Si quelqu'un dit qu'il n'y a qu'une seule et même substance ou essence de Dieu et de toutes choses ; qu'il soit anathème.

IV. — Si quelqu'un dit que les choses finies, soit corporelles, soit spirituelles, ou du moins les spirituelles, sont émanées de la substance divine ;

Ou que la divine essence, par la manifestation ou l'évolution d'elle-même, devient toutes choses ;

Ou enfin que Dieu est l'Être universel et indéfini qui, en se déterminant lui-même, constitue l'universalité des choses en genres, espèces et individus ; qu'il soit anathème.

V. — Si quelqu'un ne confesse pas que le monde et que toutes les choses qui y sont contenues soit spirituelles, soit matérielles, ont été, dans la totalité de leur substance produites de rien par Dieu ;

Ou dit que Dieu a créé, non par sa volonté libre de toute nécessité, mais aussi nécessairement que nécessairement il s'aime lui-même ;

Ou nie que le monde ait été fait pour la gloire de Dieu ; qu'il soit anathème. »

— On trouvera toutes les explications relatives à ces textes dans les *Études théologiques sur les constitutions du Concile du Vatican* par le Chanoine Alfred Vacant (Paris, Belhomme), Tome I.

— — —

NOTE II

COMMENT CERTAINS MYSTIQUES SUPPRIMENT L'OBJECTION DU MAL

Voici deux passages qui aideront à comprendre comment l'on peut, en toute bonne foi, noyer dans un sentiment mystique l'objection de l'existence du mal.

« Saint François d'Assise appelait tout ce qui l'entourait ses frères et ses sœurs. Ce n'était pas sans doute qu'il jugeât que tous les êtres de la nature fussent ses égaux. Mais partout il voyait des existences voulues par Dieu et qu'il devait vouloir avec Lui et en Lui, des existences avec lesquelles, du point de vue de Dieu, la sienne s'harmonisait. Ce n'était plus pour lui des choses bonnes à posséder ou des choses nuisibles à repousser. C'étaient des êtres. En leur ouvrant son âme, il s'enrichissait de leur substance. Et en même temps, il leur prêtait sa pensée et son cœur pour louer et pour aimer Dieu. Il croyait à leur réalité avec une foi d'amant : n'ayant d'eux rien à craindre, rien ne l'empêchait de leur reconnaitre le droit à tous les degrés de s'épanouir dans l'être. » (P. Laberthonnière. *Essais de philosophie religieuse*, Lethielleux, p. 98). C'est le cas des aveuglés d'amour, des éblouis de perfection.

Autre expédient : La souffrance existe, mais Dieu la supporte avec nous :

« J'affirme que Dieu souffre et se fait souffrir dans la personne des justes lorsqu'il châtie sur eux les péchés des méchants. Et si l'on a besoin de quelque analogie humaine comme d'un point d'appui, pour éviter le vertige des hauts sommets, qu'on étudie l'état d'âme d'une mère qui pour sauver son enfant, est forcée de lui infliger un rude châtiment. Qui souffre le plus de ce châtiment? Est-ce l'enfant? Nullement, c'est la mère : elle est tout à la fois celle qui châtie et celle qui, dans la personne de son enfant, endure le châtiment... Dieu et l'âme humaine se pénètrent comme le feu et la barre de fer ardente : où est le fer ? partout; où est le feu? partout. Si Dieu peut ainsi habiter l'âme humaine, on ne saurait plus le taxer d'injustice lorsqu'il châtie le coupable dans la personne du juste ; car, lorsqu'il agit ainsi, il se fait souffrir lui-même. » (*L'action bonne*, par le pasteur T. Fallot, Paris, Fischbacher, 1903; p. 140).

Nous trouvons, en revanche, des idées analogues à celles du Dr Flournoy (p. 160) dans un discours adressé à des jeunes gens de Genève, en septembre 1904, et intitulé : *Un athée; contribution à la réforme d'une certaine idée de Dieu*, où le pasteur Wilfried Monod résume les idées d'un athée

anglais Richard Jefferies. (*The Story of my heart*, Long-
mann ; Londres 1891).

Il concède que Dieu n'est, pour le moment, ni omnipré-
sent, ni omnipotent. Ce n'est pas le sentiment qui nous fait
croire en Dieu qui est faux, c'est l'image que nous nous
construisons, et nous devons la réformer.

« Je ne pourrais pas adorer une divinité qui serait responsable de la continuation du monde actuel. On nous objecte :
Dieu ne veut pas expressément tout ce mal, il se borne à le
permettre. Oui, il le permet expressément, et cela revient au
même. Alors dira-t-on que, s'il ne permet pas, il essaie d'empêcher ? C'est précisément l'hypothèse que je formule. Dieu
s'efforce et ne réussit pas toujours. Quel soulagement de le
croire ! Diminuée métaphysiquement, la divinité est moralement grandie. Après tout, la réalité présente est un mystère
dont l'origine échappe ; et j'appelle Dieu l'effort, partout
manifesté, pour transformer la réalité. C'est un effort intelligent, moral, douloureux, sans cesse contrecarré, mais dont
les progrès s'affirment de plus en plus » (p. 37).

« Nous ne cessons pas de croire à la puissance de Dieu, ni
à sa victoire ultime... Fions-nous à un tel pouvoir, mais ne
soulevons pas la conscience contre Dieu, en affirmant la
toute-puissance actuelle et absolue. » (p. 38).

« En définitive, si j'osais m'exprimer ainsi, je dirais qu'on
se trompe en plaçant la toute-puissance de Dieu au début des
choses au lieu de la placer à la fin. Il y a un Dieu qui sera
et qui n'est pas manifesté. » (p. 39).

NOTE III

MORALE DÉPENDANTE OU INDÉPENDANTE ? SCIENTIFIQUE OU NON SCIENTIFIQUE ?

Avant tout, il faut s'entendre et nettement établir les distinctions suivantes :

1. Dans son récent ouvrage *L'organisation de la conscience morale,
Esquisse d'un art moral positif* (F. Alcan, 1906), M. Jean Delvolve montre

1° Morale dépendante de la volonté capricieuse d'un Dieu personnel. — Hypothèse que personne ne défend à notre époque.

2° Morale dépendante de la volonté d'un Être infiniment bon et parfait. — On est alors obligé de concevoir le Bien comme l'essence du Dieu personnel, de telle sorte que, logiquement, la notion du Bien est antérieure, supérieure, à celle de Dieu, *donc, logiquement, indépendante*. Et si l'on dit : Mais ce n'est pas le Bien *en soi* qui dépend de la volonté de Dieu, c'est le Bien *en tant qu'imposé, obligatoire* en tant que *devoir*, on oublie que si cette manière de se représenter les choses est nécessaire à certains esprits, elle ne l'est pas pour tous. Il suffit à beaucoup de sentir qu'une chose est bonne et belle pour qu'elle s'impose à leur volonté comme règle d'action.

3° Morale purement utilitaire et phénoméniste (science positive des *mœurs* et non science idéale de ce qui *doit* être).

Il paraît difficile de s'en tenir à ce point de vue purement utilitaire ; le bien revêt de suite un aspect de *beauté* qui rend l'hypothèse utilitaire stricte trop étroite.

Un très intéressant effort pour inclure la moralité en formules scientifiques et déterministes est celui de M. Lévy-Bruhl[1]. Or il est obligé de maintenir quand même *un double*

comment l'on peut, tout en prenant comme bases les lois scientifiques de l'être vivant, conserver à la morale son caractère d'art et d'art individuel. J'ai fait une réserve p. 204.

1. *La morale et la science des mœurs*. Paris, F. Alcan, 1903. — Du récent ouvrage de M. Poincaré : *La valeur de la science* (Flammarion, 1905), p. 3, j'extrais ces lignes : « La morale et la science ont leurs domaines propres qui se touchent, mais ne se pénètrent pas. L'une nous montre à quel but nous devons viser, l'autre, le but étant donné, nous fait connaître les moyens de l'atteindre. Elles ne peuvent donc jamais se contrarier, puisqu'elles ne peuvent se rencontrer. Il ne peut pas y avoir de science immorale, pas plus qu'il ne peut y avoir de morale scientifique. » J'y joins ces remarques si justes d'A. Fouillée : « La morale, dit M. Lévy-Bruhl, existe *vi propria* à l'état de réalité *sociale* et elle s'impose au sujet individuel avec la même objectivité que le reste du réel. » Une telle conception, selon nous, n'est ni claire ni « positive ». Elle n'est pas claire, car elle profite de l'ambiguïté des mots *règle morale* et *réalité donnée*, qui sont au fond incompatibles, puisque les règles morales concernent ce qui n'est pas encore « donné », ce qu'il dépend de nous de donner ou de ne pas donner. Elle n'est pas non

aspect à la moralité, au lieu de l'aspect scientifique *exclusif*, *unique*, qui serait nécessaire pour ruiner la « métamorale » : « De même, dit-il très justement, que nous avons de presque toute la réalité donnée dans l'espace deux représentations parfaitement distinctes, l'une sensible et subjective, l'autre conceptuelle et objective, de même que nous sommes accoutumés à nous représenter objectivement comme des ondes de l'éther ce que nous éprouvons subjectivement comme chaleur et comme lumière, sans que l'une de ces représentations exclue l'autre, ni même s'y oppose, de même nous pouvons posséder en même temps deux représentations de la réalité morale, l'une subjective, l'autre objective. Nous pouvons d'une part, subir l'action de la réalité sociale où nous sommes plongés, la sentir se réaliser dans notre propre conscience, et de l'autre, saisir dans cette réalité objectivement conçue les relations constantes qui en sont les lois. La coexistence en nous de ces deux représentations nous deviendra familière. Elle ne soulèvera pas plus de difficultés que lorsqu'il s'agit du monde extérieur... Quand la science des faits moraux nous en aura donné une représentation objective, quand elle les aura incorporés à la « nature », la vie intérieure de la conscience morale n'aura rien perdu de son intensité, ni de son irréductible originalité[1]. »

On ne saurait mieux dire. Enfin l'on a compris qu'il ne s'agit pas de théories qui doivent s'entre-détruire, mais de deux modes de représentations qui sont loin d'épuiser, d'ailleurs, le mystère de la Réalité.

C'est avouer, en tout cas, que l'utilitarisme n'explique pas tout ce que la morale est pour « la vie intérieure de la conscience. »

A-t-on le droit d'aller plus loin et de donner un nom à ce

plus positive, car elle méconnaît une différence essentielle : la nature physique est fondée indépendamment des individus humains, tandis que c'est nous qui, individuellement ou collectivement, admettons et établissons un ordre moral quelconque, lequel n'existerait pas sans nos consciences et nos volontés. Assimiler ce dont l'homme n'est pas condition à ce qu'il conditionne par ses pensées et sentiments, par ses idées-forces, voilà qui est inexact au point de vue de la science psychologique comme au point de vue de la science sociale elle-même ». (*Rev. Deux Mondes* 1er octobre 1905, p. 528.)

1. P. 31, 32.

surplus inexpliqué par l'utilitarisme? Dira-t-on Dieu, *ou l'ordre idéal des choses,* ou, plus simplement l'*Idéal?* Cela dépendra du tempérament imaginatif; en tout cas, l'affirmation du rapport entre la Morale et l'Idéal nous ramène à cette notion de Parfait, d'Absolu, que l'on appellera *métaphysique* si on l'envisage au point de vue plutôt représentatif, *religieuse* au point de vue surtout émotionnel, sentimental. Mais il vaudrait mieux dire *rapport* que *dépendance,* ce dernier terme étant généralement interprété dans un sens d'infériorité.

NOTE IV

ADAPTATION DE LA « THÉORIE BIOLOGIQUE » A LA VIE CHRÉTIENNE PAR DES THÉOLOGIENS ET PENSEURS CATHOLIQUES

Sans entamer une discussion théologique qui sortirait de notre sujet, il nous est impossible de ne pas rappeler ou signaler au lecteur l'admirable effort tenté en France pour répondre, d'une manière qui puisse satisfaire les consciences modernes, à la question : « *Qu'est-ce qu'un dogme*[1] *?* »

La subordination kantienne de la raison théorique à la raison pratique y fut certes pour beaucoup, et tout le mouvement symboliste qui en est issu[2], puis, les courants d'idées représentés si brillamment par les noms de.M. M. Poincaré

---

1. C'est le titre de l'article de M. Le Roy paru dans *la Quinzaine* du 16 avril 1905. Nous ne citerons ici que les réponses du P. Sertillanges (*Quinzaine* du 1ᵉʳ juin) et de M. l'abbé Wehrlé (« Nature du dogme ». *Revue biblique* 3 juillet 1905). Dans la *Revue catholique des Églises* de janvier 1906 (Bloud), on trouvera p. 45 la bibliographie de cette discussion.

2. *Évolution de la foi catholique* (F. Alcan). Ch. VIII, II. — Les catholiques ont largement subi, à leur avantage, l'influence de la « religion en esprit » des protestants. Les protestants n'ont fait d'ailleurs que mieux se pénétrer des Évangiles où, malgré tant de germes de dogmatisme, éclatent des paroles comme celles-ci : « Ce n'est pas quiconque me dit : Seigneur, Seigneur, qui entrera dans le royaume, mais c'est celui qui fait la volonté de mon Père. » Matth. VII, 21. Cf. IVᵉ Évang. IV ; III, 21 ; VII, 17 ; etc.

et Bergson, lesquels nous ont fait mieux comprendre à quel point, dans les sciences et la vie ordinaire, la pensée est conditionnée par l'action, relative à la pratique.

Bornons-nous à citer ce qui a rapport à la croyance au divin. M. E. Le Roy prétend que le dogme : *Dieu est personnel*, signifie d'abord : Dieu n'est pas impersonnel, c'est-à-dire n'est pas une simple loi, une catégorie formelle, un principe idéal, une entité abstraite, non plus qu'une substance universelle ou je ne sais quelle force cosmique diffuse en tout. Evidemment, mais *ne* signifie-t-il *que* cela ? Si l'on se reporte aux enseignements du Concile du Vatican (Cfr. *Note I*) l'on verra de suite qu'il est impossible de le prétendre. Aussi M. Le Roy ajoute-t-il au sens *négatif* un sens *pratique* : « Dieu est personnel veut dire : « comportez-vous dans vos relations avec Dieu comme dans vos relations avec une personne humaine. » (p. 517). — Mais *des relations avec une personne humaine*, on ne fera jamais sortir le devoir de l'*adoration qui n'est due qu'à Dieu* et répond à son caractère unique, à lui seul propre, d'infini et parfait. Aussi M. Le Roy ajoute t-il (p. 517 et 522) « que la réalité surnaturelle contient de quoi rendre légitimement obligatoire que notre attitude et notre conduite à son égard aient tels et tels caractères. Les images et métaphores — incurablement vagues et fallacieuses quand on y veut voir je ne sais quelles approximations d'impossibles concepts — deviennent au contraire merveilleusement éclairantes et suggestives dès qu'on y cherche seulement un langage de l'action traduisant la vérité par son action pratique en nous. »

M. Le Roy, par images et métaphores, entend-il seulement ce que les Scolastiques nommaient appellations « équivoques » ou tout ensemble les « équivoques », et les « analogiques » ? Les deux, je crois, et c'est là une confusion regrettable. Ou plutôt M. Le Roy ne paraît pas admettre les « analogiques », de là son argument : « le dilemme est irréductible pour qui cherche une interprétation intellectualiste du dogme : « Dieu est personnel ». Ou bien on définira le mot « personnalité » et alors on tombera fatalement dans l'anthropomorphisme ; ou bien on ne le définira pas, et alors on versera non moins fatalement dans l'agnosticisme. Nous voilà au rouet. »

En se plaçant, comme M. Le Roy, au point de vue strictement *intellectualiste*[1], pas de milieu, en effet ; mais le *sentiment* d'infini et de parfait que nous joignons à l'énonciation
d'un attribut qui n'est qu'un prête-nom, nous préserve de
l'*entier* agnosticisme comme de l'*entier* anthropomorphisme ;
cela peut suffire.

Le P. Sertillanges va plus loin : les articles de foi sont des
« *articles de vie* » ... « Au point de vue absolu — et unani-
mement les docteurs catholiques en conviennent — tout ce
qu'on peut dire de Dieu est faux. *Or si tout cela est faux,
autant vaut une fausseté qu'une autre, et mieux vaut la
fausseté qui rapprochera de nous le divin et lui fera jouer
à notre égard son seul rôle : nous faire vivre.* »

Nous soulignons, car c'est significatif. Le 23 novembre 1906,
dix-sept évêques réunis à Paris pour l'assemblée annuelle de
l'Institut catholique votèrent un blâme, à l'unanimité, au
P. Sertillanges qui s'empressa, par une lettre rendue
publique, de « désavouer sans restriction aucune » ce qui
avait pu « leur paraître inexact ou imprudent. »

Sans nous occuper ici du côté théologique de la question,
nous ferons des réserves au sujet du mot : « *faux* » employé
par le P. Sertillanges. Les « analogies », dans le sens expliqué plus haut, ne sont pas *fausses* : elles contiennent un
sentiment vrai et constituent des « attitudes » vraies de la
pensée humaine ; elles ne deviendraient *fausses* que si l'on
en exigeait et tentait des « *définitions* » prétendûment rigou-
reuses.

Quant à la justification des anathèmes de l'Église, à savoir
que « sous le prétexte d'approfondir et de formuler le fait
dont nous devons vivre, (l'hérétique) l'a faussé de telle sorte
qu'on n'en puisse plus légitimement vivre » (p. 416), c'est
du pur verbiage, l'expérience étant là pour prouver que

---

1. « Il n'est pas évident qu'il soit légitime de pousser à l'infini les
éléments qui composent pour nous le concept de conscience, d'attribuer la forme de l'absolu à ce que nous ne connaissons que par une
expérience forcément relative. Je ne dis pas que cela soit faux, mais
simplement que nous ne voyons pas bien ce que cela veut dire. » Le
Roy, *Revue biblique*, janvier 1906, p. 35 (Réponse à M. Wehrlé). « Ce que
cela veut dire » — toujours point de vue trop uniquement intellectualiste.

l'hérétique en vit souvent bien plus profondément, pieusement et efficacement que l'orthodoxe.

D'autres objections relatives aux rapports entre l'action
et la pensée ont été adressées à M. Le Roy par M. l'abbé
Wehrlé qui établit les constatations suivantes :

« 1° En retenant d'abord les mots action et pensée dans
leur sens vague et courant, il n'y a pas dans notre vie de
primat de l'action, ni de primat de la pensée, mais un
rythme alterné de l'action et de la pensée, où tantôt l'action
devance la pensée et tantôt la pensée précède l'action. Ce
mouvement oscillatoire est assez compensateur pour que
jamais ni l'un ni l'autre des facteurs intéressés ne garde le
dessus et ne reste seul en cause.

« 2° A y regarder de plus près, il n'y a pas action et pensée
mais pensée et pensée. L'action est une pensée inconsciente
ou confuse en marche vers l'idée réfléchie et distincte qui en
révélera le contenu original. L'idée à son tour n'est qu'une
réalisation intellectuelle de l'action. Le vrai problème pro-
posé à une philosophie de l'action sera donc la relation de la
pensée spontanée et agie à la pensée voulue et agissante.

« 3° Dans cette série alternée d'équilibres instables successifs, chaque moment envisagé dans sa relation avec le moment qui précède, représente une synthèse qui dépasse la
donnée empirique des éléments composants dont elle est
née. Aucune synthèse nouvelle n'est donc entièrement réductible aux états antécédents ; aucune ne peut être légitimement considérée comme le total d'une addition dont ces
états antérieurs auraient fourni les éléments partiels[1] ».

Cette dernière « constatation » est la réfutation de la
notion *stricte* d'évolution appliquée aux idées morales et
religieuses. Comme on peut le voir dans notre chapitre XI,
nous partageons l'avis de M. Wehrlé.

Mais nous croyons que M. Wehrlé s'est servi d'une
image exagérée : le mouvement oscillatoire, qui égalise

---

1. *De la nature du dogme ; Revue biblique* du 3 juillet 1905, p. 348.
— M. W... ajoute : « En paraissant surgir d'en bas, l'idée procède donc
aussi et déjà d'en haut. Par conséquent encore, il y a en nous la collaboration d'un Autre qui nous fait sans cesse découvrir ce qu'il savait
déjà. » Voilà, prise sur le fait, la *personnification* de l'inconscient. Il
s'en faut qu'elle s'impose à toutes les imaginations.

indûment la part de la pensée et celle de l'action. La meilleure réfutation est fournie par l'auteur lui-même : La philosophie contemporaine, dit-il page 329, « sent qu'il y a, au principe même de la vie, au dehors de la conscience réfléchie, un élément de spontanéité qui est en fait le « primum movens » de toute activité intellectuelle et morale, auquel le notionnel se rattache sans en rendre compte d'une façon adéquate, et dont la puissance incalculable rend le sujet incommensurable à lui-même ».

Mais le voilà, le « primat de l'action » ! C'est précisément cette spontanéité que l'on ne peut, d'une manière adéquate, exprimer intellectuellement, scientifiquement, qui demeure, par conséquent, mystérieuse (« distincte », mais non « claire », pour employer les termes cartésiens), qui revêtira grâce aux notions du mieux, ou du parfait, la forme de sentiment religieux.

NOTE V

LE VRAI « AMÉRICANISME »

Consulter l'*Américanisme* de l'abbé Houtin (Nourry, 1904) et *La Religion dans la société aux États-Unis* d'Henry Bargy (Colin, 1902). Voici quelques citations de ce dernier ouvrage.

« La religion américaine peut s'appeler un positivisme chrétien ou un christianisme positif » (p. xviii). « C'est une religion de l'humanité greffée sur le christianisme ». (p. xx.)

« Par une évolution à demi inconsciente, le culte de l'humanité s'installe en Amérique sans déplacer le culte de Dieu, à peu près comme il y a seize siècles, les images chrétiennes se sont superposées insensiblement aux idoles païennes des autels rustiques. » (p. xix).

« Le christianisme, dit Channing, est un état d'humeur plus qu'une doctrine. » ... Channing fait du perfectionnement de l'homme par le perfectionnement de la société, l'objet même du christianisme, et sa religion est un positi

visme qui s'achève en une philanthropie... La religion de
Channing est une mutualité, pour la poursuite commune de
perfectionnements individuels. Son solidarisme est un indi-
dualisme... Il ouvre la voie au *socialisme individualiste* de
ses disciples. » (p. 122 à 125).

Le christianisme d'Henri James (père de William J.)
« n'est qu'une métaphore du naturalisme »... « il (James)
reçoit ses pensées de la nature seule, mais leur symbole de
la tradition » (p. 157, 161).

« Le catholicisme américain est une religion d'action
sociale. Aussi est-il une religion d'indifférence dogmatique...
L'Amérique reçoit ses dogmes de la Cour de Rome avec
autant de bonne volonté qu'elle les recevait autrefois du
Long Parlement. La théologie est un de ces articles de luxe
qu'elle importe tout faits d'Europe... (Les Américains) ne
restent pas indifférents à ce qu'il y ait des dogmes, car les
dogmes suppriment les controverses ; mais ils restent indifférents à ce que ces dogmes sont, pourvu qu'ils soient »
(p. 196).

« Le Dieu des puritains, comme le Dieu des juifs, était un
magistrat qui veille au bien de son peuple. La religion en
Amérique fut faite pour l'homme et non l'homme pour elle ;
le christianisme y fut toujours un humanisme inconscient ;
il a enfin pris conscience de ce qu'il est, et l'est d'autant
plus » (p. 199).

« La légitimité des Églises (en Amérique), c'est leur utilité.
C'est à elles de se justifier par leurs services. Elles sont des
moyens, et non des fins en soi : la seule fin est le profit des
hommes. Il y a pour elles une subordination qui, à première
vue, semble humiliante ; on se scandalise que l'épouse du
Christ ait à être la servante des hommes ; puis on réfléchit
que cette servitude même est bien dans l'esprit du christianisme ; on remarque que, comme les Églises dépendent plus
du monde, elles le servent mieux et que cet abaissement
finit par faire leur grandeur » (p. 202).

Titre du dernier chapitre de M. Bargy : « *La paix religieuse par le positivisme chrétien.* » — Je suis convaincu que,
théoriquement, les catholiques américains rejetteraient cette
appellation de *positivistes*. Pratiquement, c'est bien, en effet,

sur toute la ligne, le « crépuscule des dogmes. » Sur 76 millions d'habitants, 19 millions (depuis l'annexion des Philippines et de Porto-Rico) sont catholiques et 40 millions déclarent n'appartenir à aucune Église. Il est impossible de prévoir ce qui sortira de ce chaos. Impossible aussi de discuter, car ce serait opposer la logique intellectuelle à ce qui est logique émotionnelle et procédé de vie sociale.

NOTE VI

L'ÉVOLUTION PAR « MUTATIONS » BRUSQUES

« La *saltation* (Cope) serait un progrès brusquement réalisé à la suite d'efforts dans le même sens, longuement accumulés sans résultat pendant plusieurs générations et, pour ainsi dire, emmagasinés à l'état de potentiel. Quand on observe le développement intellectuel des jeunes enfants, on constate quelque chose de ce genre : ce n'est pas une pente douce que l'on gravit ; ce sont les marches d'un escalier ; on s'élève brusquement et par bonds. Jusqu'ici, pour les végétaux aussi bien que pour les animaux, ce développement par à-coups semble bien plus probable qu'un progrès par transitions insensibles. A certains moments de l'histoire géologique, il semble se produire un brusque essor pour certaines classes d'organismes, et des expériences récentes de M. Hugo de Vries, qui ont eu un grand retentissement, ont paru montrer que l'on pouvait, en botanique, observer aujourd'hui même une semblable explosion de vie à certaines phases de la vie des espèces, où elles se trouvent dans ce que l'auteur a appelé leur période de *mutation*, à la condition de découvrir, parmi les espèces vivantes, une plante qui se trouvât précisément dans cette phase appropriée : ce qui s'est produit pour « l'Onagre de Lamarck ».

(*La science géologique* par L. de Launay, professeur à l'Ecole des Mines de Paris, 1905, p. 686).

L'auteur renvoie au résumé des travaux d'Hugo de Vries dans la *Revue des Deux Mondes* du 1er juillet 1903. En note p. 684, il cite les térébratules et les rhynchonelles « qui ont eu, à certains moments de leur histoire des variations incessantes, à tel point qu'on a pu les qualifier d'espèces *affolées* »[1]. Et, p. 690, il résume ainsi son exposé de l'évolution de la flore géologique, où l'on rencontre si peu de types de transition :

« En conséquence, M. Zeiller s'est demandé si les apparitions de nouvelles espèces, au lieu de s'être produites par transformations lentes, comme on le supposait autrefois, n'auraient pas été réalisées brusquement[2], par un phénomène analogue à celui que nous avons qualifié plus haut de *saltation*, et que les expériences de M. Hugo de Vries ont contribué depuis à mettre en lumière. »

NOTE VII

LA MAGIE AUX TEMPS PALÉOLITHIQUES

M. Rutot, dont on connaît les travaux sur le Quaternaire belge et sur les industries de la pierre, au retour d'un voyage aux grottes à peintures de la vallée de la Vézère (époques du mammouth, puis du renne), a bien voulu nous communiquer la note suivante (1er juin 1906) :

« Dans la vallée de la Vézère et probablement dans

---

1. Cfr. Darwin ch. I § 1 de l'*Origine des Espèces* (Traduct. Barbier, Reinwald. p. 11).

2. « Les gymnospermes débutent par les cordaïtées, qui forment un type très perfectionné. Rien non plus ne permet de rattacher les conifères à quelque type antérieur. Enfin, des monocotylédones (palmiers) et des dicotylédones (majorité des arbres actuels) apparaissent ensemble dans l'infracrétacé, sous forme d'échantillons clairsemés au milieu d'une flore parfaitement semblable à celle des couches sous-jacentes, où l'on n'observait aucune trace de leur existence, et aussitôt se multiplient et se diversifient avec une rapidité remarquable. » P. 689.

d'autres régions, jusqu'aux Pyrénées, il semble qu'il y ait une distinction très nette à faire entre les « abris sous roche » et les cavernes proprement dites.

Les premiers, largement ouverts sur l'extérieur, semblent avoir exclusivement servi de lieu d'habitation, tandis que les cavernes, longues et étroites, auraient été réservées comme sanctuaires.

On n'y trouve, en effet, que peu d'instruments, tandis que les parois sont couvertes soit de gravures, soit de peintures d'animaux représentant le plus souvent le bison et le cheval, accompagnés de mammouths plus rares. Parmi ces images on reconnaît çà et là des formes humaines à têtes généralement bizarres qui pourraient figurer un masque [1].

D'autre part, vers le fond de ces cavernes, il y a souvent un étranglement par où passait celui chargé de faire parler l'oracle.

M. Salomon Reinach a interprété les reproductions d'animaux [2], mais les figurations humaines mises aussi en relation avec la découverte de « bâtons de commandement » qui paraissent bien être des bâtons de féticheurs, viennent encore renforcer l'opinion déjà émise.

On reconnaît du reste, à quantité de petits détails (amulettes, etc.) que la question religieuse était déjà introduite parmi les populations à cette époque reculée et on peut également voir dans la rupture volontaire des grandes pointes solutréennes [3] (qui sont des glaives et des pointes de lances) le premier indice de rites funéraires que nous voyons se perpétuer pendant le néolithique robenhausien (pierre polie), puis à l'âge des métaux. »

— Il semble bien qu'on voulût les *tuer* en les brisant ainsi, de manière à ce que leurs « doubles » fussent au service du « double » du mort. On trouvera une bibliographie de cette question des gravures et peintures sur les parois des grottes dans *Six leçons de préhistoire* par G. Engerrand (Bruxelles, Larcier, 1905), p. 173.

---

1. Probablement de féticheurs.

2. M. Reinach les explique par des croyances et pratiques analogues à celles des Australiens. Cfr. *Mythes, cultes et religions*. T. I, p. 125.

3. Époque du mammouth.

NOTE VIII

L'HÉNOTHÉISME

Le monothéisme inconscient dont parle Max Muller, le monisme inconscient de Hartmann, auraient donné lieu à ce que Muller appelle l'*hénothéisme* [1] : la hiérarchie divine n'est pas encore organisée ; chaque dieu successivement est le plus puissant pour celui qui l'invoque. Les exemples tirés de la religion indienne ou égyptienne sont classiques.

« Jamais les peuples, répond Guyau [2], n'ont commencé à penser par des abstractions. » — Or ce ne sont nullement des idées abstraites, des théories, que prêtent aux hommes primitifs Hartmann et Max Muller, mais quelque chose comme ces vagues et puissants instincts d'où sont sortis les arts et toutes les inventions.

Il ne serait pas nécessaire non plus de se représenter cet instinct travaillant à un degré égal toutes les consciences ; c'est par des individus que se font les créations religieuses ou autres. *A priori*, il est donc bien difficile de juger une semblable théorie. Tout ce que l'on peut dire, c'est que les faits sur lesquels elle s'appuie ne semblent pas avoir la valeur que leur ont attribuée Muller et Hartmann. Dans son étude sur la *Religion du Véda*, Oldenberg « avoue son scepticisme » [3] ; Lehmann [4] ne voit dans ces faits qu'un enthousiasme du moment, une exaltation occasionnelle ; d'autres [5] parlant du culte égyptien, y retrouvent les louanges ampoulées, les flatteries hyperboliques, que l'Oriental prodigue à celui dont il sollicite quelque chose, sauf à les redire d'une manière non moins exclusive et absolue, quelques instants après, à tout autre. L'opinion de Barth est intermédiaire.

1. Ou cathénothéisme, du grec καθ'ενα, un à un.
2. *L'irréligion de l'avenir* (F. Alcan, 1900), ch. i, § 1.
3. F. Alcan, 1903, p. 84, note.
4. Chantepie de la Saussaye, *Hist. des religions* (A. Colin, 1904) p. 325,
5. *Archiv für Religionswissenschaft*, 12 juillet 1904, p. 478.

Il constate le fait et l'apprécie de la sorte : « ce ne sont pas de simples exagérations échappées dans le feu de la prière, car elles n'auraient pas été recueillies ni conservées si nombreuses. » Mais il ajoute :

« La coexistence des choses qui semblent devoir s'exclure est l'histoire même de l'Inde, et la formule radicale qui se trouve déjà dans les hymnes : « les dieux ne sont que l'être unique sous des noms différents », est une de celles qu'elle a le plus répétées sans parvenir jamais à bien la croire[1]. »

Nous en revenons pratiquement à ce vague et puissant instinct d'unité dont nous parlions ci-dessus et dont nous aurions ici l'hésitante et inconstante expression.

Chantepie de la Saussaye constate que le terme *héno-théisme* « n'a pas de sens précis, n'est du reste nullement indispensable ; il serait même . désirable qu'on le laissât entièrement de côté[2] ».

NOTE IX

ÉTYMOLOGIE DES MOTS ΘΕΟΣ *ET DEUS*

« Le grec θεος doit se restituer en aryen sous la forme *dhwesos* avec le sens de : *souffle, esprit*. Ce sens n'est pas douteux. Il se restitue grâce à des mots contenant le même radical : un verbe lithuanien signifiant *respirer, souffler* ; un substantif de la même langue qui signifie à la fois *souffle, esprit* et *spectre* ; un substantif du moyen haut-allemand signifiant *spectre, revenant*. Les θεοι sont les *esprits* au sens étymologique du mot. — Le substantif *deus* et l'adjectif *divus* sont deux doublets phonétiques comparables à *oleum* et *olivum* ; ils représentent un même mot aryen *deïwos*. Ce mot a été très bien conservé par le gaulois *deïwos* ; dans les

---

1. Barth, *Les religions de l'Inde* (Fischbacher), p. 19.23.
2. *Manuel de l'histoire des religions*, p. 12.

autres langues aryennes, il est altéré suivant les lois phonétiques qui leur sont propres. Par exemple, en sanscrit il
prend la forme *devas,* forme qui à l'époque où les Aryens
ont pénétré dans l'Inde représentait comme prononciation
daïwas. Le sens premier du mot est certainement : *céleste.*
Mais, après avoir, à l'origine, désigné les divinités du ciel, il
a fini, dès l'époque aryenne, par être employé pour tous les
esprits. Ce n'est que dans certaines langues qu'il a pris des
sens plus spéciaux, comme en avestique le sens de *démon*
pour le correspondant de *deus,* et en lithuanien le sens de
revenant pour le correspondant de *dea.* » (Note communi-
quée par le professeur E. Monseur.)

NOTE X

L'HYPOTHÈSE SOCIOLOGIQUE DE M. DURKHEIM

« Les phénomènes dits religieux consistent en croyances
obligatoires, connexes de pratiques définies qui se rappor-
tent à des objets donnés dans ces croyances. » La morale et
le droit sont impératifs comme la religion, mais (envisagés
du moins au point de vue laïque) ne supposent pas des
croyances obligatoires. Les représentations scientifiques ne
sont pas expressément obligatoires ; il est sensé d'y croire,
mais on n'y est pas moralement ni juridiquement tenu. Dans
la religion, au contraire, croyances et pratiques, mythes (au
moins rudimentaires) et rites, s'imposent obligatoirement.
D'où viennent-ils ? Non de nos esprits individuels, et de là
leur « air mystérieux », ce caractère majestueux, sacré,
qui nous trouble. Ils sont l'œuvre « de l'esprit collectif »,
c'est-à-dire « de la manière *sui generis* dont pensent les
hommes quand ils pensent collectivement », éprouvent des
émotions collectives, sentent et expriment ce qui est « d'intérêt général » (Cfr. *Année sociologique* 1897-98, article de
M. Durkheim : *De la définition des phénomènes religieux*).

M. Durkheim affirme que « le mystère n'est pas inhérent à
l'objet même des représentations religieuses :

« Que nous arrivions à trouver les lois de l'idéation collective, et ces représentations étranges perdront leur étrangeté. » Il convient donc d'attendre, avant de juger le système,
que l'on expose ces « lois propres de la mentalité sociale »
(p. 25).

Mais est-ce simplement parce que ces représentations
nous viennent d'une manière spéciale, collective, non individuelle, qu'elles nous inspirent un « respect très particulier,
d'où résulte la division en choses *sacrées* et choses profanes ?
(p. 21) Elles devraient alors perdre ce caractère dès qu'on les
soumettrait à la réflexion et que serait éventé le procédé
utilitaire de l'instinct sociologique. Or il n'en est rien, comme
l'on peut plus facilement s'en convaincre par rapport à
ces choses, à ces êtres (p. 20) qui sont « dans une certaine
mesure, indiscernables des croyances proprement religieuses » : « La patrie, la Révolution française, Jeanne
d'Arc, etc. sont pour nous des choses sacrées auxquelles nous
ne permettons pas qu'on touche. L'opinion publique ne
tolère pas volontiers qu'on conteste la supériorité morale de
la démocratie, la réalité du progrès, l'idée d'égalité, de même
que le chrétien ne laisse pas mettre en discussion ses dogmes
fondamentaux. »

Notre *culte*, nos affections, admirations, enthousiasmes
pour ces objets ou idées, peuvent *se raisonner*, se justifier
individuellement. La différence « qualitative » entre le sacré
et le profane est donc aussi inhérente à l'objet même et ne
provient pas *uniquement* du procédé spécial (collectif) de
formation.

TABLE ALPHABÉTIQUE

DES NOMS D'AUTEURS

ADDENDA :

A la note 2, p. 69 : M. P. adopte l'étymologie *religare* acceptée par A. Réville (*Prolégomènes*, p. 5) après Max Muller. MM. L. Havet et S. Reinach (*Rev. hist*, t. 89, p. 368) préfèrent l'étymologie *relegere*, d'où suit pour *religio* un sens de recueillement, attention, scrupule.

A la note 2, p. 254 : Cfr. Van Gennep, *Mythes et légendes d'Australie* (Paris, Guilmoto) *Introduction*, § VIII, sur le *churinga* australien, et notes du même *Rev. de l'hist. des relig.*, mai-juin 1906, p. 396 à 400.

J'ai l'intention de compléter ce que j'ai dit § 2, chap. XII, par une étude sur l'*assimilation* du divin, de la « puissance » divine (prière, imposition des mains, onction, communion, etc.). Il est indispensable, en ces matières complexes, de bien distinguer le point de vue *magique* du point de vue *symbolique* et *moral*.

A la *Note V*, p. 301 : Nombreux renseignements dans Goblet d'Alviella. *A travers le Far-West* (Bruxelles, Weissenbruch, 1906).

A la *Note X*, p. 308 : Cfr. Van Gennep, *Op. suprac. Introd.*, § IX, exemples de l'influence des *individus* sur le développement de la religion.

TABLE DES MATIÈRES

DEUXIÈME PARTIE

VUES GÉNÉRALES

NOTES

ÉVREUX, IMPRIMERIE CH. HÉRISSEY ET FILS

FÉLIX ALCAN, Éditeur

ANCIENNE LIBRAIRIE GERMER BAILLIÈRE ET Cᵉ

PHILOSOPHIE — HISTOIRE

CATALOGUE

DES

Livres de Fonds

On peut se procurer tous les ouvrages qui se trouvent dans ce Catalogue par l'intermédiaire des libraires de France et de l'Étranger.

On peut également les recevoir franco par la poste, sans augmentation des prix désignés, en joignant à la demande des TIMBRES-POSTE FRANÇAIS ou un MANDAT sur Paris.

108, BOULEVARD SAINT-GERMAIN, 108
PARIS, 6ᵉ

OCTOBRE 1905

Les titres précédés d'un *astérisque* sont recommandés par le Ministère de l'Instruction publique pour les Bibliothèques des élèves et des professeurs et pour les distributions de prix des lycées et collèges.

BIBLIOTHÈQUE DE PHILOSOPHIE CONTEMPORAINE
Volumes in-16, brochés, à 2 fr. 50.
Cartonnés toile, 3 francs. — En demi-reliure, plats papier, 4 francs.

La *psychologie*, avec ses auxiliaires indispensables, l'*anatomie* et la *physiologie du système nerveux*, la *pathologie mentale*, la psychologie des races *inférieures et des animaux*, les recherches *expérimentales des laboratoires;* — la *logique;* — les *théories générales fondées sur les découvertes scientifiques;* — l'*esthétique;* — les *hypothèses métaphysiques;* — la *criminologie* et la *sociologie;* — l'*histoire des principales théories philosophiques;* tels sont les principaux sujets traités dans cette Bibliothèque.

ALLIER (R.). *La Philosophie d'Ernest Renan. 2ᵉ édit. 1903.
ARRÉAT (L.). * La Morale dans le drame, l'épopée et le roman. 3ᵉ édition.
— *Mémoire et imagination (Peintres, Musiciens, Poètes, Orateurs). 2ᵉ édit.
— Les Croyances de demain. 1898.
— Dix ans de philosophie. 1900.
— Le Sentiment religieux en France. 1903.
BALLET (G.). Le Langage intérieur et les diverses formes de l'aphasie. 2ᵉ édit.
BAYET (A.). La morale scientifique. 1905.
BEAUSSIRE, de l'Institut. * Antécédents de l'hégél. dans la philos. française.
BERGSON (H.), de l'Institut, professeur au Collège de France. *Le Rire. Essai sur la signification du comique. 3ᵉ édition. 1904.
BERTAULD. De la Philosophie sociale.
BINET (A.), directeur du lab. de psych. physiol. de la Sorbonne. La Psychologie du raisonnement, expériences par l'hypnotisme. 3ᵉ édit.
BLONDEL. Les Approximations de la vérité. 1900.
BOS (C.), docteur en philosophie. * Psychologie de la croyance. 2ᵉ édit. 1905.
BOUCHER (M.). L'hyperespace, le temps, la matière et l'énergie. 2ᵉ édit. 1905.
BOUGLÉ, prof. à l'Univ. de Toulouse. Les Sciences sociales en Allemagne. 2ᵉ éd. 1902.
BOURDEAU (J.). Les Maîtres de la pensée contemporaine. 4ᵉ édit. 1906.
— Socialistes et sociologues. 1905.
BOUTROUX, de l'Institut. * De la contingence des lois de la nature. 5ᵉ éd. 1905.
BRUNSCHVICG, professeur au lycée Henri IV, docteur ès lettres. *Introduction à la vie de l'esprit. 2ᵉ édit. 1906.
— L'Idéalisme contemporain. 1905.
CARUS, (P.). * Le Problème de la conscience du moi, trad. par M. A. Monod.
COSTE (Ad.). Dieu et l'âme. 2ᵉ édit. précédée d'une préface par R. Worms. 1903.
CRESSON (A.), docteur ès lettres. La Morale de Kant. 2ᵉ édit. (Cour. par l'Institut.)
— Le Malaise de la pensée philosophique. 1905.
DANVILLE (Gaston). Psychologie de l'amour. 3ᵉ édit. 1903.
DAURIAC (L.). La Psychologie dans l'Opéra français (Auber, Rossini, Meyerbeer).
DUGAS, docteur ès lettres. * Le Psittacisme et la pensée symbolique. 1896.
— La Timidité. 3ᵉ éd. 1903.
— Psychologie du rire. 1902.
— L'absolu. 1904.
DUNAN, docteur ès lettres. La théorie psychologique de l'Espace.
DUPRAT (G.-L.), docteur ès lettres. Les Causes sociales de la Folie. 1900.
— Le Mensonge. *Etude psychologique.* 1903.
DURAND (de Gros). * Questions de philosophie morale et sociale. 1902.
DURKHEIM (Émile), chargé du cours de pédagogie à la Sorbonne.* Les règles de la méthode sociologique. 3ᵉ édit. 1904.
D'EICHTHAL (Eug.). Les Problèmes sociaux et le Socialisme. 1899.

Suite de la *Bibliothèque de philosophie contemporaine*, format in-12, à 2 fr. 50 le vo

ENCAUSSE (Papus). L'occultisme et le spiritualisme. 2ᵉ édit. 1903.

ESPINAS (A.), de l'Institut, prof. à la Sorbonne. * La Philosophie expérimentale en Italie.

FAIVRE (E.). De la Variabilité des espèces.

FÉRÉ (Ch.). Sensation et Mouvement. Étude de psycho-mécanique, avec fig. 2ᵉ éd.
— Dégénérescence et Criminalité, avec figures. 3ᵉ édit.

FERRI (E.). *Les Criminels dans l'Art et la Littérature. 2ᵉ édit. 1902.

FIERENS-GEVAERT. Essai sur l'Art contemporain. 2ᵉ éd. 1903. (Cour. par l'Ac. fr.).
— La Tristesse contemporaine, essai sur les grands courants moraux et intellectuels du xixᵉ siècle. 4ᵉ édit. 1904. (Couronné par l'Institut.)
— *Psychologie d'une ville. *Essai sur Bruges. 2ᵉ édit. 1902.
— Nouveaux essais sur l'Art contemporain. 1903.

FLEURY (Maurice de). L'Ame du criminel. 1898.

FONSEGRIVE, professeur au lycée Buffon. La Causalité efficiente. 1893.

FOUILLÉE (A.), de l'Institut. La propriété sociale et la démocratie. 4ᵉ éd. 1904.

FOURNIÈRE (E.). Essai sur l'individualisme. 1901.

FRANCK (Ad.), de l'Institut. * Philosophie du droit pénal. 5ᵉ édit.

GAUCKLER. Le Beau et son histoire.

GELEY (Dᵈ G.). L'être subconscient. 2ᵉ édit. 1905.

GOBLOT (E.), professeur à l'Université de Caen. Justice et liberté. 1902.

GODFERNAUX (G.), docteur ès lettres. Le Sentiment et la Pensée. 2ᵉ éd. 1906.

GRASSET (J.), professeur à la Faculté de médecine de Montpellier. Les limites de la biologie. 3ᵉ édit. 1906. Préface de Paul BOURGET.

GREEF (de). Les Lois sociologiques. 3ᵉ édit.

GUYAU. * La Genèse de l'idée de temps. 2ᵉ édit.

HARTMANN (E. de). La Religion de l'avenir. 5ᵉ édit.
— Le Darwinisme, ce qu'il y a de vrai et de faux dans cette doctrine. 6ᵉ édit.

HERBERT SPENCER. * Classification des sciences. 6ᵉ édit.
— L'Individu contre l'État. 5ᵉ édit.

HERCKENRATH. (C.-R.-C.) Problèmes d'Esthétique et de Morale. 1897.

JAELL (Mᵐᵉ). * La Musique et la psycho-physiologie. 1895.
— L'intelligence et le rythme dans les mouvements artistiques, avec fig. 1904.

JAMES (W.). La théorie de l'émotion, préf. de G. DUMAS, chargé de cours à la Sorbonne. Traduit de l'anglais. 1902.

JANET (Paul), de l'Institut. * La Philosophie de Lamennais.

LACHELIER, de l'Institut. Du fondement de l'induction, suivi de psychologie et métaphysique. 4ᵉ édit. 1902.

LAISANT (C.). L'Éducation fondée sur la science. Préface de A. NAQUET. 2ᵉ éd. 1905.

LAMPÉRIÈRE (Mᵐᵉ A.). * Rôle social de la femme, son éducation. 1898.

LANDRY (A.), agrégé de philos., docteur ès lettres. La responsabilité pénale. 1902.

LANESSAN (J.-L. de). La Morale des philosophes chinois. 1896.

LANGE, professeur à l'Université de Copenhague. *Les Émotions, étude psycho-physiologique, traduit par G. Dumas. 2ᵉ édit. 1902.

LAPIE, maître de conf. à l'Univ. de Bordeaux. La Justice par l'État. 1899.

LAUGEL (Auguste). L'Optique et les Arts.

LE BON (Dᵈ Gustave). * Lois psychologiques de l'évolution des peuples. 7ᵉ édit.
— * Psychologie des foules. 10ᵉ édit.

LÉCHALAS. * Etude sur l'espace et le temps. 1895.

LE DANTEC, chargé du cours d'Embryologie générale à la Sorbonne. Le Déterminisme biologique et la Personnalité consciente. 2ᵉ édit.
— * L'Individualité et l'Erreur individualiste. 2ᵉ édit. 1905.
— Lamarckiens et Darwiniens. 2ᵉ édit. 1904.

LEFÈVRE (G.), prof. à l'Univ. de Lille. Obligation morale et idéalisme. 1895.

LIARD, de l'Inst., vice-rect. Acad. Paris. * Les Logiciens anglais contemporains 4ᵉ éd.
— Des définitions géométriques et des définitions empiriques. 3ᵉ édit.

LICHTENBERGER (Henri), maître de conférences à la Sorbonne. *La philosophie de Nietzsche. 9ᵉ édit. 1906.
— * Friedrich Nietzsche. Aphorismes et fragments choisis. 3ᵉ édit. 1905.

F. ALCAN. — 4 —

LOMBROSO. L'Anthropologie criminelle et ses récents progrès. 4° édit. 1901.
— Les Applications de l'anthropologie criminelle. 1892.
LUBBOCK (Sir John). * Le Bonheur de vivre. 2 volumes. 9° édit. 1905.
— *L'Emploi de la vie. 6° éd. 1905.
LYON (Georges), recteur de l'Académie de Lille. * La Philosophie de Hobbes.
MARGUERY (E.). L'Œuvre d'art et l'évolution. 2° édit. 1905.
MAUXION, professeur à l'Université de Poitiers. * L'éducation par l'instruction
  et les *Théories pédagogiques de Herbart*. 1900.
— *Essai sur les éléments et l'évolution de la moralité. 1904.
MILHAUD (G.), professeur à l'Université de Montpellier. * Le Rationnel. 1898.
— *Essai sur les conditions et les limites de la Certitude logique. 2° édit. 1898.
MOSSO. * La Peur. Étude psycho-physiologique (avec figures). 3° édit.
— * La Fatigue intellectuelle et physique, trad. Langlois. 5° édit.
MURISIER (E.), professeur à la Faculté des lettres de Neuchâtel (Suisse). Les
  Maladies du sentiment religieux. 2° édit. 1903.
NAVILLE (E.), doyen de la Faculté des lettres et sciences sociales de l'Université
  de Genève. Nouvelle classification des sciences. 2° édit. 1901.
NORDAU (Max). * Paradoxes psychologiques, trad. Dietrich. 5° édit. 1904.
— Paradoxes sociologiques, trad. Dietrich. 4° édit. 1904.
— * Psycho-physiologie du Génie et du Talent, trad. Dietrich. 3° édit. 1902.
NOVICOW (J.). L'Avenir de la Race blanche. 2° édit. 1903.
OSSIP-LOURIÉ, lauréat de l'Institut. Pensées de Tolstoï. 2° édit. 1902.
— * Nouvelles Pensées de Tolstoï. 1903.
— * La Philosophie de Tolstoï. 2° édit. 1903.
— * La Philosophie sociale dans le théâtre d'Ibsen. 1900.
— Le Bonheur et l'Intelligence. 1904.
PALANTE (G.), agrégé de l'Université. Précis de sociologie. 2° édit. 1903.
PAULHAN (Fr.). Les Phénomènes affectifs et les lois de leur apparition. 2° éd. 1901.
— * Joseph de Maistre et sa philosophie. 1893.
— *Psychologie de l'invention. 1900.
— *Analystes et esprits synthétiques. 1903.
— La fonction de la mémoire et le souvenir affectif. 1904.
PHILIPPE (J.). L'Image mentale, avec fig. 1903.
PHILIPPE (J.) et PAUL-BONCOUR (J.). Les anomalies mentales chez les écoliers. 1905.
PILLON (F.). * La Philosophie de Ch. Secrétan. 1898.
PIOGER (Dr Julien). Le Monde physique, essai de conception expérimentale. 1893.
QUEYRAT, prof. de l'Univ. * L'Imagination et ses variétés chez l'enfant. 2° édit.
— *L'Abstraction, son rôle dans l'éducation intellectuelle. 1894.
— * Les Caractères et l'éducation morale. 2° éd. 1901.
— * La logique chez l'enfant et sa culture. 1902.
— *Les jeux des enfants. 1905.
REGNAUD (P.), professeur à l'Université de Lyon. Logique évolutionniste. *L'En-
  tendement dans ses rapports avec le langage*. 1897.
— Comment naissent les mythes. 1897.
RENARD (Georges), professeur au Conservatoire des arts et métiers. Le *régime
  socialiste, son organisation politique et économique*. 5° édit. 1905.
RÉVILLE (A.), professeur au Collège de France. Histoire du dogme de la Divi-
  nité de Jésus-Christ. 3° édit. 1904.
RIBOT (Th.), de l'Institut, professeur honoraire au Collège de France, directeur
  de la *Revue philosophique*. La Philosophie de Schopenhauer. 10° édition.
— * Les Maladies de la mémoire. 18° édit.
— * Les Maladies de la volonté. 21° édit.
— * Les Maladies de la personnalité. 11° édit.
— * La Psychologie de l'attention. 6° édit.
RICHARD (G.), chargé du cours de sociologie à l'Université de Bordeaux. * Socia-
  lisme et Science sociale. 2° édit.
RICHET (Ch.). Essai de psychologie générale. 5° édit. 1903.
ROBERTY (E. de). L'Inconnaissable, sa métaphysique, sa psychologie.
— L'Agnosticisme. Essai sur quelques théories pessim. de la connaissance. 2° édit.

Suite de la *Bibliothèque de philosophie contemporaine*, format in-12 à 2 fr. 50 le vel.

ROBERTY (E. de). La Recherche de l'Unité. 1893.
— Auguste Comte et Herbert Spencer. 2ᵉ édit.
— *Le Bien et le Mal. 1896.
— Le Psychisme social. 1897.
— Les Fondements de l'Ethique. 1898.
— Constitution de l'Éthique. 1901.
ROISEL. De la Substance.
— L'Idée spiritualiste. 2ᵉ éd. 1901.
ROUSSEL-DESPIERRES. L'Idéal esthétique. *Philosophie de la beauté.* 1904.
SCHOPENHAUER. *Le Fondement de la morale, trad. par M. A. Burdeau. 7ᵉ édit.
— *Le Libre arbitre, trad. par M. Salomon Reinach, de l'Institut. 8ᵉ éd.
— Pensées et Fragments, avec intr. par M. J. Bourdeau. 18ᵉ édit.
— Écrivains et style. Traduct. Dietrich. 1905.
SOLLIER (Dʳ P.). Les Phénomènes d'autoscopie, avec fig. 1903.
STUART MILL. *Auguste Comte et la Philosophie positive. 6ᵉ édit.
— * L'Utilitarisme. 4ᵉ édit.
— Correspondance inédite avec Gust. d'Eichthal (1828-1842)—(1864-1871). 1898.
  Avant-propos et trad. par Eug. d'Eichthal.
SULLY PRUDHOMME, de l'Académie française, et Ch. RICHET, professeur à l'Université de Paris. Le problème des causes finales. 2ᵉ édit. 1904.
SWIFT. L'Éternel conflit. 1901.
TANON (L.). *L'Évolution du droit et la Conscience sociale. 2ᵉ édit. 1905.
TARDE, de l'Institut. La Criminalité comparée. 5ᵉ édit. 1902.
— * Les Transformations du Droit. 2ᵉ édit. 1899.
— *Les Lois sociales. 4ᵉ édit. 1904.
THAMIN (R.), recteur de l'Acad. de Bordeaux. *Éducation et Positivisme 2ᵉ édit.
THOMAS (P. Félix). * La suggestion, son rôle dans l'éducation. 2ᵉ édit. 1898.
— *Morale et éducation. 2ᵉ édit. 1905.
TISSIÉ. * Les Rêves, avec préface du professeur Azam. 2ᵉ éd. 1898.
WECHNIAKOFF. Savants, penseurs et artistes, publié par Raphael Petrucci.
WUNDT. Hypnotisme et Suggestion. Étude critique, traduit par M. Keller. 2ᵉ édit. 1902.
ZELLER. Christian Baur et l'École de Tubingue, traduit par M. Ritter.
ZIEGLER. La Question sociale est une Question morale, trad. Palante. 3ᵉ édit

BIBLIOTHÈQUE DE PHILOSOPHIE CONTEMPORAINE

Volumes in-8, brochés à 3 fr. 75, 5 fr., 7 fr. 50, 10 fr., 12 fr. 50 et 15 fr.
Cart. angl. 1 fr. en plus par vol.; Demi-rel. en plus, 2 fr. par vol.

ADAM (Ch.), recteur de l'Académie de Nancy. *La Philosophie en France (première moitié du XIXᵉ siècle). 7 fr. 50
ALENGRY (Franck), docteur ès lettres, inspecteur d'académie. *Essai historique et critique sur la Sociologie chez Aug. Comte. 1900. 10 fr.
ARNOLD (Matthew). La Crise religieuse. 7 fr. 5)
ARRÉAT. *Psychologie du peintre. 5 fr
AUBRY (Dʳ P.). La Contagion du meurtre. 1896. 3ᵉ édit. 5 fr.
BAIN (Alex.). La Logique inductive et déductive. Trad. Compayré. 2 vol. 3ᵉ éd. 20 fr.
— * Les Sens et l'Intelligence. Trad. Cazelles. 3ᵉ édit. 10 fr.
BALDWIN (Mark), professeur à l'Université de Princeton (États-Unis). Le Développement mental chez l'enfant et dans la race. Trad. Nourry. 1897. 7 fr. 50
BARTHÉLEMY-SAINT-HILAIRE, de l'Institut. La Philosophie dans ses rapports avec les sciences et la religion. 5 fr.
BARZELOTTI, prof. à l'Univ. de Rome. *La Philosophie de H. Taine. 1900. 7 fr. 50
BAZAILLAS (A.), docteur ès lettres, professeur au lycée Condorcet. La Vie personnelle, *Étude sur quelques illusions de la perception extérieure.* 1905. 5 fr.
BERGSON (H.), de l'Institut, professeur au Collège de France. * Matière et mémoire, essai sur les relations du corps à l'esprit. 2ᵉ édit. 1900. 5 fr.
— Essai sur les données immédiates de la conscience. 4ᵉ édit. 1901. 3 fr. 75
BERTRAND, prof. à l'Université de Lyon. * L'Enseignement intégral. 1898. 5 fr.
— Les Études dans la démocratie. 1900. 5 fr.

Suite de la *Bibliothèque de philosophie contemporaine*, format in-8,

BOIRAC (Émile), recteur de l'Académie de Dijon. * **L'Idée du Phénomène.** 5 fr.
BOUGLÉ, prof. à l'Univ. de Toulouse. ***Les Idées égalitaires.** 1899. 3 fr. 75
BOURDEAU (L.). Le Problème de la mort. 4ᵉ édition. 1904. 5 fr.
— Le Problème de la vie. 1901. 7 fr. 50
BOURDON, professeur à l'Université de Rennes. ***L'Expression des émotions et des tendances dans le langage.** 7 fr. 50
BOUTROUX (E.), de l'Inst. Etudes d'histoire de la philosophie. 2ᵉ éd. 1901. 7 fr. 50
BRAUNSCHVICG (M.), docteur ès lettres, prof. au lycée de Toulouse. Le sentiment du beau et le sentiment poétique. *Essai sur l'esthétique du vers.* 1904. 3 fr. 75
BRAY (L.). Du beau. 1902. 5 fr.
BROCHARD (V.), de l'Institut. De l'Erreur. 2ᵉ édit. 1897. 5 fr.
BRUNSCHVICG(E.), prof. au lycée Henri IV, doct. ès lett. La Modalité du jugement. 5 fr.
CARRAU (Ludovic), professeur à la Sorbonne. La Philosophie religieuse en Angleterre, depuis Locke jusqu'à nos jours. 5 fr.
CHABOT (Ch.), prof. à l'Univ. de Lyon. * Nature et Moralité. 1897. 5 fr.
CLAY (R.). * L'Alternative, *Contribution à la Psychologie.* 2ᵉ édit. 10 fr.
COLLINS (Howard). *La Philosophie de Herbert Spencer, avec préface de Herbert Spencer, traduit par H. de Varigny. 4ᵉ édit. 1904. 10 fr.
COMTE (Aug.). La Sociologie, résumé par E. RIGOLAGE. 1897. 7 fr. 50
CONTA (B.). Théorie de l'ondulation universelle. 1894. 3 fr. 75
COSENTINI (F.). La Sociologie génétique. *Essai sur la pensée et la vie sociale préhistoriques.* 1905. 3 fr. 75
COSTE. Les Principes d'une sociologie objective. 3 fr. 75
— L'Expérience des peuples et les prévisions qu'elle autorise. 1900. 10 fr.
CRÉPIEUX-JAMIN. L'Écriture et le Caractère. 4ᵉ édit. 1897. 7 fr. 50
CRESSON, doct. ès lettres. La Morale de la raison théorique. 1903. 5 fr.
DAURIAC (L.). Essai sur l'esprit musical. 1904. 5 fr.
DE LA GRASSERIE (R.), lauréat de l'Institut. Psychologie des religions. 1899. 5 fr.
DELBOS (V.), maît. de conf. à la Sorb. La philosophie pratique de Kant. 1905. 12 fr. 50
DEWAULE, docteur ès lettres. * Condillac et la Psychol. anglaise contemp. 5 fr.
DRAGHICESCO. L'Individu dans le déterminisme social. 1904. 7 fr. 50
DUMAS (G.), chargé de cours à la Sorbonne. *La Tristesse et la Joie. 1900. 7 fr. 50
— Psychologie de deux messies. *Saint-Simon et Auguste Comte.* 1905. 5 fr.
DUPRAT (G. L.), docteur ès lettres. L'Instabilité mentale. 1899. 5 fr.
DUPROIX (P.), professeur à l'Université de Genève. * Kant et Fichte et le problème de l'éducation. 2ᵉ édit. 1897. (Ouvrage couronné par l'Académie française.) 5 fr.
DURAND (DE GROS). Aperçus de taxinomie générale. 1898. 5 fr.
— Nouvelles recherches sur l'esthétique et la morale. 1899. 5 fr.
— Variétés philosophiques. 2ᵉ édit. revue et augmentée. 1900. 5 fr.
DURKHEIM, chargé du cours de pédagogie à la Sorbonne. * **De la division du travail social** 2ᵉ édit. 1901. 7 fr. 50
— Le Suicide, *étude sociologique.* 1897. 7 fr. 50
— * L'année sociologique : 8 années parues.

1ʳᵉ Année (1896-1897). — DURKHEIM : La prohibition de l'inceste et ses origines. — G. SIMMEL : Comment les formes sociales se maintiennent. — *Analyses des* travaux de sociologie publiés du 1ᵉʳ Juillet 1896 au 30 Juin 1897. 10 fr.

2ᵉ Année (1897-1898). — DURKHEIM : De la définition des phénomènes religieux. — HUBERT et MAUSS : La nature et la fonction du sacrifice. — *Analyses.* 10 fr.

3ᵉ Année (1898-1899). — RATZEL : Le sol, la société, l'État. — RICHARD : *Les crises* sociales et la criminalité. — STEINMETZ : Classification des types sociaux. — *Analyses.* 10 fr.

4ᵉ Année (1899-1900). — BOUGLÉ : Remarques sur le régime des castes. — DURKHEIM : Deux lois de l'évolution pénale. — CHARMONT : Notes sur les causes d'extinction de la propriété corporative. *Analyses.* 10 fr.

5ᵉ Année (1900-1901). — F. SIMIAND : Remarques sur les variations du prix du charbon au XIXᵉ siècle. — DURKHEIM : Sur le Totémisme. — *Analyses.* 10 fr.

6ᵉ Année (1901-1902). — DURKHEIM et MAUSS : De quelques formes primitives de classification. Contribution à l'étude des représentations collectives. — BOUGLÉ : Les théories récentes sur la division du travail. — *Analyses.* 12 fr. 50

7ᵉ Année (1902-1903). — H. HUBERT et MAUSS : Esquisse d'une théorie générale de la magie. — *Analyses.* 12 fr. 50

Suite de la *Bibliothèque de philosophie contemporaine*, format In-8.

8ᵉ Année (1903-1904). — H. Bourgin : La boucherie à Paris au XIXᵉ siècle. —
E. Durkheim : L'organisation matrimoniale australienne. — *Analyses* 12 fr. 50
EGGER (V.), prof. à la Fac. des lettres de Paris. La parole intérieure. 2ᵉ éd. 1904. 5 fr.
ESPINAS (A.), professeur à la Sorbonne. *La Philosophie sociale du XVIIIᵉ siècle
et la Révolution française. 1898. 7 fr. 50
FERRERO (G.). Les Lois psychologiques du symbolisme. 1895. 5 fr
FERRI (Louis). La Psychologie de l'association, depuis Hobbes. 7 fr. 50
FERRI (Enrico). La Sociologie criminelle. Traduction L. Terrier. 1905. 10 fr.
FINOT (J.). Le préjugé des races. 1905. 7 fr. 50
FLINT, prof. à l'Univ. d'Edimbourg. *La Philos. de l'histoire en Allemagne. 7 fr. 5c
FONSEGRIVE, prof. au lycée Buffon. *Essai sur le libre arbitre. 2ᵉ édit. 1895. 10 fr.
FOUCAULT, docteur ès lettres. La psychophysique. 1903. 7 fr. 50
— Le Rêve. 1906. 5 fr.
FOUILLÉE (Alf.), de l'Institut. *La Liberté et le Déterminisme. 4ᵉ édit. 7 fr. 50
— Critique des systèmes de morale contemporains. 4ᵉ édit. 7 fr. 50
— *La Morale, l'Art, la Religion, d'après Guyau. 5ᵉ édit. augm. 3 fr. 75
— L'Avenir de la Métaphysique fondée sur l'expérience. 2ᵉ édit. 5 fr.
— * L'Évolutionnisme des idées-forces. 3ᵉ édit. 7 fr. 50
— *La Psychologie des idées-forces. 2 vol. 2ᵉ édit. 15 fr.
— * Tempérament et caractère. 3ᵉ édit. 7 fr. 50
— Le Mouvement positiviste et la conception sociol. du monde. 2ᵉ édit. 7 fr. 50
— Le Mouvement idéaliste et la réaction contre la science posit. 2ᵉ édit. 7 fr. 50
— *Psychologie du peuple français. 3ᵉ édit. 7 fr. 50
— *La France au point de vue moral. 2ᵉ édit. 7 fr. 50
— Esquisse psychologique des peuples européens. 2ᵉ édit. 1903. 10 fr.
— *Nietzsche et l'immoralisme. 2ᵉ édit. 1903. 5 fr.
— Le moralisme de Kant et l'immoralisme contemporain. 1905. 7 fr. 50
— Les éléments sociologiques de la morale. 1906. 7 fr. 50
FOURNIÈRE (E.). *Les théories socialistes au XIXᵉ siècle, de Babeuf à Proudhon.
1904. 7 fr. 50
FULLIQUET. Essai sur l'Obligation morale. 1898. 7 fr. 50
GAROFALO, prof. à l'Université de Naples. La Criminologie. 5ᵉ édit. refondue. 7 fr. 50
— La Superstition socialiste. 1895. 5 fr.
GÉRARD-VARET, prof. à l'Univ. de Dijon. L'Ignorance et l'Irréflexion. 1899. 5 fr.
GLEY (Dʳ E.), professeur agrégé à la Faculté de médecine de Paris. Etudes de
psychologie physiologique et pathologique, avec fig. 1903. 5 fr.
GOBLOT (E.), Prof. à l'Université de Caen. * Classification des sciences. 1898. 5 fr
GORY (G.). L'Immanence de la raison dans la connaissance sensible. 5 fr.
GREEF (de), prof. à l'Univ. nouvelle de Bruxelles. Le Transformisme social. 7 fr. 50
— La sociologie économique. 1904. 3 fr. 75
GROOS (K.), prof. à l'Université de Bâle. *Les jeux des animaux. 1902. 7 fr. 50
GURNEY, MYERS et PODMORE. Les Hallucinations télépathiques, préf. de Ch. Richet.
4ᵉ éd. 7 fr. 50
GUYAU (M.). * La Morale anglaise contemporaine. 5ᵉ édit. 7 fr. 50
— Les Problèmes de l'esthétique contemporaine. 6ᵉ édit. 5 fr.
— Esquisse d'une morale sans obligation ni sanction. 6ᵉ édit. 5 fr.
— L'Irréligion de l'avenir, étude de sociologie. 9ᵉ édit. 7 fr. 50
— * L'Art au point de vue sociologique. 6ᵉ édit. 7 fr. 50
— *Education et Hérédité, étude sociologique. 7ᵉ édit. 5 fr.
HALÉVY (Élie), docteur ès lettres, professeur à l'École des sciences politiques.
*La Formation du radicalisme philosophique, 3 vol., chacun 7 fr. 50
HANNEQUIN, prof. à l'Univ. de Lyon. L'hypothèse des atomes. 2ᵉ édit. 1899. 7 fr. 50
HARTENBERG (Dʳ Paul). Les Timides et la Timidité. 2ᵉ édit. 1904. 5 fr.
HÉBERT (M.). L'Évolution de la foi catholique. 1905 5 fr.
HERBERT SPENCER. *Les premiers Principes. Traduc. Cazelles. 9ᵉ éd. 10 fr.
— * Principes de biologie. Traduct. Cazelles. 4ᵉ édit. 2 vol. 20 fr.
— * Principes de psychologie. Trad. par MM. Ribot et Espinas. 2 vol. 20 fr.
— * Principes de sociologie. 4 vol., traduits par MM. Cazelles et Gerschel : Tome I.
Données de la sociologie. 10 fr. — Tome II. *Inductions de la sociologie. Relations
domestiques.* 7 fr. 50. — Tome III. *Institutions cérémonielles et politiques.* 15 fr.
— Tome IV. *Institutions ecclésiastiques.* 3 fr. 75. — Tome V. *Institutions pro-
fessionnelles.* 7 fr. 50

Suite de la *Bibliothèque de philosophie contemporaine*, format in-8.

HERBERT SPENCER. * **Essais sur le progrès.** Trad. A. Burdeau. 5ᵉ édit. 7 fr. 50
— **Essais de politique.** Trad. A. Burdeau. 4ᵉ édit. 7 fr. 50
— **Essais scientifiques.** Trad. A. Burdeau. 3ᵉ édit. 7 fr. 50
— * **De l'Education physique, intellectuelle et morale.** 10ᵉ édit. 5 fr.
— **Justice.** 7 fr. 50
— **Le rôle moral de la bienfaisance.** 7 fr. 50
— **La Morale des différents peuples.** 7 fr. 50
HIRTH (G.). *Physiologie de l'Art.** Trad. et introd. de L. Arréat. 5 fr.
HOFFDING, prof. à l'Univ. de Copenhague. **Esquisse d'une psychologie fondée sur l'expérience.** Trad. L. POITEVIN. Préf. de Pierre JANET. 2ᵉ éd. 1903. 7 fr. 50
— Histoire de la Philosophie moderne. Traduit de l'allemand par M. BORDIER, préf. de M. V. DELBOS. 1906. T. I. 10 fr. Le tome II terminant l'ouvrage, paraîtra en 1906.
ISAMBERT (G.). Les idées socialistes en France (1815-1848). 1905. 7 fr. 50
JACOBY (Dʳ P.). Études sur la sélection chez l'homme. 2ᵉ édition. 1904. 10 fr.
JANET (Paul), de l'Institut. * **Les Causes finales.** 4ᵉ édit. 10 fr.
— * **Œuvres philosophiques de Leibniz.** 2ᵉ édit. 2 vol. 1900. 20 fr.
JANET (Pierre), professeur au Collège de France. * **L'Automatisme psychologique.** 4ᵉ édit. 7 fr. 50
JAURÈS (J.), docteur ès lettres. De la réalité du monde sensible. 2ᵉ éd. 1902. 7 fr. 50
KARPPE (S.), docteur ès lettres. **Essais de critique d'histoire et de philosophie.** 1902. 3 fr. 75
LALANDE (A.), maître de conférences à la Sorbonne, *La Dissolution opposée à l'évolution, dans les sciences physiques et morales. 1899. 7 fr. 50
LANDRY (A.), docteur ès lettres, agrégé de philosophie. **Principes de morale rationnelle.** 1906. 5 fr.
LANESSAN (J.-L. de). La Morale des religions. 1905. 10 fr.
LANG (A.). *Mythes, Cultes et Religion. introduc. de Léon Marillier. 1896. 10 fr.
LAPIE (P.), maît. de conf. à l'Univ. de Bordeaux. Logique de la volonté 1902. 7 fr. 50
LAUVRIÈRE, docteur ès lettres, prof. au lycée Charlemagne. Edgar Poë. *Sa vie et son œuvre. Essai de psychologie pathologique.* 1904. 10 fr.
LAVELEYE (de). *De la Propriété et de ses formes primitives. 5ᵉ édit. 10 fr.
— *Le Gouvernement dans la démocratie. 2 vol. 3ᵉ édit. 1896. 15 fr.
LE BON (Dʳ Gustave). *Psychologie du socialisme. 4ᵉ éd. refondue. 1905. 7 fr. 50
LECHALAS (G.). Études esthétiques. 1902. 5 fr.
LECHARTIER (G.). David Hume, moraliste et sociologue. 1900. 5 fr.
LECLÈRE (A.), docteur ès lettres. Essai critique sur le droit d'affirmer. 1901. 5 fr.
LE DANTEC, chargé de cours à la Sorbonne. L'unité dans l'être vivant. 1902. 7 fr. 50
— Les Limites du connaissable, *la vie et les phénom. naturels.* 2ᵉ éd. 1904. 3 fr. 75
LÉON (Xavier). *La philosophie de Fichte, *ses rapports avec la conscience contemporaine,* Préface de E. BOUTROUX, de l'Institut. 1902. (Couronné par l'Institut.) 10 fr.
LEROY (E. Bernard). Le Langage. *La fonction normale et pathologique de cette fonction.* 1905. 5 fr.
LÉVY (A.), maître de conf. à l'Un. de Nancy. La philosophie de Feuerbach. 1904. 10 fr.
LÉVY-BRUHL (L.), prof. adjoint à la Sorbonne. *La Philosophie de Jacobi. 1894. 5 fr.
— *Lettres inédites de J.-S. Mill à Auguste Comte, *publiées avec les réponses de Comte et une introduction.* 1899. 10 fr.
— *La Philosophie d'Auguste Comte. 2ᵉ édit. 1905. 7 fr. 50
— *La Morale et la Science des mœurs. 2ᵉ édit. 1905. 5 fr.
LIARD, de l'Institut, vice-recteur de l'Acad. de Paris. *Descartes, 2ᵉ éd. 1903. 5 fr.
— * La Science positive et la Métaphysique, 5ᵉ édit. 7 fr. 50
LICHTENBERGER (H.), maître de conférences à la Sorbonne. *Richard Wagner, poète et penseur. 3ᵉ édit. 1902. (Couronné par l'Académie française.) 10 fr.
— Henri Heine penseur. 1905. 3 fr. 75
LOMBROSO. * L'Homme criminel (criminel-né, fou-moral, épileptique), précédé d'une préface de M. le docteur LETOURNEAU. 3ᵉ éd., 2 vol. et atlas. 1895. 36 fr.
LOMBROSO et FERRERO. La femme criminelle et la prostituée. 15 fr.
LOMBROSO et LASCHI. Le Crime politique et les Révolutions. 2 vol. 15 fr.
LUBAC, prof. au lycée de Constantine. * Esquisse d'un système de psychologie rationnelle. Préface de H. BERGSON. 1904. 3 fr. 75
LYON (Georges), recteur de l'Académie de Lille. *L'Idéalisme en Angleterre au XVIIIᵉ siècle. 7 fr. 50

Suite de la *Bibliothèque de philosophie contemporaine*, format in-8.

MALAPERT (P.), docteur ès lettres, prof. au lycée Louis-le-Grand. *Les Éléments du caractère et leurs lois de combinaison. 1897.   5 fr.
MARION (H.), prof. à la Sorbonne. *De la Solidarité morale. 6ᵉ édit. 1897.   5 fr.
MARTIN (Fr.), docteur ès lettres, prof. au lycée Voltaire. *La Perception extérieure et la Science positive, essai de philosophie des sciences. 1894.   5 fr.
MAXWELL (J.), docteur en médecine, avocat général près la Cour d'appel de Bordeaux. Les Phénomènes psychiques. Recherches, Observations, Méthodes. Préface de Ch. RICHET. 2ᵉ édit. 1904.   5 fr.
MULLER (MAX), prof. à l'Univ. d'Oxford. *Nouvelles études de mythologie. 1898. 12 f. 50
MYERS. La personnalité humaine. *Sa survivance après la mort, ses manifestations supra-normales.* Traduit par le docteur JANKÉLÉVITCH. 1905.   7 fr. 50
NAVILLE (E.), correspondant de l'Institut. La Physique moderne. 2ᵉ édit.-   5 fr.
— *La Logique de l'hypothèse. 2ᵉ édit.   5 fr.
— *La Définition de la philosophie. 1894.   5 fr.
— Le libre Arbitre. 2ᵉ édit. 1898.   5 fr.
— Les Philosophies négatives. 1899.   5 fr.
NORDAU (Max). *Dégénérescence. Tome I. 7 fr. 50. Tome II. 7ᵉ éd. 1904. 2 vol. 10 fr.
— Les Mensonges conventionnels de notre civilisation. 7ᵉ édit. 1904.   5 fr.
— *Vus du dehors. *Essais de critique sur quelques auteurs français contemp.* 1903. 5 fr.
NOVICOW. Les Luttes entre Sociétés humaines. 3ᵉ édit.   10 fr.
— * Les Gaspillages des sociétés modernes. 2ᵉ édit. 1899.   5 fr.
— La Justice et l'expansion de la vie. *Essai sur le bonheur des sociétés.* 1905. 7 fr. 50
OLDENBERG, professeur à l'Université de Kiel. *Le Bouddha, sa Vie, sa *Doctrine, sa Communauté,* trad. par P. FOUCHER, maître de conférences à l'École des Hautes Études. Préf. de SYLVAIN LÉVI, prof. au Collège de France. 2ᵉ éd. 1903. 7 fr. 50
— La religion du Véda. Traduit par V. HENRY, prof. à la Sorbonne. 1903.   10 fr.
OSSIP-LOURIÉ. La philosophie russe contemporaine. 2ᵉ édit. 1905.   5 fr.
— La Psychologie des romanciers russes au XIXᵉ siècle. 1905.   7 fr. 50
OUVRÉ (H.), professeur à l'Université de Bordeaux. *Les Formes littéraires de la pensée grecque. 1900. (Couronné par l'Académie française.)   10 fr.
PALANTE (G.). Combat pour l'individu. 1904. 1 vol. in-8.   3 fr. 75
PAULHAN. L'Activité mentale et les Éléments de l'esprit.   10 fr.
— *Les Caractères. 2ᵉ édit.   5 fr.
— Les Mensonges du caractère. 1905.   5 fr.
PAYOT (J.), Recteur de l'Académie de Chambéry. La croyance. 2ᵉ édit. 1905. 5 fr.
— *L'Éducation de la volonté. 21ᵉ édit. 1905.   5 fr.
PÉRÈS (Jean), professeur au lycée de Toulouse. *L'Art et le Réel. 1898. 3 fr. 75
PÉREZ (Bernard). Les Trois premières années de l'enfant. 5ᵉ édit.   5 fr.
— L'Éducation morale dès le berceau. 4ᵉ édit. 1901.   5 fr.
— *L'Éducation intellectuelle dès le berceau. 2ᵉ éd. 1901.   5 fr.
PIAT (C.). La Personne humaine. 1898. (Couronné par l'Institut).   7 fr. 50
— *Destinée de l'homme. 1898.   5 fr.
PICAVET (E.), secrét. général du Collège de France, directeur à l'École des hautes études. *Les Idéologues. (Couronné par l'Académie française.)   10 fr.
PIDERIT. La Mimique et la Physiognomonie. Trad. par M. Girot.   5 fr.
PILLON (F.). *L'Année philosophique. 14 années : 1890, 1891, 1892, 1893 (épuisée), 1894, 1895, 1896, 1897, 1898, 1899, 1900, 1901, 1902, 1903, 1904. 14 vol. Chac. 5 fr
PIOGER (J.). La Vie et la Pensée, essai de conception expérimentale. 1894.   5 fr.
— La Vie sociale, la Morale et le Progrès. 1894.   5 fr.
PREYER, prof. à l'Université de Berlin. Éléments de physiologie.   5 fr.
PROAL, conseiller à la Cour de Paris. * La Criminalité politique. 1895.   5 fr.
— *Le Crime et la Peine. 3ᵉ édit. (Couronné par l'Institut.)   10 fr.
— Le Crime et le Suicide passionnels. 1900. (Couronné par l'Ac. française.) 10 fr.
RAGEOT (G.), professeur au Lycée Saint-Louis. Le Succès. 1906.   5 fr.
RAUH, chargé de cours à la Sorbonne. *De la méthode dans la psychologie des sentiments. 1899. (Couronné par l'Institut.)   5 fr.
— *L'Expérience morale. 1903. (Récompensé par l'Institut.)   3 fr. 75
RÉCEJAC, doct. ès lett. Les Fondements de la Connaissance mystique. 1897. 5 fr.
RENARD (G.), professeur au Conservatoire des arts et métiers. *La Méthode scientifique de l'histoire littéraire. 1900.   10 fr.
RENOUVIER (Ch.) de l'Institut. *Les Dilemmes de la métaphysique pure. 1900. 5 fr.

Suite de la *Bibliothèque de philosophie contemporaine*, format in-8.

RENOUVIER (Ch.).*Histoire et solution des problèmes métaphysiques. 1901 7 fr. 50
— Le personnalisme, avec une étude sur la *perception externe et la force*.1903.10 fr.
— Critique de la doctrine de Kant. 1906   7 fr. 50
RIBERY, doct. ès lett. Essai de classification naturelle des caractères.1903. 3 fr.75
RIBOT (Th.), de l'Institut. * L'Hérédité psychologique. 5ᵉ édit.   7 fr. 50
— * La Psychologie anglaise contemporaine. 3ᵉ édit.   7 fr. 50
— * La Psychologie allemande contemporaine. 5ᵉ édit.   7 fr. 50
— La Psychologie des sentiments. 4ᵉ édit. 1903.   7 fr. 50
— L'Évolution des idées générales. 2ᵉ édit. 1903.   5 fr.
— * Essai sur l'Imagination créatrice. 2ᵉ édit. 1905.   5 fr.
— La logique des sentiments. 1905.   3 fr. 75
RICARDOU (A.), docteur ès lettres. * De l'Idéal. (Couronné par l'Institut.)   5 fr.
RICHARD (G.), chargé du cours de sociologie à l'Univ. de Bordeaux. *L'idée d'évo-
    lution dans la nature et dans l'histoire. 1903. (Couronné par l'Institut.) 7 fr. 50
RIGNANO (E.). La transmissibilité des caractères acquis. 1906.   5 fr.
ROBERTY (E. de). L'Ancienne et la Nouvelle philosophie.   7 fr. 50
— * La Philosophie du siècle (positivisme, criticisme, évolutionnisme).   5 fr.
— Nouveau Programme de sociologie. 1901.   5 fr.
ROMANES.* L'Evolution mentale chez l'homme.   7 fr. 50
RUYSSEN (Th.), chargé de cours à l'Université d'Aix. Essai sur l'évolution psycho-
    logique du jugement.   5 fr.
SABATIER, doyen de la Fac. des sc. de Montpellier.*Philosophie de l'effort.1903.7 fr.50
SAIGEY (E.). *Les Sciences au XVIIIᵉ siècle. La Physique de Voltaire.   5 fr.
SAINT-PAUL (Dᵉ G.). Le Langage intérieur et les paraphasies. 1901.   5 fr.
SANZ Y ESCARTIN. L'Individu et la Réforme sociale, trad. Dietrich. 7 fr. 50
SCHOPENHAUER. Aphor. sur la sagesse dans la vie. Trad. Cantacuzène. 7ᵉ éd. 5 fr.
— *Le Monde comme volonté et comme représentation. 3ᵉ éd. 3 vol. chac. 7 fr.50
SÉAILLES (G.), prof. à la Sorbonne. Essai sur le génie dans l'art. 2ᵉ édit.   5 fr.
— La Philosophie de Ch. Renouvier. *Introduction au néo-criticisme.* 1905. 7 fr. 50
SIGHELE (Scipio). La Foule criminelle. 2ᵉ édit. 1901.   5 fr.
SOLLIER. Le Problème de la mémoire. 1900.   3 fr. 75
— Psychologie de l'idiot et de l'imbécile, avec 12 pl. hors texte. 2ᵉ éd. 1902. 5 fr.
— Le Mécanisme des émotions. 1905.   5 fr.
SOURIAU (Paul), prof. à l'Univ. de Nancy. L'Esthétique du mouvement. 5 fr.
— La Beauté rationnelle. 1904.   10 fr.
STEIN (L.), professeur à l'Université de Berne. *La Question sociale au point de
    vue philosophique. 1900.   10 fr.
STUART MILL. * Mes Mémoires. Histoire de ma vie et de mes idées.3ᵉéd. 5 fr.
— * Système de Logique déductive et inductive. 4ᵉ édit. 2 vol.   20 fr.
— * Essais sur la Religion. 3ᵉ édit.   5 fr.
— Lettres inédites à Aug. Comte et réponses d'Aug. Comte, 1899.   10 fr.
SULLY (James). Le Pessimisme. Trad. Bertrand. 2ᵉ édit.   7 fr. 50
— * Études sur l'Enfance. Trad. A. Monod, préface de G. Compayré. 1898. 10 fr.
— Essai sur le rire. Trad. Terrier. 1901.   7 fr.50
SULLY PRUDHOMME, de l'Acad. franç. La vraie religion selon Pascal.1905. 7 fr.50
TARDE(G.), de l'Institut, prof. au Coll.de France. *La Logique sociale. 3ᵉ éd. 1898. 7 fr. 50
— *Les Lois de l'imitation. 3ᵉ édit. 1900.   7 fr.50
— L'Opposition universelle. *Essai d'une théorie des contraires.* 1897. 7 fr.50
— *L'Opinion et la Foule. 2ᵉ édit. 1901.   5 fr.
— *Psychologie économique. 1902. 2 vol.   15 fr.
TARDIEU (E.). L'Ennui. *Etude psychologique.* 1903.   5 fr.
THOMAS (P.-F.), docteur ès lettres. Pierre Leroux, sa philosophie. 1904.   5 fr.
— *L'Éducation des sentiments. (Couronné par l'Institut.) 3ᵉ édit. 1904.   5 fr.
THOUVEREZ (Émile), professeur à l'Université de Toulouse. Le Réalisme méta-
    physique 1894. (Couronné par l'Institut.)   5 fr.
VACHEROT (Et.), de l'Institut. * Essais de philosophie critique.   7 fr. 50
— La Religion.   7 fr. 50
WEBER (L.). *Vers le positivisme absolu par l'idéalisme. 1903.   7 fr. 50

COLLECTION HISTORIQUE DES GRANDS PHILOSOPHES

PHILOSOPHIE ANCIENNE

ARISTOTE (Œuvres d'), traduction de J. Barthélemy-Saint-Hilaire, de l'Institut.
— *Rhétorique. 2 vol. in-8. 16 fr.
— *Politique. 1 vol. in-8... 10 fr.
— Métaphysique. 3 vol. in-8. 30 fr.
— Traité du ciel. 1 vol. in-8. 10 fr.
— Table alphabétique des matières de la traduction générale d'Aristote, par M. Barthélemy-Saint-Hilaire, 2 forts vol. in-8. 1892 .... 30 fr.
— L'Esthétique d'Aristote, par M. Bénard. 1 vol. in-8. 1889. 5 fr.
— La Poétique d'Aristote, par Hatzfeld (A.), prof. hon. au Lycée Louis-le-Grand et M. Dufour, prof. à l'Univ. de Lille. 1 vol. in-8 1900................. 6 fr.
SOCRATE. * Le Philosophie de Socrate, p. A. Fouillée. 2 v. in-8 16 fr.
— Le Procès de Socrate, par G. Sorel. 1 vol. in-8..... 3 fr. 50
PLATON. La Théorie platonicienne des Sciences, par Élie Halévy. In-8. 1895............. 5 fr.
— Œuvres, traduction Victor Cousin revue par J. Barthélemy-Saint-Hilaire : Socrate et Platon ou le Platonisme — Euthyphron — Apologie de Socrate — Criton — Phédon. 1 vol. in-8. 1896. 7 fr. 50
ÉPICURE. *La Morale d'Épicure et ses rapports avec les doctrines contemporaines, par M. Guyau. 1 volume in-8. 5e édit...... 7 fr. 50
BÉNARD. La Philosophie ancienne, ses systèmes. La Philoso-

phie et la Sagesse orientales. — La Philosophie grecque avant Socrate. Socrate et les socratiques. — Les sophistes grecs. 1 v. in-8... 9 fr.
FAVRE (Mme Jules), née Velten. La Morale de Socrate. In-18. 3 50
— La Morale d'Aristote. In-18. 3 fr. 50
OUVRÉ (H.) Les formes littéraires de la pensée grecque. 1 vol. in-8. (Couronne par l'Acad. franç.) 10 fr.
GOMPERZ. Les penseurs de la Grèce.
I. La philosophie antésocratique. Préface de A. Croiset, de l'Institut. 1 vol. gr. in-8 .... 10 fr.
II. Athènes, Socrate et les Socratiques. 1 vol. gr. in-8 .... 12 fr.
III. (Sous presse).
RODIER (G.). *La Physique de Straton de Lampsaque. In-8. 8 fr.
TANNERY (Paul). Pour la science hellène. In-8........ 7 fr. 50
MILHAUD (G.).* Les philosophes géomètres de la Grèce. 1 vol. in-8. 1900. (Couronné par l'Institut.) .... 6 fr.
FABRE (Joseph). La Pensée antique De Moïse à Marc-Aurèle. 2e éd. In-8. 5 fr.
— La Pensée chrétienne. Des Evangiles à l'Imitation de J.-C. In-8. 9 fr.
— L'Imitation de Jésus-Christ. Trad. nouv. avec préface. In-8. (Sous presse).
LAFONTAINE (A.). Le Plaisir, d'après Platon et Aristote. In-8. 6 fr.

PHILOSOPHIE MODERNE

* DESCARTES, par L. Liard. 2e éd. 1 vol. in-8 .... 5 fr.
— Essai sur l'Esthétique de Descartes, par E. Krantz. 1 vol. in-8, 2e éd. 1897............ 6 fr.
— Descartes, directeur spirituel, par V. de Swarte. Préface de E. Boutroux. 1 vol. in-16 avec pl. (Couronné par l'Institut). 4 fr. 50
LEIBNIZ.* Œuvres philosophiques, pub. p. P. Janet. 2e éd. 2 v. in-8. 20 f.
— *La logique de Leibniz, par L. Couturat. 1 vol. in-8.. 12 fr.
— Opuscules et fragments inédits de Leibniz, par L. Couturat.

1 vol. in-8............ 25 fr.
PICAVET. Histoire générale et comparée des philosophies médiévales. 1 v. in-8. 1904 7 fr. 50
WULF. (M. de) Histoire de la philosophie médiévale. 2e éd. 1 vol. in-8 .... 10 fr.
SPINOZA. Benedicti de Spinoza opera, quotquot reperta sunt, recognoverunt J. Van Vloten et J.-P.-N. Land, 2 forts vol. in-8 sur papier de Hollande.......... 45 fr.
Le même en 3 volumes. 18 fr.
SPINOZA. Inventaire des livres

formant sa bibliothèque, publié d'après un document inédit avec des notes et une introduction par A.-J. SERVAAS VAN RVOIJEN. 1 v. in-4 sur papier de Hollande.... **15 fr.**

SPINOZA. **La Doctrine de Spinoza**, exposée à la lumière des faits scientifiques, par E. FERRIÈRE. In-16.............. **3 fr. 50**

FIGARD (L.), docteur ès lettres. **Un Médecin philosophe au XVIᵉ siècle**. *La Psychologie de Jean Fernel.* 1 v. in-8. 1903. **7 fr. 50**

GASSENDI. **La Philosophie de Gassendi**, par P.-F. THOMAS. In-8. 1889................ **6 fr.**

MALEBRANCHE. * **La Philosophie de Malebranche**, par OLLÉ-LAPRUNE, de l'Institut. 2 v. in-8. **16 fr.**

PASCAL. **Le scepticisme de Pascal**, par DROZ. 1 vol. in-8...... **6 fr.**

VOLTAIRE. **Les Sciences au XVIIIᵉ siècle**. Voltaire physicien, par Em. SAIGEY. 1 vol. in-8. **5 fr.**

DAMIRON. **Mémoires pour servir à l'histoire de la philosophie au XVIIIᵉ siècle.** 3 vol. in-8. **15 fr.**

J.-J. ROUSSEAU.* **Du Contrat social**, édition comprenant avec le texte définitif les versions primitives de l'ouvrage d'après les manuscrits de Genève et de Neuchâtel, avec introduction par EDMOND DREYFUS-BRISAC. 1 fort volume grand in-8. **12 fr.**

ERASME. **Stultitiæ laus des. Erasmi Rot. declamatio.** Publié et annoté par J.-B. KAN, avec les figures de HOLBEIN. 1 v. in-8. **6 fr. 75**

PHILOSOPHIE ANGLAISE

DUGALD STEWART. * **Éléments de la philosophie de l'esprit humain.** 3 vol. in-16.... **9 fr.**

BACON. **Étude sur François Bacon**, par J. BARTHÉLEMY-SAINT-HILAIRE. In-18....... **2 fr. 50**
— * **Philosophie de François Bacon**, par CH. ADAM. (Couronné par l'Institut). In-8..... **7 fr. 50**

BERKELEY. **Œuvres choisies.** *Essai d'une nouvelle théorie de la vision. Dialogues d'Hylas et de Philonoüs.* Trad. de l'angl. par MM. BEAULAVON (G.) et PARODI (D.). In-8. 1895. **5 fr.**

PHILOSOPHIE ALLEMANDE

FEUERBACH. **Sa philosophie**, par A. LÉVY. 1 vol. in-8..... **10 fr.**

KANT. **Critique de la raison pratique**, traduction nouvelle avec introduction et notes, par M. PICAVET. 2ᵉ édit. 1 vol. in-8.. **6 fr.**
— **Critique de la raison pure**, traduction nouvelle par MM. PACAUD et TREMESAYGUES. Préface de M. HANNEQUIN. 1 vol. in-8.. **12 fr.**
— **Éclaircissements sur la Critique de la raison pure**, trad. TISSOT. 1 vol. in-8..... **6 fr.**
— **Doctrine de la vertu**, traduction BARNI. 1 vol. in-8........ **8 fr.**
— * **Mélanges de logique**, traduction TISSOT. 1 v. in-8..... **6 fr.**
— * **Prolégomènes à toute métaphysique future qui se présentera comme science**, traduction TISSOT. 1 vol. in-8........ **6 fr.**
— * **Anthropologie**, suivie de divers fragments, traduction TISSOT. 1 vol. in-8............. **6 fr.**
— * **Essai critique sur l'Esthétique de Kant**, par V. BASCH. 1 vol. in-8. 1896....... **10 fr.**
— **Sa morale**, par CRESSON. 2ᵉ éd.

1 vol. in-12........ **2 fr. 50**
— **L'Idée ou critique du Kantisme**, par C. PIAT, Dᵣ ès lettres. 2ᵉ édit. 1 vol. in-8....... **6 fr.**

KANT et FICHTE et le problème de l'éducation, par PAUL DUPROIX. 1 vol. in-8. 1897....... **5 fr.**

SCHELLING. **Bruno, ou du principe divin.** 1 vol. in-8....... **3 fr. 50**

HEGEL. *** Logique.** 2 vol. in-8. **14 fr.**
— * **Philosophie de la nature.** 3 vol. in-8............. **25 fr.**
— * **Philosophie de l'esprit.** 2 vol. in-8............. **18 fr.**
— * **Philosophie de la religion.** 2 vol. in-8............. **20 fr.**
— **La Poétique**, trad. par M. Ch. BÉNARD. Extraits de Schiller, Gœthe, Jean-Paul, etc. 2 v. in-8. **12 fr.**
— **Esthétique.** 2 vol. in-8, trad. BÉNARD................. **16 fr.**
— **Antécédents de l'hégélianisme dans la philos. franç.**, par E. BEAUSSIRE. In-18. **2 fr. 50**
— **Introduction à la philosophie de Hegel**, par VÉRA. in-8. **6 fr. 50**
— * **La logique de Hegel**, par EUG. NOEL. In-8. 1897.... **3 fr.**

HERBART. * **Principales œuvres pédagogiques**, trad. A. PINLOCHE. In-8. 1894.......... 7 fr. 50

La métaphysique de Herbart et la critique de Kant, par M. MAUXION. 1 vol. in-8... 7 fr. 50

MAUXION (M.). **L'éducation par l'instruction** *et les théories pédagogiques de Herbart.* In-12. 1901............. 2 fr. 50

SCHILLER. **Sa Poétique**, par V. BASCH. 1 vol. in-8, 1902... 4 fr.

Essai sur le mysticisme spéculatif en Allemagne au XIV° siècle, par DELACROIX (H.), maître de conf. à l'Univ. de Montpellier. 1 vol. in-8, 1900. 5 fr.

PHILOSOPHIE ANGLAISE CONTEMPORAINE
(Voir *Bibliothèque de philosophie contemporaine*, pages 2 à 10.)

ARNOLD (Matt.). — BAIN (Alex.). — CARRAU (Lud.). — CLAY (R.). — COLLINS (H.). — CARUS. — FERRI (L.). — FLINT. — GUYAU. — GURNEY, MYERS et PODMORE. — HALÉVY (E.). — HERBERT SPENCER. — HUXLEY. — JAMES (William). — LIARD. — LANG. — LUBBOCK (Sir John). — LYON (Georges). — MARION. — MAUDSLEY. — STUART MILL (John). — RIBOT. — ROMANES. — SULLY (James).

PHILOSOPHIE ALLEMANDE CONTEMPORAINE
(Voir *Bibliothèque de philosophie contemporaine*, pages 2 à 10.)

BOUGLÉ. — GROOS. — HARTMANN (E. de). — LÉON (Xavier). — LÉVY (A.). — LÉVY-BRUHL. — MAUXION. — NORDAU (Max). — NIETZSCHE. — OLDENBERG. — PIDERIT. — PREYER. — RIBOT. — SCHMIDT (O.). — SCHOPENHAUER. — SELDEN (C.). — WUNDT. — ZELLER. — ZIEGLER.

PHILOSOPHIE ITALIENNE CONTEMPORAINE
(Voir *Bibliothèque de philosophie contemporaine*, pages 2 à 10.)

BARZELOTTI. — ESPINAS. — FERRERO. — FERRI (Enrico). — FERRI (L.). — GAROFALO. — LOMBROSO. — LOMBROSO et FERRERO. — LOMBROSO et LASCHI. — MOSSO. — PILO (Mario). — SERGI. — SIGHELE.

LES GRANDS PHILOSOPHES
Publié sous la direction de M. C. PIAT
Agrégé de philosophie, docteur ès lettres, professeur à l'École des Carmes.

Chaque étude forme un volume in-8° carré de 300 pages environ, dont le prix varie de 5 francs à 7 fr. 50.

*Kant, par M. RUYSSEN, maître de conférences à la Faculté des lettres d'Aix. 2° édition. 1 vol. in-8. (*Couronné par l'Institut.*)   7 fr. 50
*Socrate, par l'abbé C. PIAT. 1 vol. in-8.   5 fr.
*Avicenne, par le baron CARRA DE VAUX. 1 vol. in-8.   5 fr.
*Saint Augustin, par l'abbé JULES MARTIN. 1 vol. in-8.   5 fr.
*Malebranche, par Henri JOLY. 1 vol. in-8.   5 fr.
*Pascal, par A. HATZFELD. 1 vol. in-8.   5 fr.
*Saint Anselme, par DOMET DE VORGES. 1 vol. in-8.   5 fr.
Spinoza, par P.-L. COUCHOUD, agrégé de l'Université. 1 vol. in-8. (*Couronné par l'Académie Française*).   5 fr.
Aristote, par l'abbé C. PIAT. 1 vol. in-8.   5 fr.
Gazali, par le baron CARRA DE VAUX. 1 vol. in-8. (*Couronné par l'Académie Française*).   5 fr.

MINISTRES ET HOMMES D'ÉTAT
HENRI WELSCHINGER. — *Bismarck. 1 vol. in-16. 1900...... 2 fr. 50
H. LÉONARDON. — *Prim. 1 vol. in-16. 1901............. 2 fr. 50
M. COURCELLE. — *Disraëli. 1 vol. in-16. 1901........... 2 fr. 50
M. COURANT. — Okoubo. 1 vol. in-16, avec un portrait. 1904.. 2 fr. 50
A. VIALLATE. — Chamberlain. Préface de E. BOUTMY. 1 vol. in-16. 2 fr. 50

BIBLIOTHÈQUE GÉNÉRALE
des
SCIENCES SOCIALES

SECRÉTAIRE DE LA RÉDACTION : DICK MAY, Secrétaire général de l'École des Hautes Études sociales.
Chaque volume in-8 de 300 pages environ, cartonné à l'anglaise, 6 fr.

1. **L'Individualisation de la peine**, par R. SALEILLES, professeur à la Faculté de droit de l'Université de Paris.
2. **L'Idéalisme social**, par Eugène FOURNIÈRE.
3. *Ouvriers du temps passé (XVᵉ et XVIᵉ siècles), par H. HAUSER, professeur à l'Université de Dijon.
4. *Les Transformations du pouvoir**, par G. TARDE, de l'Institut.
5. **Morale sociale**. Leçons professées au Collège libre des Sciences sociales, par MM. G. BELOT, MARCEL BERNÈS, BRUNSCHVICG, F. BUISSON, DARLU, DAURIAC, DELBET, CH. GIDE, M. KOVALEVSKY, MALAPERT, le R. P. MAUMUS, DE ROBERTY, G. SOREL, le PASTEUR WAGNER. Préface de M. EMILE BOUTROUX, de l'Institut.
6. **Les Enquêtes**, pratique et théorie, par P. DU MAROUSSEM. (*Ouvrage couronné par l'Institut.*)
7. *Questions de Morale**, par MM. BELOT, BERNÈS, F. BUISSON, A. CROISET, DARLU, DELBOS, FOURNIÈRE, MALAPERT, MOCH, PARODI, G. SOREL (*École de morale*).
8. **Le développement du Catholicisme social depuis l'encyclique *Rerum novarum*, par Max TURMANN.
9. *Le Socialisme sans doctrines. *La Question ouvrière et la Question agraire en Australie et en Nouvelle-Zélande*, par Albert MÉTIN, agrégé de l'Université, professeur à l'École Coloniale.
10. *Assistance sociale. *Pauvres et mendiants*, par PAUL STRAUSS, sénateur.
11. *L'Éducation morale dans l'Université. (*Enseignement secondaire*.) Conférences et discussions, sous la présid. de M. A. CROISET, doyen de la Faculté des lettres de Paris, par MM. LÉVY-BRUHL, DARLU, M. BERNÈS, KORTZ, CLAIRIN, ROCAFORT, BIOCHE, Ph. GIDEL, MALAPERT, BELOT. (*École des Hautes Études sociales*, 1900-1901).
12. *La Méthode historique appliquée aux Sciences sociales**, par Charles SEIGNOBOS, maître de conf. à l'Université de Paris.
13. *L'Hygiène sociale, par E. DUCLAUX, de l'Institut, directeur de l'instit. Pasteur.
14. **Le Contrat de travail**. *Le rôle des syndicats professionnels*, par P. BUREAU, prof. à la Faculté libre de droit de Paris.
15. *Essai d'une philosophie de la solidarité. Conférences et discussions sous la présidence de MM. Léon BOURGEOIS et A. CROISET, par MM. DARLU, RAUH, F. BUISSON, GIDE, X. LÉON, LA FONTAINE, E. BOUTROUX (*École des Hautes Études sociales*).
16. *L'exode rural et le retour aux champs**, par E. VANDERVELDE, professeur à l'Université nouvelle de Bruxelles.
17. *L'Éducation de la démocratie**, par MM. E. LAVISSE, A. CROISET, CH. SEIGNOBOS, P. MALAPERT, G. LANSON, J. HADAMARD (*École des Hautes Études soc.*).
18. *La Lutte pour l'existence et l'évolution des sociétés**, par J.-L. DE LANNESSAN, député, prof. agr. à la Fac. de méd. de Paris.
19. **La Concurrence sociale et les devoirs sociaux**, par le MÊME.
20. **L'Individualisme anarchiste, Max Stirner**, par V. BASCH, professeur à l'Université de Rennes.
21. *La démocratie devant la science**, par C. BOUGLÉ, prof. de philosophie sociale à l'Université de Toulouse. (*Récompensé par l'Institut*.)
22. *Les Applications sociales de la solidarité**, par MM. P. BUDIN, CH. GIDE, H. MONOD, PAULET, ROBIN, SIEGFRIED, BROUARDEL. Préface de M. Léon BOURGEOIS (*École des Hautes Études soc.*, 1902-1903).
23. **La Paix et l'enseignement pacifiste**, par MM. Fr. PASSY, CH. RICHET, d'ESTOURNELLES DE CONSTANT, E. BOURGEOIS, A. WEISS, H. LA FONTAINE, G. LYON (*École des Hautes Études soc.*, 1902-1903).
24. *Études sur la philosophie morale au XIXᵉ siècle**, par MM. BELOT, A. DARLU, M. BERNÈS, A. LANDRY, CH. GIDE, E. ROBERTY, R. ALLIER, H. LICHTENBERGER, L. BRUNSCHVICG (*École des Hautes Études soc.*, 1902-1903).
25. **Enseignement et démocratie**, par MM. APPELL, J. BOITEL, A. CROISET, A. DEVINAT, CH.-V. LANGLOIS, G. LANSON, A. MILLERAND, CH. SEIGNOBOS (*École des Hautes Études soc.*, 1903-1904).
26. **Religions et Sociétés**, par MM. TH. REINACH, A. PUECH, R. ALLIER, A. LEROY-BEAULIEU, le baron CARRA DE VAUX, H. DREYFUS (*École des Hautes Études soc.*, 1903-1904).

BIBLIOTHÈQUE
D'HISTOIRE CONTEMPORAINE

Volumes in-12 brochés à 5 fr. 50. — Volumes in-8 brochés de divers prix

EUROPE

DEBIDOUR, inspecteur général de l'Instruction publique. * **Histoire diplomatique de l'Europe, de 1815 à 1878.** 2 vol. in-8. (*Ouvrage couronné par l'Institut*). 18 fr.

DOELLINGER (I. de). La papauté, ses origines au moyen âge, son influence jusqu'en 1870. Traduit par A. GIRAUD-TEULON, 1904. 1 vol. in-8. 7 fr.

SYBEL (H. de). * **Histoire de l'Europe pendant la Révolution française,** traduit de l'allemand par Mlle Dosquet. Ouvrage complet en 6 vol. in-8. 42 fr.

FRANCE

AULARD, professeur à la Sorbonne. * **Le Culte de la Raison et le Culte de l'Être suprême,** étude historique (1793-1794). 2e édit. 1 vol. in-12. 3 fr. 50
— * **Études et leçons sur la Révolution française.** 4 vol. in-12. Chacun. 3 fr. 50

CAHEN (L.), agrégé d'histoire, docteur ès lettres. *Condorcet et la Révolution française. 1 vol. in-8. (*Récompensé par l'Institut.*) 10 fr.

DESPOIS (Eug.). * **Le Vandalisme révolutionnaire.** Fondations littéraires, scientifiques et artistiques de la Convention. 4e édit. 1 vol. in-12. 3 fr. 50

DEBIDOUR, inspecteur général de l'instruction publique. * **Histoire des rapports de l'Église et de l'État en France (1789-1870).** 1 fort vol. in-8. 1898. (*Couronné par l'Institut.*) 12 fr.

MATHIEZ (A.), agrégé d'histoire, docteur ès lettres. La théophilanthropie et le culte décadaire, 1796-1801. 1 vol. in-8. 12 fr.

ISAMBERT (G.). * **La vie à Paris pendant une année de la Révolution** (1791-1792). In-16. 1896. 3 fr. 50

MARCELLIN PELLET, ancien député. **Variétés révolutionnaires.** 3 vol. in-12, précédés d'une préface de A. RANC. Chaque vol. séparém. 3 fr. 50

DRIAULT (E.), professeur au lycée de Versailles. La politique orientale de Napoléon. Sébastiani et Gardane (1806-1808). 1 vol. in-8 (*Récompensé par l'Institut.*) 7 fr.

SILVESTRE, professeur à l'École des sciences politiques. De Waterloo à Sainte-Hélène (20 Juin-16 Octobre 1815). 1 vol. in-16. 3 fr. 50

BONDOIS (P.), agrégé de l'Université. *Napoléon et la société de son temps (1793-1821). 1 vol. in-8. 7 fr.

CARNOT (H.), sénateur. * **La Révolution française,** résumé historique. In-16. Nouvelle édit. 3 fr. 50

ROCHAU (M. de). Histoire de la Restauration. In-16. 3 fr. 50

WEILL (G.), docteur ès lettres, agrégé de l'Université. Histoire du parti républicain en France, de 1814 à 1870. 1 vol. in-8. 1900. (*Récompensé par l'Institut.*) 10 fr.
— *Histoire du mouvement social en France (1852-1902). 1 v. in-8. 1905. 7 fr.

BLANC (Louis). * **Histoire de Dix ans** (1830-1840). 5 vol. in-8. 25 fr.

GAFFAREL (P.), professeur à l'Université d'Aix. * **Les Colonies françaises.** 1 vol. in-8. 6e édition revue et augmentée. 5 fr.

LAUGEL (A.). * **La France politique et sociale.** 1 vol. in-8. 5 fr.

SPULLER (E.), ancien ministre de l'Instruction publique. * **Figures disparues,** portraits contemp., littér. et politiq. 3 vol. in-16. Chacun. 3 fr. 50
— Hommes et choses de la Révolution. In-16. 1896. 3 fr. 50

TAXILE DELORD. * **Histoire du second Empire** (1848-1870). 6 v. in-8. 42 fr.

TCHERNOFF (J.) Associations et Sociétés secrètes sous la deuxième République (1848-1851). 1 vol. in-8. 1905. 7 fr.

VALLAUX (C.). *Les campagnes des armées françaises (1792-1815). In-16, avec 17 cartes dans le texte. 3 fr. 50

ZEVORT (E.), recteur de l'Académie de Caen. Histoire de la troisième République :

Tome I. * **La présidence de M. Thiers.** 1 vol. in-8. 2e édit. 7 fr.
Tome II. * **La présidence du Maréchal.** 1 vol. in-8. 2e édit. 7 fr.
Tome III. La présidence de Jules Grévy. 1 vol. in-8. 2e édit. 7 fr.
Tome IV. La présidence de Sadi Carnot. 1 vol. in-8. 7 fr.

WAHL, inspect. général, A. BERNARD, professeur à la Sorbonne. * **L'Algérie.** 1 vol. in-8. 4e édit., 1903. (*Ouvrage couronné par l'Institut.*) 5 fr.

LANESSAN (J.-L. de). *L'Indo-Chine française. Étude économique, politique
et administrative. 1 vol. in-8, avec 5 cartes en couleurs hors texte. 15 fr.
PIOLET (J.-B.). La France hors de France, notre émigration, sa nécessité, ses conditions. 1 vol. in-8. 1900. (*Couronné par l'Institut.*) 10 fr.
LAPIE (P.), chargé de cours à l'Université de Bordeaux. * Les Civilisations tunisiennes (Musulmans, Israélites, Européens). In-16. 1898.
(*Couronné par l'Académie française.*) 3 fr. 50
WEILL (Georges), professeur au lycée Louis-le-Grand. L'École saint-simo-
nienne, son histoire, son influence jusqu'à nos jours. In-16. 1896. 3 fr. 50
LEBLOND (Marius-Ary). La société française sous la troisième République.
1905. 1 vol. 5 fr.

ANGLETERRE

REYNALD (H.), doyen de la Faculté des lettres d'Aix. * Histoire de l'An-
gleterre, depuis la reine Anne jusqu'à nos jours. In-16. 2ᵉ éd. 3 fr. 50
MÉTIN (Albert), Prof. à l'École Coloniale. * Le Socialisme en Angleterre.
In-16. 3 fr. 50

ALLEMAGNE

SCHMIDT (Ch.), docteur ès lettres. Le grand duché de Berg (1806-1813)
1905. 1 vol. in-8. 10 fr.
VÉRON (Eug.). * Histoire de la Prusse, depuis la mort de Frédéric II.
In-16. 6ᵉ édit. 3 fr. 50
— * Histoire de l'Allemagne, depuis la bataille de Sadowa jusqu'à nos jours.
In-16. 3ᵉ éd., mise au courant des événements par P. BONDOIS. 3 fr. 50
ANDLER (Ch.), prof. à la Sorbonne. *Les origines du socialisme d'État
en Allemagne. 1 vol. in-8. 1897. 7 fr.
GUILLAND (A.), professeur d'histoire à l'École polytechnique suisse. * L'Alle-
magne nouvelle et ses historiens. (NIEBUHR, RANKE, MOMMSEN, SYBEL,
TREITSCHKE.) 1 vol. in-8. 1899. 5 fr.
MILHAUD (G.), professeur à l'Université de Genève. *La Démocratie socia-
liste allemande. 1 vol. in-8. 1903. 10 fr.
MATTER (P.), doct. en droit, substitut au tribunal de la Seine. * La Prusse et
la révolution de 1848. In-16. 1903. 3 fr. 50
— Bismarck et son temps. I. La préparation (1815-1863). 1 vol. in-8. 10 fr.
II. L'action (1863-1870). 1 vol. in-8. 10 fr.

AUTRICHE-HONGRIE

BOURLIER (J.). * Les Tchèques et la Bohême contemporaine. In-16.
1897. 3 fr. 50
AUERBACH, professeur à l'Université de Nancy. *Les races et les natio-
nalités en Autriche-Hongrie. In-8. 1898. 5 fr.
SAYOUS (Ed.), professeur à la Faculté des lettres de Besançon. Histoire des
Hongrois et de leur littérature politique, de 1790 à 1815. In-16. 3 fr. 50
*RECOULY (R.), agrégé de l'Univ. Le pays magyar. 1903. In-16. 3 fr. 50

ITALIE

SORIN (Élie). *Histoire de l'Italie, depuis 1815 jusqu'à la mort de Victor-
Emmanuel. In-16. 1888. 3 fr. 50
GAFFAREL (P.), professeur à l'Université d'Aix. * Bonaparte et les Ré-
publiques italiennes (1796-1799). 1895. 1 vol. in-8. 5 fr.
BOLTON KING (M. A.). *Histoire de l'unité italienne. Histoire politique
de l'Italie, de 1814 à 1871, traduit de l'anglais par M. MACQUART;
introduction de M. Yves GUYOT. 1900. 2 vol. in-8. 15 fr.

ESPAGNE

REYNALD (H.). * Histoire de l'Espagne, depuis la mort de Charles III.
In-16. 3 fr. 50

ROUMANIE

DAMÉ (Fr.). * Histoire de la Roumanie contemporaine, depuis l'avènement
des princes indigènes jusqu'à nos jours. 1 vol. in-8. 1900. 7 fr.

SUISSE

DAENDLIKER. *Histoire du peuple suisse. Trad. de l'allem. par Mᵐᵉ Jules
FAVRE et précédé d'une Introduction de Jules FAVRE. 1 vol. in-8. 5 fr.

SUÈDE

SCHEFER (C.). * Bernadotte roi (1810-1818-1844). 1 vol. in-8. 1899. 5 fr.

GRÈCE, TURQUIE, ÉGYPTE

BÉRARD (V.), docteur ès lettres. * La Turquie et l'Hellénisme contemporain. (*Ouvrage cour. par l'Acad. française*). In-16. 5ᵉ éd. 3 fr. 50
RODOCANACHI (E.). *Bonaparte et les îles Ioniennes, (1797-1816).
1 volume in-8. 1899. 5 fr.

MÉTIN (Albert), professeur à l'École coloniale. *La Transformation de l'Egypte. In-16. 1903. (Cour. par la Soc. de géogr. comm.) 3 fr. 50

INDE

PIRIOU (E.), agrégé de l'Université. L'Inde contemporaine et le mouvement national. 1905. 1 vol. in-16. 3 fr. 50

CHINE

CORDIER (H.), professeur à l'Ecole des langues orientales. *Histoire des relations de la Chine avec les puissances occidentales (1860-1902), avec cartes. 3 vol. in-8, chacun séparément. 10 fr.

— L'Expédition de Chine de 1857-58. Histoire diplomatique, notes et documents. 1905. 1 vol. in-8. 7 fr.

— L'Expédition de Chine de 1860. Histoire diplomatique, notes et documents. 1906. 1 vol. in-8. 7 fr.

COURANT (M.), maître de conférences à l'Université de Lyon. En Chine. *Mœurs et institutions. Hommes et faits.* 1 vol. in-16. 3 fr. 50

AMÉRIQUE

DEBERLE (Alf.). * Histoire de l'Amérique du Sud, in-16. 3e éd. 3 fr. 50

BARNI (Jules). * Histoire des idées morales et politiques en France au XVIIIe siècle. 2 vol. in-16. Chaque volume. 3 fr. 50

— * Les Moralistes français au XVIIIe siècle. In-16. 3 fr. 50

BEAUSSIRE (Émile), de l'Institut. La Guerre étrangère et la Guerre civile. In-16. 3 fr. 50

LOUIS BLANC. Discours politiques (1848-1881). 1 vol. in-8. 7 fr. 50

BONET-MAURY. *Histoire de la liberté de conscience (1598-1870). In-8. 1900. 5 fr.

BOURDEAU (J.). *Le Socialisme allemand et le Nihilisme russe. In-16. 2e édit. 1894. 3 fr. 50

— *L'évolution du Socialisme. 1901. 1 vol. in-16. 3 fr. 50

D'EICHTHAL (Eug.). Souveraineté du peuple et gouvernement. In-16. 1895. 3 fr. 50

DESCHANEL (E.), sénateur, professeur au Collège de France. *Le Peuple et la Bourgeoisie. 1 vol. in-8. 2e édit. 5 fr.

DEPASSE (Hector). Transformations sociales. 1894. In-16. 3 fr. 50

— Du Travail et de ses conditions (Chambres et Conseils du travail). In-16. 1895. 3 fr. 50

DRIAULT (E.), prof. agr. au lycée de Versailles. * Les problèmes politiques et sociaux à la fin du XIXe siècle. In-8. 1900. 7 fr.

— *La question d'Orient, préface de G. Monod, de l'Institut. 1 vol. in-8. 3e édit. 1905. (Ouvrage couronné par l'Institut). 7 fr.

GUÉROULT (G.). * Le Centenaire de 1789. In-16. 1889. 3 fr. 50

LAVELEYE (E. de), correspondant de l'Institut. Le Socialisme contemporain. In-16. 11e édit. augmentée. 3 fr. 50

LICHTENBERGER (A.). *Le Socialisme utopique, *étude sur quelques précurseurs du Socialisme.* In-16. 1898. 3 fr. 50

— * Le Socialisme et la Révolution française. 1 vol. in-8. 5 fr.

MATTER (P.). La dissolution des assemblées parlementaires, étude de droit public et d'histoire. 1 vol. in-8. 1898. 5 fr.

NOVICOW. La Politique internationale. 1 vol. in-8. 7 fr.

PAUL LOUIS. L'ouvrier devant l'Etat. Etude de la législation ouvrière dans les deux mondes. 1904. 1 vol. in-8. 7 fr.

REINACH (Joseph). Pages républicaines. In-16. 3 fr. 50

— *La France et l'Italie devant l'histoire. 1 vol. in-8. 5 fr.

SPULLER (E.).* Éducation de la démocratie. In-16. 1892. 3 fr. 50

— L'Évolution politique et sociale de l'Église. 1 vol. in-12. 1893. 3 fr. 50

TARDIEU (A.). Questions diplomatiques de l'année 1904. 1 volume in-12 3 fr. 50

PUBLICATIONS HISTORIQUES ILLUSTRÉES

*DE SAINT-LOUIS A TRIPOLI PAR LE LAC TCHAD, par le lieutenant-colonel Monteil. 1 beau vol. in-8 colombier, précédé d'une préface de M. de Vogüé, de l'Académie française, illustrations de Riou. 1895. *Ouvrage couronné par l'Académie française (Prix Montyon),* broché 20 fr., relié amat., 28 fr.

*HISTOIRE ILLUSTRÉE DU SECOND EMPIRE, par Taxile Delord. 6 vol. in-8, avec 500 gravures. Chaque vol. broché, 8 fr.

BIBLIOTHÈQUE DE LA FACULTÉ DES LETTRES DE L'UNIVERSITÉ DE PARIS

HISTOIRE et LITTÉRATURE ANCIENNES

*De l'authenticité des épigrammes de Simonide, par H. HAUVETTE, maître de conférences à la Sorbonne, 1 vol. in-8. 5 fr.

*Les Satires d'Horace, par M. le Prof. A. CARTAULT. 1 vol. in-8. 11 fr.

*De la flexion dans Lucrèce, par M. le Prof. A. CARTAULT, 1 v. in-8. 4 fr.

*La main-d'œuvre industrielle dans l'ancienne Grèce, par M. le Prof. GUIRAUD. 1 vol. in-8. 7 fr.

*Recherches sur le Discours aux Grecs de Tatien, suivies d'une traduction française du discours, avec notes, par A. PUECH, maître de conférences à la Sorbonne. 1 vol. in-8. 1903. 6 fr.

*Les « Métamorphoses » d'Ovide et leurs modèles grecs, par A. LAFAYE, maître de conférences à la Sorbonne. 1 vol. in-8. 1904. 8 fr. 50

MOYEN AGE

*Premiers mélanges d'histoire du Moyen Âge, par MM. le Prof. A. LUCHAIRE, DUPONT-FERRIER et POUPARDIN. 1 vol. in-8. 3 fr. 50

Deuxièmes mélanges d'histoire du Moyen Âge, publiés sous la direct. de M. le Prof. A. LUCHAIRE, par MM. LUCHAIRE, HALPHEN et HUCKEL, 1 vol. in-8. 6 fr.

Troisièmes mélanges d'histoire du Moyen âge, par MM. LUCHAIRE. BEYSSIER, HALPHEN et CORDEY. 1 vol. in-8. 8 fr. 50

Quatrièmes mélanges d'histoire du Moyen âge, par MM. JACQUEMIN, FARAL, BEYSSIER. 1 vol. in-8. 7 fr. 50

*Essai de restitution des plus anciens Mémoriaux de la Chambre des Comptes de Paris, par MM. J. PETIT, GAVRILOVITCH, MAURY et TÉODORU, préface de M. CH.-V. LANGLOIS, prof. adjoint. 1 vol. in-8. 9 fr.

Constantin V, empereur des Romains (740-775). Étude d'histoire byzantine, par A. LOMBARD, licencié ès lettres. Préface de M. Ch. DIEHL, maître de conférences. 1 vol. in-8. 6 fr.

Étude sur quelques manuscrits de Rome et de Paris, par M. le Prof. A. LUCHAIRE, membre de l'Institut. 1 vol. in-8. 6 fr.

PHILOLOGIE et LINGUISTIQUE

*Le dialecte alaman de Colmar (Haute-Alsace) en 1870, grammaire et lexique, par M. le Prof. VICTOR HENRY. 1 vol. in-8. 8 fr.

*Études linguistiques sur la Basse-Auvergne, phonétique historique du patois de Vinzelles (Puy-de-Dôme), par ALBERT DAUZAT, préface de M. le Prof. ANT. THOMAS. 1 vol. in-8. 6 fr.

*Antinomies linguistiques, par M. le Prof. VICTOR HENRY, 1 v. in-8. 2 fr.

Mélanges d'étymologie française, par M. le Prof. A. THOMAS. In-8. 7 fr.

PHILOSOPHIE

L'imagination et les mathématiques selon Descartes, par P. BOUTROUX, licencié ès lettres. 1 vol. in-8. 2 fr.

GÉOGRAPHIE

La rivière Vincent-Pinzon. Étude sur la cartographie de la Guyane, par M. le Prof. VIDAL DE LA BLACHE. In-8, avec grav. et planches hors texte. 6 fr.

HISTOIRE CONTEMPORAINE

*Le treize vendémiaire an IV, par HENRY ZIVY. 1 vol. in-8. 4 fr.

TRAVAUX DE L'UNIVERSITÉ DE LILLE

PAUL FABRE. La polyptyque du chanoine Benoît, in-8. 3 fr. 50

MÉDÉRIC DUFOUR. Sur la constitution rythmique et métrique du drame grec. 1re série, 4 fr.; 2e série, 2 fr. 50; 3e série, 2 fr. 50.

A. PINLOCHE. * Principales œuvres de Herbart. 7 fr. 50

A. PENJON. Pensée et réalité, de A. SPIR, trad. de l'allem. in-8. 10 fr.

G. LEFÈVRE. Les variations de Guillaume de Champeaux et la question des Universaux. Étude suivie de documents originaux. 1898. 3 fr.

A. PENJON. L'énigme sociale. 1902. 1 vol. in-8. 2 fr. 50

ANNALES DE L'UNIVERSITÉ DE LYON

Lettres intimes de J.-M. Alberoni adressées au comte J. Rocea, par Emile BOURGEOIS, 1 vol. in-8. 10 fr.

La républ. des Provinces-Unies, France et Pays-Bas espagnols, de 1630 à 1650, par A. WADDINGTON. 2 vol. in-8. 12 fr.

Le Vivarais, essai de géographie régionale, par BURDIN. 1 vol. in-8. 6 fr.

*RECUEIL DES INSTRUCTIONS
DONNÉES AUX AMBASSADEURS ET MINISTRES DE FRANCE
DEPUIS LES TRAITÉS DE WESTPHALIE JUSQU'A LA RÉVOLUTION FRANÇAISE
Publié sous les auspices de la Commission des archives diplomatiques
au Ministère des Affaires étrangères.

Beaux vol. in-8 rais., imprimés sur pap. de Hollande, avec Introduction et notes.

I. — AUTRICHE, par M. Albert SOREL, de l'Académie française. *Épuisé.*

II. — SUÈDE, par M. A. GEFFROY, de l'Institut.............. 20 fr.

III. — PORTUGAL, par le vicomte DE CAIX DE SAINT-AYMOUR..... 20 fr.

IV et V. — POLOGNE, par M. Louis FARGES. 2 vol.......... 30 fr.

VI. — ROME, par M. G. HANOTAUX, de l'Académie française..... 20 fr.

VII. — BAVIÈRE, PALATINAT ET DEUX-PONTS, par M. André LEBON. 25 fr.

VIII et IX. — RUSSIE, par M. Alfred RAMBAUD, de l'Institut. 2 vol.
Le 1ᵉʳ vol. 20 fr. Le second vol.............. 25 fr.

X. — NAPLES ET PARME, par M. Joseph REINACH............ 20 fr.

XI. — ESPAGNE (1649-1750), par MM. MOREL-FATIO et LÉONARDON (t. I). 20 fr.

XII et XII bis. — ESPAGNE (1750-1789) (t. II et III), par les mêmes.... 40 fr.

XIII. — DANEMARK, par M. A. GEFFROY, de l'Institut........... 14 fr.

XIV et XV. — SAVOIE-MANTOUE, par M. HORRIC de BEAUCAIRE. 2 vol. 40 fr.

XVI. — PRUSSE, par M. A. WADDINGTON. 1 vol. (Couronné par l'Institut.) 28 fr.

*INVENTAIRE ANALYTIQUE
DES ARCHIVES DU MINISTÈRE DES AFFAIRES ÉTRANGÈRES
Publié sous les auspices de la Commission des archives diplomatiques

Correspondance politique de MM. de CASTILLON et de MARILLAC, ambassadeurs de France en Angleterre (1537-1542), par M. JEAN KAULEK, avec la collaboration de MM. Louis Farges et Germain Lefèvre-Pontalis. 1 vol. in-8 raisin.............. 15 fr.

Papiers de BARTHÉLEMY, ambassadeur de France en Suisse, de 1792 à 1797 par M. Jean KAULEK. 4 vol. in-8 raisin. I. Année 1792, 15 fr. — II. Janvier-août 1793, 15 fr. — III. Septembre 1793 à mars 1794, 18 fr. — IV. Avril 1794 à février 1795. 20 fr.

Correspondance politique de ODET DE SELVE, ambassadeur de France en Angleterre (1546-1549), par M. G. LEFÈVRE-PONTALIS. 1 vol. in-8 raisin..................... 15 fr.

Correspondance politique de GUILLAUME PELLICIER, ambassadeur de France à Venise (1540-1542), par M. Alexandre TAUSSERAT-RADEL. 1 fort vol. in-8 raisin................... 40 fr.

Correspondance des Deys d'Alger avec la Cour de France (1579-1833), recueillie par Eug. PLANTET, attaché au Ministère des Affaires étrangères. 2 vol. in-8 raisin avec 2 planches en taille-douce hors texte. 30 fr.

Correspondance des Beys de Tunis et des Consuls de France avec la Cour (1577-1830), recueillie par Eug. PLANTET, publiée sous les auspices du Ministère des Affaires étrangères. 3 vol. in-8 raisin. TOME I (1577-1700). *Épuisé.* — TOME II (1700-1770). 20 fr. — TOME III (1770-1830). 20 fr.

Les introducteurs des Ambassadeurs (1589-1900). 1 vol. in-4, avec figures dans le texte et planches hors texte. 20 fr.

F. ALCAN. — 20 —

*REVUE PHILOSOPHIQUE
DE LA FRANCE ET DE L'ÉTRANGER
Dirigée par Th. RIBOT, Membre de l'Institut, Professeur honoraire au Collège de France.
(30ᵉ année, 1905.) — Paraît tous les mois.
Abonnement : Un an : Paris, 30 fr. — Départements et Etranger, 33 fr.
La livraison, 3 fr.
Les années écoulées, chacune 30 francs, et la livraison, 3 fr.
Tables des matières (1876-1887), in-8...... 3 fr. — (1888-1895), in-8...... 3 fr.

*REVUE GERMANIQUE (ALLEMAGNE — ANGLETERRE / ÉTATS-UNIS — PAYS SCANDINAVES)
Première année, 1905. — Paraît tous les deux mois (*Cinq numéros par an*).
Secrétaire général : M. H. LICHTENBERGER, professeur à l'Université de Nancy.
Secrétaire de la rédaction : M. AYNARD, agrégé d'anglais.
Abonnement : Paris, 14 fr. — Départements et Etranger, 16 fr.
La livraison, 4 fr.

Journal de Psychologie Normale et Pathologique
DIRIGÉ PAR LES DOCTEURS
Pierre JANET   et   Georges DUMAS
Professeur au Collège de France.   Chargé de cours à la Sorbonne.
(2ᵉ année, 1905.) — Paraît tous les deux mois.
Abonnement : France et Etranger, 14 fr. — La livraison, 2 fr. 60.
Le prix d'abonnement est de 12 fr. pour les abonnés de la Revue philosophique.

*REVUE HISTORIQUE
Dirigée par G. MONOD, Membre de l'Institut, Professeur à la Sorbonne,
Président de la section historique et philologique à l'École des hautes études.
(30ᵉ année, 1905.) — Paraît tous les deux mois.
Abonnement : Un an : Paris, 30 fr. — Départements et Etranger, 33 fr.
La livraison, 6 fr.
Les années écoulées, chacune 30 fr.; le fascicule, 6 fr. Les fascicules de la 1ʳᵉ année, 9 fr.
TABLES GÉNÉRALES DES MATIÈRES
I. 1876 à 1880. 3 fr.; pour les abonnés, 1 fr. 50 | III. 1886 à 1890. 5 fr.; pour les abonnés, 2 fr. 50
II. 1881 à 1885. 3 fr.;   —   1 fr. 50 | IV. 1891 à 1895. 3 fr.;   —   1 fr. 50
V. 1896 à 1900. 3 fr.; pour les abonnés, 1 fr. 50

ANNALES DES SCIENCES POLITIQUES
Revue bimestrielle publiée avec la collaboration des professeurs
et des anciens élèves de l'Ecole libre des Sciences politiques
(20ᵉ année, 1905.)
Rédacteur en chef : M. A. VIALLATE, Prof. à l'Ecole.
Abonnement. — Un an : Paris, 18 fr.; Départements et Etranger, 19 fr.
La livraison, 3 fr. 50.
Les trois premières années (1886-1887-1888), *chacune 16 francs; les livraisons, chacune 5 francs; la quatrième* (1889) *et les suivantes, chacune 18 francs; les livraisons, chacune 3 fr. 50.*

Revue de l'École d'Anthropologie de Paris
Recueil mensuel publié par les professeurs. — (15ᵉ année, 1905.)
Abonnement : France et Étranger, 10 fr. — Le numéro, 1 fr.
TABLE GÉNÉRALE DES MATIÈRES, 1891-1900. . . . 2 fr.

REVUE ÉCONOMIQUE INTERNATIONALE
(3ᵉ année, 1905) Mensuelle
Abonnement : Un an, France et Belgique, 50 fr.; autres pays, 56 fr.

Bulletin de la Société libre
POUR L'ÉTUDE PSYCHOLOGIQUE DE L'ENFANT
10 numéros par an. — Abonnement du 1ᵉʳ octobre : 3 fr.

BIBLIOTHÈQUE SCIENTIFIQUE
INTERNATIONALE
Publiée sous la direction de M. Émile ALGLAVE

Les titres marqués d'un astérisque * sont adoptés par le *Ministère de l'Instruction publique de France* pour les bibliothèques des lycées et des collèges.

LISTE DES OUVRAGES

105 VOLUMES IN-8, CARTONNÉS A L'ANGLAISE, OUVRAGES A 6, 9 ET 12 FR.

1. TYNDALL (J.). * **Les Glaciers et les Transformations de l'eau**, avec figures. 1 vol. in-8. 7ᵉ édition. 6 fr.
2. BAGEHOT. * **Lois scientifiques du développement des nations** dans leurs rapports avec les principes de la sélection naturelle et de l'hérédité. 1 vol. in-8. 6ᵉ édition. 6 fr.
3. MAREY. * **La Machine animale**, locomotion terrestre et aérienne, avec de nombreuses fig. 1 vol. in-8. 6ᵉ édit. augmentée. 6 fr.
4. BAIN. * **L'Esprit et le Corps.** 1 vol. in-8. 6ᵉ édition. 6 fr.
5. PETTIGREW. * **La Locomotion chez les animaux**, marche, natation et vol. 1 vol. in-8, avec figures. 2ᵉ édit. 6 fr.
6. HERBERT SPENCER. * **La Science sociale.** 1 v. in-8. 13ᵉ édit. 6 fr.
7. SCHMIDT (O.). * **La Descendance de l'homme et le Darwinisme.** 1 vol. in-8, avec fig. 6ᵉ édition. 6 fr.
8. MAUDSLEY. * **Le Crime et la Folie.** 1 vol. in-8. 7ᵉ édit. 6 fr.
9. VAN BENEDEN. * **Les Commensaux et les Parasites dans le règne animal.** 1 vol. in-8, avec figures. 4ᵉ édit. 6 fr.
10. BALFOUR STEWART. * **La Conservation de l'énergie**, suivi d'une *Etude sur la nature de la force*, par M. P. de SAINT-ROBERT, avec figures. 1 vol. in-8. 6ᵉ édition. 6 fr.
11. DRAPER. **Les Conflits de la science et de la religion.** 1 vol. in-8. 10ᵉ édition. 6 fr.
12. L. DUMONT. * **Théorie scientifique de la sensibilité.** Le plaisir et la douleur. 1 vol. in-8. 4ᵉ édition. 6 fr.
13. SCHUTZENBERGER. * **Les Fermentations.** 1 vol. in-8, avec fig. 6ᵉ édit. 6 fr.
14. WHITNEY. * **La Vie du langage.** 1 vol. in-8. 4ᵉ édit. 6 fr.
15. COOKE et BERKELEY. * **Les Champignons.** 1 vol. in-8, avec figures. 4ᵉ édition. 6 fr.
16. BERNSTEIN. * **Les Sens.** 1 vol. in-8, avec 91 fig. 5ᵉ édit. 6 fr.
17. BERTHELOT. * **La Synthèse chimique.** 1 vol. in-8. 8ᵉ édit. 6 fr.
18. NIEWENGLOWSKI (H.). * **La photographie et la photochimie.** 1 vol. in-8, avec gravures et une planche hors texte. 6 fr.
19. LUYS. * **Le Cerveau et ses fonctions.** *Épuisé.*
20. STANLEY JEVONS. * **La Monnaie et le Mécanisme de l'échange.** 1 vol. in-8. 5ᵉ édition. 6 fr.
21. FUCHS. * **Les Volcans et les Tremblements de terre.** 1 vol. in-8, avec figures et une carte en couleurs. 5ᵉ édition. 6 fr.
22. GÉNÉRAL BRIALMONT. * **Les Camps retranchés et leur rôle dans la défense des États.** *Épuisé.*
23. DE QUATREFAGES. * **L'Espèce humaine.** 1 v. in-8. 13ᵉ édit. 6 fr.

24. BLASERNA et HELMHOLTZ. *Le Son et la Musique. 1 vol. in-8, avec figures. 5e édition. 6 fr.
25. ROSENTHAL. *Les Nerfs et les Muscles. Épuisé.
26. BRUCKE et HELMHOLTZ. *Principes scientifiques des beaux-arts. 1 vol. in-8, avec 39 figures. 4e édition. 6 fr.
27. WURTZ. *La Théorie atomique. 1 vol. in-8. 8e édition. 6 fr.
28-29. SECCHI (le père). *Les Étoiles. 2 vol. in-8, avec 63 figures dans le texte et 17 pl. en noir et en couleurs hors texte. 3e édit. 12 fr.
30. JOLY. *L'Homme avant les métaux. 1 v. in-8, avec fig. 4e éd. Épuisé.
31. A. BAIN. *La Science de l'éducation. 1 vol. in-8. 9e édit. 6 fr.
32-33. THURSTON (R.). *Histoire de la machine à vapeur, précédée d'une Introduction par M. HIRSCH. 2 vol. in-8, avec 140 figures dans le texte et 16 planches hors texte. 3e édition. 12 fr.
34. HARTMANN (R.). *Les Peuples de l'Afrique. Épuisé.
35. HERBERT SPENCER. *Les Bases de la morale évolutionniste. 1 vol. in-8. 6e édition. 6 fr.
36. HUXLEY. *L'Écrevisse, introduction à l'étude de la zoologie. 1 vol. in-8, avec figures. 2e édition. 6 fr.
37. DE ROBERTY. *La Sociologie. 1 vol. in-8. 3e édition. 6 fr.
38. ROOD. *Théorie scientifique des couleurs. 1 vol. in-8, avec figures et une planche en couleurs hors texte. 2e édition. 6 fr.
39. DE SAPORTA et MARION. *L'Évolution du règne végétal (les Cryptogames). Épuisé.
40-41. CHARLTON BASTIAN. *Le Cerveau, organe de la pensée chez l'homme et chez les animaux. 2 vol. in-8, avec figures. 2e éd. 12 fr.
42. JAMES SULLY. *Les Illusions des sens et de l'esprit. 1 vol. in-8, avec figures. 3e édit. 6 fr.
43. YOUNG. *Le Soleil. 1 vol. in-8, avec figures. Épuisé.
44. DE CANDOLLE. *L'Origine des plantes cultivées. 4e éd. 1 v. in-8. 6 fr.
45-46. SIR JOHN LUBBOCK. *Fourmis, abeilles et guêpes. 2 vol. Épuisé.
47. PERRIER (Edm.). La Philosophie zoologique avant Darwin. 1 vol. in-8. 3e édition. 6 fr.
48. STALLO. *La Matière et la Physique moderne. 1 vol. in-8. 3e éd., précédé d'une Introduction par CH. FRIEDEL. 6 fr.
49. MANTEGAZZA. La Physionomie et l'Expression des sentiments. 1 vol. in-8. 3e édit., avec huit planches hors texte. 6 fr.
50. DE MEYER. *Les Organes de la parole et leur emploi pour la formation des sons du langage. 1 vol. in-8, avec 51 figures, précédé d'une Introd. par M. O. CLAVEAU. 6 fr.
51. DE LANESSAN. *Introduction à l'Étude de la botanique (le Sapin). 1 vol. in-8. 2e édit., avec 143 figures. 10 fr.
52-53. DE SAPORTA et MARION. *L'Évolution du règne végétal (les Phanérogames). 2 vol. in-8, avec 136 figures. Épuisé.
54. TROUESSART. *Les Microbes, les Ferments et les Moisissures. 1 vol. in-8. 2e édit., avec 107 figures. 6 fr.
55. HARTMANN (R.). *Les Singes anthropoïdes. Épuisé.
56. SCHMIDT (O.). *Les Mammifères dans leurs rapports avec leurs ancêtres géologiques. 1 vol. in-8, avec 51 figures. 6 fr.
57. BINET et FÉRÉ. Le Magnétisme animal. 1 vol. in-8. 4e édit. 6 fr.
58-59. ROMANES. *L'Intelligence des animaux. 2 v. in-8. 3e édit. 12 fr.
60. LAGRANGE (F.). Physiol. des exerc. du corps. 1 v. in-8. 7e éd. 6 fr.
61. DREYFUS. *Évol. des mondes et des sociétés. 1 v. in-8. 3e édit. 6 fr.
62. DAUBRÉE. *Les Régions invisibles du globe et des espaces célestes. 1 vol. in-8, avec 85 fig. dans le texte. 2e édit. 6 fr.
63-64. SIR JOHN LUBBOCK. *L'Homme préhistorique. 2 vol. in-8, avec 228 figures dans le texte. 4e édit. 12 fr.
65. RICHET (CH.). La Chaleur animale. 1 vol. in-8, avec figures. 6 fr.
66. FALSAN (A.). *La Période glaciaire. Épuisé.

BIBLIOTHÈQUE
SCIENTIFIQUE INTERNATIONALE
(105 volumes parus)

LISTE PAR ORDRE DE MATIÈRES DES VOLUMES

Chaque volume 6 fr., sauf DEMENY, Mécanisme, et COLAJANNI, Latins et Anglo-Saxons, à 9 fr.

RÉCENTES PUBLICATIONS

HISTORIQUES, PHILOSOPHIQUES ET SCIENTIFIQUES

qui ne se trouvent pas dans les collections précédentes.

ALAUX, **Esquisse d'une philosophie de l'être.** In-8.   **1 fr.**
— **Les Problèmes religieux au XIXᵉ siècle.** 1 vol. in-8.   **7 fr. 50**
— **Philosophie morale et politique.** In-8, 1893.   **7 fr. 50**
— **Théorie de l'Ame humaine.** 1 vol. in-8. 1895. 10 fr. (Voy. p. 2.)
— **Dieu et le Monde.** *Essai de phil. première.* 1901. 1 vol. in-12. **2 fr. 50**
ALTMEYER. **Les Précurs. de la réforme aux Pays-Bas** 2 v. in-8. **12 fr.**
AMIABLE (Louis). **Une loge maçonnique d'avant 1789.** 1 v. in-8. **6 fr.**
Annales de sociologie et mouvement sociologique (Première année, 1900-1901), publ. par la Soc. belge de Sociologie. 1 vol. in-8. 1903. **12 fr.**
ANSIAUX (M.). **Heures de travail et salaires.** In-8. 1896.   **5 fr.**
ARNAUNÉ (A.), directeur de la Monnaie. **La monnaie, le crédit et le change,** 2ᵉ édition, revue et augmentée. 1 vol. in-8, 1902. **8 fr.**
ARRÉAT. **Une Éducation intellectuelle.** 1 vol. in-18. **2 fr. 50**
— **Journal d'un philosophe.** 1 vol. in-18. 3 fr. 50 (Voy. p. 2 et 5.)
*Autour du monde, par les BOURSIERS DE VOYAGE DE L'UNIVERSITÉ DE PARIS. (*Fondation Albert Kahn*). 1 vol. gr. in-8. 1904.   **5 fr.**
AZAM, **Hypnotisme et double conscience.** 1 vol. in-8.   **9 fr.**
BALFOUR STEWART et TAIT. **L'Univers invisible.** 1 vol. in-8. **7 fr.**
BARTHÉLEMY-SAINT-HILAIRE. (Voy. pages 5 et 11, ARISTOTE.)
— *Victor Cousin, sa vie, sa correspondance. 3 vol. in-8. 1895. **30 fr.**
BELLANGER (A.), docteur ès lettres. **Les concepts de cause et l'activité intentionnelle de l'esprit.** 1 vol. in-8. 1905.   **5 fr.**
BENOIST-HANAPPIER (L), docteur ès lettres, professeur au lycée de Caen. **Le drame naturaliste en Allemagne.** 1 vol. in-8 1905. **7 fr. 50**
BERNATH (de). **Cléopâtre.** *Sa vie, son règne.* 1 vol in-8. 1903. **8 fr.**
BERTON (H.), docteur en droit. **L'évolution constitutionnelle du second empire.** Doctrines, textes, histoire. 1 fort vol. in-8. 1900. **12 fr.**
BLONDEAU (C.). **L'absolu et sa loi constitutive.** 1 vol. in-8. 1897. **6 fr.**
BLUM (E.), agrégé de philosophie. *La **Déclaration des Droits de l'homme.** Texte et commentaire. Préface de M. G. COMPAYRÉ, Inspecteur général. *Récompensé par l'Institut.* 3ᵉ édit. 1 vol. in-8. 1905. **3 fr. 75**
BOILLEY (P.). **La Législation internationale du travail.** In-12. **3 fr.**
— **Les trois socialismes :** anarchisme, collectivisme, réformisme. **3 fr. 50**
— **De la production industrielle.** In-12. 1899.   **2 fr. 50**
BOURDEAU (Louis). **Théorie des sciences.** 2 vol. in-8.   **20 fr.**
— **La Conquête du monde animal.** In-8.   **5 fr.**
— **La Conquête du monde végétal.** In-8. 1893.   **5 fr.**
— **L'Histoire et les historiens.** 1 vol. in-8.   **7 fr. 50**
— *Histoire de l'alimentation.** 1894. 1 vol. in-8.   **5 fr.**
BOUTROUX (Em.). *De l'idée de loi naturelle dans la science et la philosophie.** 1 vol. in-8. 1895.   **2 fr. 50**
BRANDON-SALVADOR (Mᵐᵉ). A travers les moissons. *Ancien Test. Talmud. Apocryphes. Poètes et moralistes juifs du moyen âge.* In-16. 1903. 4 fr.
BRASSEUR. **La question sociale.** 1 vol. in-8. 1900.   **7 fr. 50**
BROOKS ADAMS. **Loi de la civilisat. et de la décad.** In-8. 1899. 7 fr. 50
BROUSSEAU (K.). **Éducation des nègres aux États-Unis.** 1904. In-8.   **7 fr. 50**
BÜCHER (Karl). **Études d'histoire et d'économie polit.** In-8. 1901. 6 fr.
BUDÉ (E. de). **Les Bonaparte en Suisse.** 1 vol. in-12. 1905. 3 fr. 50
BUNGE (N.-Ch.). **Littérature poli-économique.** 1 vol. in-8. 1898. 7 fr. 50
BUNGE (C.-O.). **Psychologie individuelle et sociale.** In-16, 1904. 3 fr.
CANTON (G.). **Napoléon antimilitariste.** 1902. In-16.   **3 fr. 50**

CARDON (G.). *Les Fondateurs de l'Université de Douai. In-8, 10 fr.
CELS (A.). Science de l'homme et anthropologie. 1904. 1 vol. in-8, 7 fr. 50
CHARRIAULT (H.). Après la séparation. *Enquête sur l'avenir des Eglises* 1 vol. in-12. 1905. 3 fr. 50
CLAMAGERAN. La Réaction économique et la démocratie. In-18. 1 fr. 25
— La lutte contre le mal. 1 vol. in-18, 1897. 3 fr. 50
— Études politiques, économiques et administratives. Préface de M. BERTHELOT. 1 vol. gr. in-8. 1904. 10 fr.
— Philosophie religieuse. *Art et voyages.* 1 vol. in-12. 1904. 3 fr. 50
— Correspondance (1849-1902). 1 vol. gr. in-8. 1905. 10 fr.
COMBARIEU (J.). *Les rapports de la musique et de la poésie considérés au point de vue de l'expression. 1 vol. in-8. 1893. 7 fr. 50
Congrès de l'Éducation sociale, Paris 1900. 1 vol. in-8. 1901. 10 fr.
IV° Congrès International de Psychologie, Paris 1900. 1 vol. in-8. 1901. 20 fr.
Congrès de l'enseignement des Sciences sociales, Paris 1900. 1 vol. in-8. 1901. 7 fr. 50
COSTE (Ad.). Hygiène sociale contre le paupérisme. In-8. 5 fr.
— Économie politique et physiologie sociale. In-18. 3 fr. 50
(Voy. p. 2, 6 et 30.)
COUBERTIN (P. de) La gymnastique utilitaire. *Défense. Sauvetage. Locomotion.* 1 vol. in-12. 2 fr. 50
COUTURAT (Louis). *De l'infini mathématique. In-8. 1896. 12 fr.
DANY (G.), docteur en droit. *Les Idées politiques en Pologne à la fin du XVIII° siècle. La Constit. du 3 mai 1793, in-8, 1901. 6 fr.
DAREL (Th.). La Folie. *Ses causes. Sa thérapeutique.* 1904, in-12. 4 fr.
— Le peuple-roi. *Essai de sociologie universaliste.* In-8. 1904. 3 fr. 50
DAURIAC. Croyance et réalité. 1 vol. in-18. 1889. 3 fr. 50
— Le Réalisme de Reid. In-8. 1 fr.
DAUZAT (A.), docteur en droit. Du Rôle des Chambres en matière de traités internationaux. 1 vol. grand in-8. 1899. 5 fr. (V. p. 18.)
DEFOURNY (M.). La sociologie positiviste. *Auguste Comte.* In-8. 1902. 6 fr.
DERAISMES (Mlle Maria). Œuvres complètes. 4 vol. Chacun. 3 fr. 50
DESCHAMPS. Principes de morale sociale. 1 vol. in-8. 1903. 3 fr. 50.
DESPAUX. Genèse de la matière et de l'énergie. In-8. 1900. 4 fr.
— Causes des énergies attractives. 1 vol. in-8. 1902. 5 fr.
— Explication mécanique de la matière, de l'électricité et du magnétisme. 1 vol. in-8. 1905. 4 fr.
DOLLOT (R.), docteur en droit. Les origines de la neutralité de la Belgique (1609-1830). 1 vol. in-8. 1902. 10 fr.
DROZ (Numa). Etudes et portraits politiques. 1 vol. in-8. 1895. 7 fr. 50
— Essais économiques. 1 vol. in-8. 1896. 7 fr. 50
— La démocratie fédérative et le socialisme d'État. In-12. 1 fr.
DUBUC (P.). *Essai sur la méthode en métaphysique. 1 vol. in-8. 5 fr.
DUGAS (L.). *L'amitié antique. 1 vol. in-8. 1895. 7 fr. 50
DUNAN. *Sur les formes a priori de la sensibilité. 1 vol. in-8. 5 fr.
DUNANT (E.). Les relations diplomatiques de la France et de la République helvétique (1798-1803). 1 vol. in-8. 1902. 20 fr.
DU POTET. Traité complet de magnétisme. 5° éd. 1 vol. in-8. 8 fr.
— Manuel de l'étudiant magnétiseur. 6° éd., gr. in-18, avec fig. 3 fr. 50
— Le magnétisme opposé à la médecine. 1 vol. in-8. 6 fr.
DUPUY (Paul). Les fondements de la morale. In-8. 1900. 5 fr.
— Méthodes et concepts. 1 vol. in-8. 1903. 5 fr.
Durée légale du travail (La), par MM. FAGNOT, MILLERAND et STROHL. 1 vol. in-12. 1905. 3 fr. 50
*Entre Camarades, par les anciens élèves de l'Université de Paris. *Histoire, littérature, philologie, philosophie,* 1901, in-8. 10 fr.
ESPINAS (A.) *Les Origines de la technologie. 1 vol. in-8. 1897. 5 fr.
FEDERICI. Les Lois du progrès. 2 vol. in-8, Chacun. 6 fr.

FERRÈRE (F.). **La situation religieuse de l'Afrique romaine depuis la fin du IVᵉ siècle jusqu'à l'invasion des Vandales.** 1 v. in-8. 1898. 7 fr. 50

FERRIÈRE (Em.). **Les Apôtres,** essai d'histoire religieuse. 1 vol. in-12. 4 fr. 50
— **L'Ame est la fonction du cerveau.** 2 volumes in-18.   7 fr.
— **Le Paganisme des Hébreux.** 1 vol. in-18.   3 fr. 50
— **La Matière et l'Énergie.** 1 vol. in-18.   4 fr. 50
— **L'Ame et la Vie.** 1 vol. in-18.   4 fr. 50
— **Les Mythes de la Bible.** 1 vol. in-18. 1893.   3 fr. 50
— **La Cause première d'après les données expérim.** In-18. 1896. 3 fr. 50
— **Étymologie de 400 prénoms.** In-18. 1898. 1 fr. 50 (V. p. 11 et 30).

Fondation universitaire de Belleville (La). Ch. GIDE, *Travail intellect. et travail manuel;* J. BARDOUX, *Prem. efforts et prem. année.* In-16. 1 fr. 50

GELEY (G.). **Les preuves du transformisme et les enseignements de la doctrine évolutionniste.** 1 vol. in-8. 1901.   6 fr.

GILLET (M.). **Du fondement intellectuel de la morale.** In-8. 3 fr. 75

GIRAUD-TEULON. **Les origines de la papauté** *d'après Dollinger.* 1 vol. in-12. 1905.   2 fr.

GOBLET D'ALVIELLA. **L'Idée de Dieu,** d'après l'anthr. et l'histoire. In-8. 6 fr.
— **La représentation proportionnelle en Belgique,** 1900. 4 fr. 50

GOURD. **Le Phénomène.** 1 vol. in-8.   7 fr. 50

GREEF (Guillaume de). **Introduction à la Sociologie.** 2 vol. in-8. 10 fr.
— **L'évol. des croyances et des doctr. polit.** In-12. 1895. 4 fr. (V. p. 3 et 7.)

GRIVEAU (M.). **Les Éléments du beau.** In-18.   4 fr. 50
— **La Sphère de beauté,** 1901. 1 vol. in-8.   10 fr.

GUYAU. **Vers d'un philosophe.** In-18. 3ᵉ édit.   3 fr. 50

HALLEUX (J.). **L'Évolutionnisme en morale** (*H. Spencer*). In-12. 1901.   3 fr. 50

HALOT (C.). **L'Extrême-Orient,** *Études d'hier. Événements d'aujourd'hui.* 1 vol. in-16. 1905.   4 fr.

HARRACA (J.-M.). **Contribution à l'étude de l'Hérédité et des principes de la formation des races.** 1 vol. in-18. 1898.   2 fr.

HIRTH (G.). **Pourquoi sommes-nous distraits?** 1 vol. in-8. 1895. 2 fr.

HOCQUART (E.). **L'Art de juger le caractère des hommes sur leur écriture,** préface de J. CRÉPIEUX-JAMIN. Br. in-8. 1898.   1 fr.

HORVATH, KARDOS et ENDRODI. *****Histoire de la littérature hongroise,** adapté du hongrois par J. KONT. Gr. in-8, avec gr. 1900. Br. 10 fr. Rel. 15 fr.

ICARD. **Paradoxes ou vérités.** 1 vol. in-12. 1895.   3 fr. 50

JAMES (W.). **L'Expérience religieuse,** traduit par F. ABAUZIT, agrégé de philosophie. 1 vol. in-8°. 1905.   (Sous presse).

JANSSENS. **Le néo-criticisme de Ch. Renouvier.** In-16. 1904. 3 fr. 50

JOURDY (Général). **L'instruction de l'armée française, de 1815 à 1902.** 1 vol. in-16. 1903.   3 fr. 50

JOYAU. **De l'Invention dans les arts et dans les sciences.** 1 v. in-8. 5 fr.
— **Essai sur la liberté morale.** 1 vol. in-18.   3 fr. 50

KARPPE (S.), docteur ès lettres, **Les origines et la nature du Zohar,** précédé d'une *Étude sur l'histoire de la Kabbale.* 1901. In-8. 7 fr. 50

KAUFMANN. **La cause finale et son importance.** In-12.   2 fr. 50

KINGSFORD (A.) et MAITLAND (E.). **La Voie parfaite ou le Christ ésotérique,** précédé d'une préface d'Edouard SCHURÉ. 1 vol. in-8. 1892. 6 fr.

KOSTYLEFF. **Esquisse d'une évolution dans l'histoire de la philosophie.** 1 vol. in-16. 1903.   2 fr. 50

LAFONTAINE. **L'art de magnétiser.** 7ᵉ édit. 1 vol. in-8.   5 fr.
— **Mémoires d'un magnétiseur.** 2 vol. gr. in-18.   7 fr.

LANESSAN (de). **Le Programme maritime de 1900-1906.** In-12. 2ᵉ éd. 1903.   3 fr. 50
     L'action républicaine dans la marine, 1 brochure in-12.   1 fr.

LAVELEYE (Em. de). De l'avenir des peuples catholiques. In-8. 25 c.
— Essais et Études. Première série (1861-1875). — Deuxième série (1875-1882). — Troisième série (1892-1894). Chaque vol. in-8. 7 fr. 50
LEFÉBURE (C¹), Méthode de gymnastique éducative. 1905. 1 vol. in-8 avec planches. 5 fr.
LEMAIRE (P.). Le cartésianisme chez les Bénédictins. In-8. 6 fr. 50
LEMAITRE (J.), professeur au Collège de Genève. Audition colorée et phénomènes connexes observés chez des écoliers. In-12. 1900. 4 fr.
LETAINTURIER (J.). Le socialisme devant le bon sens. In-18. 1 fr. 50
LEVI (Eliphas). Dogme et rituel de la haute magie. 3ᵉ édit. 2 vol. in-8, avec 24 figures. 18 fr.
— Histoire de la magie. Nouvelle édit. 1 vol. in-8, avec 90 fig. 12 fr.
— La clef des grands mystères. 1 vol. in-8, avec 22 pl. 12 fr.
— La science des esprits. 1 vol. 7 fr.
LÉVY (Albert). *Psychologie du caractère. In-8. 1896. 5 fr.
LEVY (L.-G.), docteur ès lettres. La famille dans l'antiquité israélite. 1 vol. in-8. 1905. 5 fr.
LÉVY-SCHNEIDER (L.), docteur ès lettres. Le conventionnel Jean-bon Saint-André (1749-1813). 1901. 2 vol. in-8. 15 fr.
LICHTENBERGER (A.). Le socialisme au XVIIIᵉ siècle. In-8. 1895. 7 fr. 50
LIESSE (A.), prof. au Conservatoire des Arts et Métiers. La statistique. *Ses difficultés. Ses procédés. Ses résultats.* In-16, 1905. 2 fr. 50
MABILLEAU (L.). *Histoire de la philos. atomistique. In-8. 1895. 12 fr.
MAINDRON (Ernest). *L'Académie des sciences (Histoire de l'Académie; fondation de l'Institut national; Bonaparte, membre de l'Institut). In-8 cavalier, 53 grav., portraits, plans. 8 pl. hors texte et 2 autographes. 6 fr.
MANACÉINE (Marie de). L'anarchie passive et Tolstoï. In-18. 2 fr.
MANDOUL (J.) Un homme d'État italien : Joseph de Maistre. In-8. 8 fr.
MARGUERY (E.). Le droit de propriété et le régime démocratique. 1 vol. in-16. 1905. 2 fr. 50
MARIÉTAN (J.). La classification des sciences, d'Aristote à saint Thomas. 1 vol. in-8. 1901. 3 fr.
MATAGRIN. L'esthétique de Lotze. 1 vol. in-12. 1900. 2 fr.
MATTEUZZI. Les facteurs de l'évolution des peuples. In-8. 1900. 6 fr.
MERCIER (Mgr). Les origines de la psych. contemp. In-12. 1898. 5 fr.
MICHOTTE (A.). Les signes régionaux (répartition de la sensibilité tactile). 1 vol. in-8 avec planches, 1905. 5 fr.
MILHAUD (G.) *Le positiv. et le progrès de l'esprit. In-16. 1902. 2 fr. 50
MISMER (Ch.). Principes sociologiques. 1 vol. in-8. 2ᵉ éd. 1897. 5 fr.
MONNIER (Marcel). *Le drame chinois. 1 vol. in-16. 1900. 2 fr. 50
MORIAUD (P.). La liberté et la conduite humaine. In-12. 1897. 3 fr. 50
NEPLUYEFF (N. de). La confrérie ouvrière et ses écoles. In-12. 2 fr.
NODET (V.). Les agnosies, la cécité psychique. In-8. 1899. 4 fr.
NOVICOW (J.). La Question d'Alsace-Lorraine. In-8. 1 fr. (V. p. 4, 9 et 17.)
— La Fédération de l'Europe. 1 vol. in-18. 2ᵉ édit. 1901. 3 fr. 50
— L'affranchissement de la femme. 1 vol. in-16. 1903. 3 fr.
PARIS (Comte de). Les Associations ouvrières en Angleterre (Trades-unions). 1 vol. in-18. 7ᵉ édit. 1 fr. — Édition sur papier fort. 2 fr. 50
PAUL-BONCOUR (J.). Le fédéralisme économique, préf. de M. WALDECK-ROUSSEAU. 1 vol. in-8. 2ᵉ édition. 1901. 6 fr.
PAULHAN (Fr.). Le Nouveau mysticisme. 1 vol. in-18. 1891. 2 fr. 50
PELLETAN (Eugène). *La Naissance d'une ville (Royan). In-18. 2 fr.
— *Jarousseau, le pasteur du désert. 1 vol. in-18. 2 fr.
— *Un Roi philosophe. *Frédéric le Grand.* In-18. 3 fr. 50
— Droits de l'homme. In-16. 3 fr. 50
— Profession de foi du XIXᵉ siècle. In-16. 3 fr. 50
PEREZ (Bernard). Mes deux chats. In-12, 2ᵉ édition. 1 fr. 50
— Jacotot et sa Méthode d'émancipation intellect. In-18. 3 fr.
— Dictionnaire abrégé de philosophie. 1893. In-12. 1 fr. 50 (V. p. 9.)

PHILBERT (Louis). Le Rire. In-8. (Cour. par l'Académie française.) 7 fr. 50
PHILIPPE (J.). Lucrèce dans la théologie chrétienne. In-8. 2 fr. 50
PHILIPPSON (J.). L'autonomie et la centralisation du système nerveux des animaux. 1 vol. in-8 avec planches. 1905. 5 fr.
PIAT (C.). L'Intellect actif. 1 vol. in-8. 4 fr.
— L'Idée ou critique du Kantisme. 2e édition 1901. 1 vol. in-8. 6 fr.
PICARD (Ch.). Sémites et Aryens (1893). In-18. 1 fr. 50
PICARD (E.). Le Droit pur. 1 v. in-8. 1899. 7 fr. 50
PICTET (Raoul). Étude critique du matérialisme et du spiritualisme par la physique expérimentale. 1 vol. gr. in-8. 1896. 10 fr.
PINLOCHE (A.), professeur honre de l'Univ. de Lille. *Pestalozzi et l'éducation populaire moderne. In-16. 1902. (Cour. par l'Institut.) 2 fr. 50
POEY. Littré et Auguste Comte. 1 vol. in-18. 3 fr. 50
* Pour et contre l'enseign. philosophique (Enquête). In-18. 1894. 2 fr.
PRAT (Louis). Le mystère de Platon (Aginophames). 1 v. in-8. 1900. 4 fr.
— L'Art et la beauté (Kallikiès). 1 vol. in-8. 1903. 5 fr.
PRÉAUBERT. La vie, mode de mouvement. In-8. 1897. 5 fr.
Protection légale des travailleurs (La). 1 vol. in-12. 1904. 3 fr. 50
On vend séparément les dix conférences composant ce volume, chacune 0 fr. 60
REGNAUD (P.). L'origine des idées éclairée par la science du langage. 1904. In-12. 1 fr. 50
RENOUVIER, de l'Inst. Uchronie, *Utopie dans l'Histoire*. 2e éd. 1901. In-8. 7 50
RIBOT (Paul). Spiritualisme et Matérialisme. 2e éd. 1 vol. in-8. 6 fr.
ROBERTY (J.-E.) Auguste Bouvier, pasteur et théologien protestant. 1826-1893. 1 fort vol. in-12. 1901. 3 fr. 50
ROISEL. Chronologie des temps préhistoriques. In-12. 1900. 1 fr.
ROTT (Ed.). La représentation diplomatique de la France auprès des cantons suisses confédérés. T. I (1498-1559). 1 vol. gr. in-8. 1900, 12 fr. — T. II (1559-1610). 1 vol. gr. in-8. 1902. 15 fr.
SAGE (V.). Le Sommeil naturel et l'hypnose. 1904. 1 vol. in-18. 3 fr. 50
SAUSSURE (L. de). Psychol. de la colonisation franç. In-12. 3 fr. 50
SAYOUS (E.). *Histoire générale des Hongrois. 2e éd. revisée. 1 vol. grand in-8, avec grav. et pl. hors texte. 1900. Br. 15 fr. Relié. 20 fr.
SCHINZ (W.). Problème de la tragéd. en Allemagne. In-8. 1903. 1 fr. 25
SECRÉTAN (H.). La Société et la morale. 1 vol. in-12. 1897. 3 fr. 50
SEIPPEL (P.), professeur à l'École polytechnique de Zurich. Les deux Frances et leurs origines historiques. 1 vol. in-8. 1905. 7 fr. 50
SKARZYNSKI (L.). *Le progrès social à la fin du XIXe siècle. Préface de M. LÉON BOURGEOIS. 1901. 1 vol. in-12. 4 fr. 50
SOREL (Albert), de l'Acad. franç. Traité de Paris de 1815. In-8. 4 fr. 50
STOCQUART (Émile). Le contrat de travail. In-12. 1895. 3 fr.
TEMMERMAN, directeur d'École normale. Notions de psychologie appliquées à la pédagogie et à la didactique. In-8, avec fig. 1903. 3 fr.
VAN BIERVLIET (J.-J.). Psychologie humaine. 1 vol. in-8. 8 fr.
— La Mémoire. Br. in-8. 1893. 2 fr.
— Études de psychologie. 1 vol. in-8. 1901. 4 fr.
— Causeries psychologiques. 1 vol. in-8. 1902. 3 fr.
— Esquisse d'une éducation de la mémoire. 1904. In-16. 2 fr.
VITALIS. Correspondance politique de Dominique de Gabre. 1904. 1 vol. in-8. 12 fr. 50
WEIL (Denis). Droit d'association et Droit de réunion. In-12. 3 fr. 50
— Élections législatives, législation et mœurs. 1 vol. in-18. 1895. 3 fr. 50
ZAPLETAL. Le récit de la création dans la Genèse. In-8. 3 fr. 50
ZIESING (Th.). Érasme ou Salignac. Étude sur la lettre de François Rabelais. 1 vol. gr. in-8. 4 fr.
ZOLLA (D.). Les questions agricoles d'hier et d'aujourd'hui. 1894, 1895. 2 vol. in-12. Chacun. 3 fr. 50

BIBLIOTHÈQUE UTILE

HISTOIRE. — GÉOGRAPHIE. — SCIENCES PHYSIQUES ET NATURELLES. — ENSEIGNEM
ÉCONOMIE POLITIQUE ET DOMESTIQUE. — ARTS. — DROIT USUEL.

125 élégants volumes in-32, de 192 pages chacun
Le volume broché, 60 centimes; en cartonnage anglais, 1 franc.

TABLE ALPHABÉTIQUE DES AUTEURS

TABLE DES AUTEURS ÉTUDIÉS

L.-Imprimeries réunies, rue Saint-Benoît, 7, Paris — 19222.

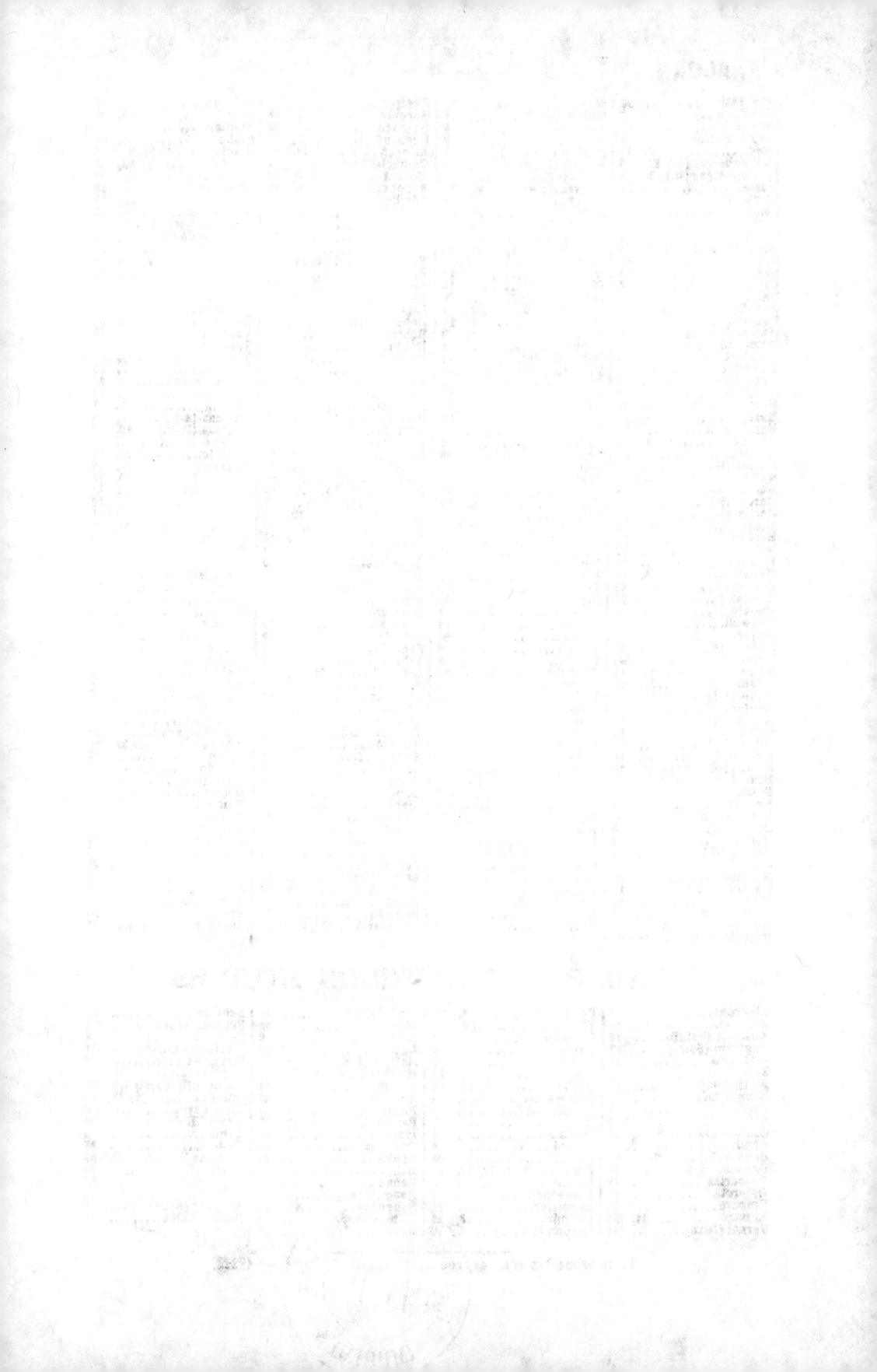

A LA MÊME LIBRAIRIE

AUTRE OUVRAGE DE M. MARCEL HÉBERT

L'ÉVOLUTION
DE LA FOI CATHOLIQUE

1 volume in-8 de la *Bibliothèque de philosophie contemporaine*. 5 fr.

FÉLIX ALCAN, ÉDITEUR

EXTRAIT DU CATALOGUE

RELIGION

BIBLIOTHÈQUE DE PHILOSOPHIE CONTEMPORAINE

Le sentiment religieux en France, par L. Arréat. 1 vol. in-16.   2 fr. 50
La religion de l'avenir, par E. de Hartmann. 5ᵉ édit. 1 vol. in-16.   2 fr. 50
Les maladies du sentiment religieux, par A. Murisier, professeur à l'Université de Neuchâtel (Suisse). 2ᵉ édit. 1 vol. in-16. . . . .   2 fr. 50
Des rapports de la religion et de l'État, par Ad. Franck, de l'Institut. 1 vol. in-12, 2ᵉ édit. . . . .   2 fr. 50
La philosophie dans ses rapports avec la science et la religion, par Barthélemy Saint-Hilaire, de l'Institut. 1 vol. in-8. . . . .   5 fr.
La vraie religion selon Pascal, par Sully Prudhomme, de l'Académie française. 1 vol. in-8. . . . .   7 fr. 50
Psychologie des religions, par R. de la Grasserie. 1 vol. in-8. .   5 fr.
L'irréligion de l'avenir, par M. Guyau. 1 vol. in-8, 8ᵉ édit. . .   7 fr. 50
Essais sur la religion, par J. Stuart Mill. 1 vol. in-8, 4ᵉ édit. .   5 fr.
La religion, par E. Vacherot, de l'Institut. 1 vol. in-8. . . .   7 fr. 50
La morale des religions, par J. de Lanessan. 1 vol. in-8. . .   10 fr.
Sur la religion, par A. Schopenhauer. 1 vol. in-16. . . . . . .   2 fr. 50

La philosophie de la religion, par Hegel, traduction Véra. 2 vol. in-8. . . . .   16 fr.
Religions et sociétés, par MM. Th. Reinach, A. Puech, R. Allier, A. Leroy-Beaulieu, Baron Carra de Vaux, H. Dreyfus. 1 vol. in-8 de la *Bibliothèque générale des sciences sociales*, cart. à l'anglaise. . .   6 fr.
Les conflits de la science et de la religion, par J.-W. Draper, professeur à l'Université de New-York. 11ᵉ édit. 1 vol. in-8 de la *Bibliothèque scientifique internationale*, cart. à l'anglaise. . . . .   6 fr.

1150-06. — Coulommiers. Imp. Paul BRODARD. — 10-06.

www.ingramcontent.com/pod-product-compliance
Lightning Source LLC
Chambersburg PA
CBHW071632270326
41928CB00010B/1886